KLAUS STEIGLEDER

Kants »Grundlegung zur Metaphysik der Sitten«

Ein einführender Kommentar

FELIX MEINER VERLAG
HAMBURG

PHILOSOPHISCHE BIBLIOTHEK BAND 770

Bibliographische Information der Deutschen Nationalbibliothek

Die Deutsche Nationalbibliothek verzeichnet diese Publikation in der Deutschen Nationalbibliographie; detaillierte bibliographische Daten sind im Internet über ‹http://portal.dnb.de› abrufbar.

ISBN 978-3-7873-4279-2
ISBN eBook 978-3-7873-4451-2

 Satz: Jens-Sören Mann. Druck und Bindung: Beltz Grafische Betriebe, Bad Langensalza. Gedruckt auf alterungsbeständigem Werkdruckpapier, hergestellt aus 100% chlorfrei gebleichtem Zellstoff. Printed in Germany. *www.meiner.de*

Inhalt

Vorwort

Mit diesem Buch wollte ich den Kommentar zu Kants *Grundlegung zur Metaphysik der Sitten* schreiben, den ich gerne zur Hand gehabt hätte, als ich während meines Studiums zum ersten Mal die *Grundlegung* zu lesen versucht habe: einen Kommentar, der (auch) dem Anfänger wirklich hilft, das Werk zu verstehen, und nicht gerade über diejenigen Dinge hinweggeht, die schwierig sind oder sich nicht von selbst verstehen.

In der Regel gehe ich die *Grundlegung* Abschnitt für Abschnitt durch, immer wieder unterteile ich den Text aber auch in kleinere Einheiten. Für den Abschnitt oder die behandelte Texteinheit gebe ich jeweils die Seitenzahl und die entsprechenden Zeilenzahlen zunächst der Ausgabe der *Grundlegung* in der *Philosophischen Bibliothek*[1] und dann der Akademieausgabe[2] an (Seiten- und Zeilenzahlen im Text ohne weitere Werkangabe beziehen sich immer auf die beiden herangezogenen Ausgaben der *Grundlegung*).

Ich habe den Kommentar so geschrieben, dass er sich sowohl als zusammenhängender Text lesen als auch als Kommentar zu einzelnen Stellen nutzen lässt. Deshalb nehme ich, gerade am Anfang, Wiederholungen in Kauf. Vor allem im Kommentar zum ersten Teil (»Abschnitt«) der *Grundlegung* erläutere ich ausführlich Grundbegriffe und Grundannahmen Kants. Um aber die Lesbarkeit des Gesamttextes zu gewährleisten und den Umfang des Kommentars zu begrenzen, hat der Kommentar eine Progression. Späteres setzt also zunehmend frühere Erklärungen voraus. Das Stichwortverzeichnis erlaubt es jedoch, die Erklärung von Kernbegriffen schnell aufzufinden.

[1] Immanuel Kant, *Grundlegung zur Metaphysik der Sitten*, hrsg. von Bernd Kraft u. Dieter Schönecker, 2. Aufl., Hamburg 2016 (PhB 519).

[2] Immanuel Kant, *Grundlegung zur Metaphysik der Sitten*, in: Immanuel Kant, *Gesammelte Werke*, Bd. IV, hrsg. von der Preußischen Akademie der Wissenschaften, Berlin 1903/1911, 385–463.

Um den Umfang dieses Kommentars zu begrenzen, konnte ich nicht in allen Punkten gleich ausführlich sein. Entsprechend wechseln in diesem Kommentar ausführliche Erklärungen mit kürzeren Zusammenfassungen ab. Auf diese Zusammenfassungen habe ich aber große Sorgfalt verwandt. Auch sie sollen jeweils helfen, einen Absatz zu verstehen bzw. das eigene Verständnis zu kontrollieren.

Eine Schwierigkeit stellte der Umgang mit Kants »Vorrede« (Vorwort) zu seinem Werk dar. Diese hat Kant nach der Fertigstellung des eigentlichen Werkes geschrieben. Seine Ausführungen sind entsprechend kompakt und zum Teil etwas voraussetzungsreich. Dies führt zu folgendem Problem: Hätte ich Kants Ausführungen in jedem relevanten Detail erklären wollen, hätte ich den Kommentar zweimal schreiben müssen. Deshalb habe ich im Kommentar zur Vorrede auf manche Erklärung verzichtet, die das Verständnis der Vorrede vielleicht erleichtern oder vertiefen würde. Dies führt dazu, dass nicht nur Teile der Vorrede Kants schwieriger zu verstehen sind als das eigentliche Werk, sondern dass sich auch der Kommentar zur Vorrede in Teilen vielleicht schwieriger liest als der Kommentar zum eigentlichen Werk. Davon sollte man sich nicht abschrecken lassen, sondern vielmehr darauf vertrauen, dass Dinge, die noch nicht ganz klar sind, später ausführlicher erklärt werden.

Um die Orientierung zu erleichtern und ein Vorverständnis der *Grundlegung* zu vermitteln, stelle ich dem Kommentar eine Einleitung voran, die erklärt, worum es in der *Grundlegung* überhaupt geht. Der die Einleitung abschließende Überblick über den Gang des Werkes ist bewusst kurz gehalten, um von der eigentlichen Beschäftigung mit den Details der *Grundlegung* nicht abzulenken. Kant führt erst zum Ende des zweiten Teils Zwischenüberschriften in seinen Text ein. Im Inhaltsverzeichnis habe ich die Zwischenüberschriften Kants, die dort stärker hervorgehoben gesetzt sind, um eigene Zwischenüberschriften ergänzt, die die Orientierung im Werk und das schnellere Auffinden von Stellen erleichtern sollen. Ich habe mich aber dagegen entschieden, die eigenen Zwischenüberschriften im Text des Kommentars selbst aufzuführen, weil die plakativen Überschriften vom Reichtum der Argumentation Kants ablenken könnten. Kant hat 1785 die *Grundlegung zur Metaphysik der Sitten* als (kleines) Buch veröffentlicht. Offensichtlich ist er davon ausgegangen, dass das Buch (bestimmte Grundkenntnisse der 1781 veröffentlichten *Kritik der reinen Vernunft* vorausgesetzt) aus sich heraus verständlich ist. Diesen Anspruch versuche ich in dem vorliegenden Kommentar ernst zu nehmen. Ich versuche daher, die *Grundlegung* so weit wie möglich aus sich heraus zu verstehen und verständlich zu machen und ein möglichst konsistentes Gesamtverständnis der *Grundlegung* zu finden, das die Größe eines Philosophen wie Kant erkennen lässt.

Aus diesen Zielen ergeben sich einige methodische Grundsätze, die für den vorliegenden Kommentar leitend sind. Der Versuch, die *Grundlegung* aus sich heraus zu verstehen, ist zunächst von Versuchen zu unterscheiden, die *Grundlegung* vom Gesamtwerk Kants oder vom unveröffentlichten Werk Kants (etwa aus Vorlesungsmitschriften oder handschriftlichen Notizen) her zu verstehen. Der methodische Grundsatz muss hier sein, dass das Gesamtwerk Kants in erster Linie auf der Grundlage des Verständnisses und dann des Vergleichs der einzelnen Werke zu erschließen ist. Dagegen riskieren wir, kein adäquates Verständnis eines einzelnen Werkes wie der *Grundlegung* zu gewinnen, wenn wir es *von vornherein* im Lichte der anderen Werke zu verstehen versuchen oder wenn wir das Gesamtwerk von vornherein wie einen einzigen zusammenhängenden Text behandeln. Was das unveröffentlichte Werk anbelangt, so können wir nicht wissen, wie sich dieses zu einem veröffentlichten Werk wie der *Grundlegung* verhält (ob es sich beispielsweise um Überlegungen Kants handelt, die Kant später verworfen oder erheblich weiterentwickelt oder bewusst nicht weiterverfolgt hat), solange wir nicht zuerst ein wirklich belastbares, gutes Verständnis des veröffentlichten Werkes gewonnen haben. Interpretationen, die auf etwas zurückgreifen *müssen*, was der normale Leser der *Grundlegung* zur Zeit ihrer Veröffentlichung gar nicht kennen konnte, dürften grundsätzlich Interpretationen unterlegen sein, die ohne solche Rückgriffe auskommen.

Zu versuchen, die *Grundlegung* aus sich heraus zu verstehen, bedeutet auch, dass wir historische Erklärungen wie die Erklärung der Verwendung eines Begriffs bei Kant durch die Verwendung des Begriffs bei seinen Vorgängern *zunächst* zurückstellen müssen. Um Entwicklungen bei Kant oder begriffsgeschichtliche Kontinuitäten oder Brüche zwischen Kant und seinen Vorgängern zu verstehen, muss man ein Werk wie die *Grundlegung* zunächst aus sich heraus verstanden haben. Denn nur dann kann man über einen verlässlichen Vergleichspunkt verfügen. Die Untersuchung historischer Entwicklungen kann sehr erhellend sein, sie kann aber erst einen zweiten Schritt darstellen. Ohne den ersten Schritt eines belastbaren Verständnisses des Werks selbst kann die Untersuchung historischer Entwicklungen das Grundverständnis nicht vertiefen, sondern steht vielmehr in der Gefahr, es zu verhindern.

Allerdings muss uns bewusst sein, dass die Veröffentlichung der *Grundlegung* mehr als zweihundert Jahre zurückliegt. Die Bedeutung von Wörtern hat sich gewandelt, und bestimmte Begriffe, die Kant verwendet, sind uns heute fremd. Es bedarf geduldiger Arbeit, hier zu einem angemessenen Verständnis zu kommen, und dazu ist auch das weitere (veröffentlichte) Werk Kants heranzuziehen. Immer müssen wir dabei aber mit Änderungen rechnen, die sich für Kant im Laufe der Jahre ergeben haben. Idealerweise sind deshalb Begriffserklärungen aus Werken Kants in der Nähe zur *Grundlegung* Begriffserklärungen aus Werken vorzuziehen, die einen größeren Abstand zur *Grundlegung* haben. Unproblematisch ist es, Erklärungen aus anderen Werken Kants heranzuziehen, wenn eine Konstanz der Begriffsverwendung besteht. Auch wenn sich solche Regeln nicht immer sauber einhalten lassen, sollten wir aber sicherstellen, dass eine Erklärung mit dem Verständnis einer Textstelle und mit dem Gesamtverständnis des Werkes harmoniert und mit der Interpretationsmaxime verträglich ist, dass das Werk letztlich aus sich heraus verstanden werden kann.

Schließlich müssen wir uns der Gefahr bewusst bleiben, dass wir unsere heutigen Auffassungen auf Kant übertragen und unsere Überzeugungen bei Kant beständig wiederfinden. Möglicherweise betrachten wir uns dabei als solche, die heute über fortgeschrittenere Positionen verfügen, sodass wir gut beurteilen können, was bei Kant schon ganz gut ist und wo er noch nicht so weit war, wie wir es heute sind. Eine solche Herangehensweise riskiert, das Werk eines Autors wie Kant wie einen Steinbruch zur Bestätigung seiner eigenen Überzeugungen zu behandeln.

Dabei besteht das eigentlich Lohnende der Beschäftigung mit einem klassischen Werk wie der *Grundlegung* nicht nur darin, dass es sich um ein Werk handelt, das unvermindert relevant bleibt, sondern dass es auch Alternativen zu unseren heutigen Positionen vor Augen führt und heutige Positionen in Frage stellen kann. Was Kants Philosophie von unserer unterscheidet, ist beispielsweise, dass sie eine Urteilstheorie darstellt und untersucht, welche Urteile wir als urteilende Subjekte treffen können, dürfen und müssen. Etwas plakativ gesagt bietet Kants Philosophie Urteilsanalyse, nicht Sprachanalyse. Ich werde in meinem Kommentar diesen Unterschied nicht nur genau erklären, sondern auch zu zeigen versuchen, dass die Beachtung dieses Unterschieds für das Verständnis der Argumentation Kants wesentlich ist. Und ich werde zu zeigen versuchen, dass die Innenperspektive eines urteilenden Subjekts gerade Begründungen erlaubt, die außerhalb dieser Perspektive nicht möglich sind.

Auf der Grundlage der benannten methodischen Grundsätze versuche ich also im vorliegenden Kommentar, die *Grundlegung* als ein in sich abgeschlossenes und selbstständiges Werk so weit wie möglich aus sich heraus zu verstehen und zu einem solchen Verständnis anzuleiten. Dazu konzentriere ich mich ganz auf Kant selbst und verzichte auf die Auseinandersetzung mit anderen Interpretationen.

Deshalb verzichte ich hier auch auf ein Verzeichnis der entsprechenden Literatur. Stattdessen verweise ich auf die gelungene Literaturauswahl, die Bernd Kraft und Dieter Schönecker der Ausgabe der *Grundlegung* in der *Philosophischen Bibliothek* beigegeben haben. Nachzutragen ist hier lediglich der wichtige Kommentar:

– Philipp Richter, *Kants ›Grundlegung zur Metaphysik der Sitten‹. Ein systematischer Kommentar*, Darmstadt 2013.

Zu ergänzen sind ferner die beiden nach der Drucklegung der Ausgabe erschienenen Kommentare:

– Heiner F. Klemme, *Kants ›Grundlegung zur Metaphysik der Sitten‹. Ein systematischer Kommentar*, Ditzingen 2017.
– Bernd Ludwig, *Aufklärung über die Sittlichkeit. Zu Kants Grundlegung einer Metaphysik der Sitten*, Frankfurt a. M. 2020.

Auch wenn ich einen *einführenden* Kommentar geschrieben habe, meine ich, hier Interpretationen und Erklärungen zu bieten, die auch für fortgeschrittene Kantinterpreten von Interesse sein dürften.

Dieser Kommentar sollte zusammen mit einer Ausgabe der *Grundlegung* benutzt werden. Er will deren gründliche Lektüre nicht ersetzen, sondern diese anleiten und zu ihr sowie zur Beschäftigung mit Kant überhaupt anstiften.

Dieses Buch widme ich meiner Frau Angela und unseren Töchtern Susanne und Edith.

Bochum, im Mai 2023 *Klaus Steigleder*

Zitierweise, Kürzel, verwendete Werke und Hilfsmittel

Kants Werke werden, wann immer möglich, nach den Ausgaben in der *Philosophischen Bibliothek (PhB)* zitiert. Ich gebe jeweils ein Kürzel für das Werk Kants an, gefolgt von der Seiten- und Zeilenzahl in der Ausgabe der *PhB*. Danach gebe ich jeweils an, wo die entsprechende Stelle in der »Akademieausgabe« zu finden ist. Mit römischer Ziffer bezeichne ich zunächst den Band der Akademieausgabe, dann gebe ich, durch ein Komma abgetrennt, die Seiten- und Zeilenzahl der Textstelle in der Akademieausgabe an. *KU* $271_{4\text{-}9}$ = V, $367_{19\text{-}23}$ meint also eine Textstelle aus der *Kritik der Urteilskraft*, die sich auf Seite 271 in der Ausgabe der *PhB* findet und in Band V, Seite 367, der Akademieausgabe. Gibt es von einem Werk keine Ausgabe in der *PhB*, führe ich nur die Textstelle in der Akademieausgabe an.

Abweichend von der angegebenen Regel zitiere ich, wie üblich, die *Kritik der reinen Vernunft* allein nach den Originalpaginierungen der ersten (A) bzw. zweiten (B) Auflage.

Im Text des Kommentars wird die *Grundlegung* durchgehend ohne Werkkürzel und ohne Angabe der Bandzahl (IV) der Akademieausgabe zitiert (also z. B. $27_{4\text{-}27}$ | $406_{5\text{-}25}$)

Für die Werke Kants verwende ich folgende Abkürzungen:

Anthr.	*Anthropologie in pragmatischer Hinsicht*
Denken	*Was heißt: sich im Denken orientieren?*
Ende	*Das Ende aller Dinge*
Gemeinspruch	*Über den Gemeinspruch: Das mag in der Theorie richtig sein, taugt aber nicht für die Praxis*
GMS	*Grundlegung zur Metaphysik der Sitten*
Idee	*Idee zu einer allgemeinen Geschichte in weltbürgerlicher Absicht*
KpV	*Kritik der praktischen Vernunft*

KrV	*Kritik der reinen Vernunft*
KU	*Kritik der Urteilskraft*
Logik	*Logik. Ein Handbuch zu Vorlesungen*
MSR	*Die Metaphysik der Sitten, [Metaphysische Anfangsgründe der] Rechtslehre*
MST	*Die Metaphysik der Sitten, [Metaphysische Anfangsgründe der] Tugendlehre*
Rel.	*Die Religion innerhalb der Grenzen der bloßen Vernunft*
Verkündigung	*Verkündigung des nahen Abschlusses eines Traktats zum ewigen Frieden in der Philosophie*

Für die zuvor aufgeführten Werke Kants verwende ich die folgenden Kant-Ausgaben der *Philosophischen Bibliothek*:

- *Anthropologie in pragmatischer Hinsicht*, hrsg. von Reinhard Brandt, Hamburg 2000 (PhB 490).
- »Was heißt sich im Denken orientieren?«, in: Immanuel Kant, *Was ist Aufklärung? Ausgewählte kleine Schriften*, hrsg. von Horst D. Brandt, Hamburg 1999/2019 (PhB 512), 45–61.
- »Das Ende aller Dinge«, in: Immanuel Kant, *Was ist Aufklärung? Ausgewählte kleine Schriften*, hrsg. von Horst D. Brandt, Hamburg 1999/2019 (PhB 512), 62–76.
- *Über den Gemeinspruch: Das mag in der Theorie richtig sein, taugt aber nicht für die Praxis. Zum ewigen Frieden: Ein philosophischer Entwurf*, hrsg. von Heiner F. Klemme, Hamburg 1992 (PhB 443).
- *Grundlegung zur Metaphysik der Sitten*, hrsg. von Bernd Kraft u. Dieter Schönecker, 2. Aufl. Hamburg 2016 (PhB 519).
- »Idee zu einer allgemeinen Geschichte in weltbürgerlicher Absicht«, in: Immanuel Kant, *Was ist Aufklärung? Ausgewählte kleine Schriften*, hrsg. von Horst D. Brandt, Hamburg 1999/2019 (PhB 512), 3–19.
- *Kritik der praktischen Vernunft*, hrsg. von Horst D. Brandt u. Heiner F. Klemme, Hamburg 2003 (PhB 506).

- *Kritik der reinen Vernunft,* nach der ersten und zweiten Originalausgabe hrsg. von Jens Timmermann, Hamburg 1998 (PhB 505).
- *Kritik der Urteilskraft,* Beilage »Erste Einleitung in die Kritik der Urteilskraft«, hrsg. von Heiner F. Klemme, 3. Aufl. Hamburg 2009 (PhB 506).
- *Metaphysische Anfangsgründe der Rechtslehre. Metaphysik der Sitten, Erster Teil,* hrsg. von Bernd Ludwig, 4. Aufl. Hamburg 2018 (PhB 360).
- *Metaphysische Anfangsgründe der Tugendlehre. Metaphysik der Sitten, Zweiter Teil,* hrsg. von Bernd Ludwig, 3. Aufl. Hamburg 2017 (PhB 430).
- *Die Religion innerhalb der Grenzen der bloßen Vernunft,* hrsg. von Bettina Stangneth, 2. Aufl. Hamburg 2017 (PhB 545).
- »Verkündigung des nahen Abschlusses eines Traktats zum ewigen Frieden in der Philosophie«, in: Immanuel Kant, *Was ist Aufklärung? Ausgewählte kleine Schriften,* hrsg. von Horst D. Brandt, Hamburg 1999/2019 (PhB 512), 77–87.

Außerdem verwende ich die »Akademieausgabe« der Werke Kants:

Kants Gesammelte Schriften, hrsg. von der Preußischen/Deutschen/Göttinger Akademie der Wissenschaften, Berlin 1900 ff.

Schließlich verwende ich die folgenden Hilfsmittel:

- Johann Christoph Adelung, Grammatisch-Kritisches Wörterbuch der Hochdeutschen Mundart, Ausgabe letzter Hand Leipzig 1793–1801. Digitalisierte Fassung im Wörterbuchnetz des Trier Center for Digital Humanities, https://woerterbuchnetz.de/?sigle=Adelung#0, zitiert als: Adelung, Wörterbuch der Hochdeutschen Mundart.
- Jacob Grimm, Wilhelm Grimm, Deutsches Wörterbuch. Digitalisierte Fassung im Wörterbuchnetz des Trier Center for Digital Humanities, Version 01/23, https://www.woerterbuchnetz.de/DWB, zitiert als: Grimm, Deutsches Wörterbuch.
- *Kant im Kontext* II (2007) (Karsten Worm InfoSoftWare).

Einleitung

Zum Gegenstand der *Grundlegung zur Metaphysik der Sitten*

Die zentrale These Kants in der *Grundlegung zur Metaphysik der Sitten* ist, dass Klugheit (ein Handeln, das der Beförderung des wohlverstandenen Eigeninteresses dient) und Moral etwas völlig Verschiedenes sind. Für ein kluges Handeln sind bedingte Sollensansprüche oder Handlungsnormen kennzeichnend. Diese schreiben vor, was man im Blick auf sein dauerhaftes Wohlergehen tun sollte, z. B. Sport zu treiben, sich gesund zu ernähren oder einen interessanten Beruf zu ergreifen. Für die Moral sind dagegen unbedingte Sollensansprüche oder Handlungsnormen kennzeichnend. Moralische Normen schreiben zum Beispiel vor, dass wir andere unschuldige Personen auch dann nicht töten dürfen, wenn wir nur so unser eigenes Leben retten können, oder dass wir anderen Personen auch dann helfen müssen, wenn das unserem wohlverstandenen Eigeninteresse zuwiderläuft.

Dies wirft aber die Frage auf, worauf moralische Normen überhaupt zurückzuführen sind, was das Kriterium richtiger oder gültiger moralischer Normen ist, aus welchen Gründen wir überhaupt handeln können und ob wir überhaupt in der Lage sind, aus Gründen zu handeln, in denen es nicht um unser Wohlergehen geht.

Es ist für uns als handlungsfähige Personen kennzeichnend, dass wir aus Gründen handeln können. Wir werden in unserem Verhalten nicht einfach durch den jeweils stärksten Trieb oder Antrieb bestimmt, sondern können uns zu unseren sinnlichen Antrieben verhalten. Wir verspüren vielleicht den starken Drang, ein Stück Kuchen zu essen, lassen das aber, weil wir unser Gewicht halten oder abnehmen wollen. Die Fähigkeit, aus Gründen zu handeln und zwischen verschiedenen Handlungsgründen zu entscheiden, bezeichnet Kant als *Wille* oder *prakti-*

sche Vernunft. Aber aus *welchen* Gründen können wir handeln? Gehen alle unsere Handlungsgründe auf unsere sinnlichen Antriebe und unser sich darauf gründendes Glücksstreben zurück? In diesem Fall würde sich unser praktisches Vernunftvermögen darin erschöpfen, die entsprechenden Handlungsgründe zu ordnen und zu erwägen, was unserem längerfristigen Wohlergehen dienlich ist und was nicht. Oder können wir auch aus Gründen handeln, die nicht auf unsere sinnliche Natur zurückgehen, etwa jemandem helfen, nicht weil das uns nützt, sondern weil der anderen Person geholfen werden muss?

Das Vermögen, aus Gründen zu handeln, die von unserem Glücksstreben völlig unabhängig sind, bezeichnet Kant als das Vermögen *reiner praktischer Vernunft*. »Rein« meint in der Terminologie Kants »unabhängig von Erfahrung« oder »unabhängig von sinnlichen Bestimmungsgründen«. Das Vermögen reiner praktischer Vernunft bestünde also in der Fähigkeit unserer praktischen Vernunft, sich durch oder aus sich selbst zum Handeln zu bestimmen. Unser Wille wäre nicht mit der reinen praktischen Vernunft gleichzusetzen. Wenn er aber das Vermögen reiner Vernunft besitzt, dann könnte er aus rein vernünftigen Gründen handeln. Und nur dann wären wir fähig, überhaupt aus moralischen Gründen zu handeln. Im Unterschied zu den Gesichtspunkten der Klugheit lägen die Kriterien des moralisch Richtigen in der reinen praktischen Vernunft selbst.

Die Moralphilosophie muss also zunächst von allem Empirischen und von allen auf unsere Sinnlichkeit zurückgehenden Bestimmungsgründen abstrahieren und sich auf das Vermögen reiner praktischer Vernunft konzentrieren. Sie muss als reine Philosophie, d.h. als Metaphysik, bzw. als reine Moralphilosophie, d.h. als Metaphysik der Sitten, betrieben werden.

Das Problem ist aber, ob wir überhaupt voraussetzen können, dass wir wirklich das Vermögen reiner praktischer Vernunft besitzen, oder ob es sich dabei nur um eine hochfliegende Idee, ein bloßes Gedankending handelt. Denn falls wir das Vermögen reiner praktischer Vernunft besitzen, dann wären wir nicht nur relativ frei in der Wahl der auf unsere Sinnlichkeit zurückgehenden Bestimmungsgründe des Handelns, sondern im strengen Sinne frei, wir wären durch unsere Vernunft, unabhängig von vorausliegenden Ursachen, fähig, unser Handeln zu bestimmen und etwas neu zu beginnen.

Kant hat in der *Kritik der reinen Vernunft* gezeigt, dass Freiheit nicht bewiesen werden kann, dass aber auch nicht bewiesen werden kann, dass es keine Freiheit gibt. Es ist daher nicht möglich, Freiheit bzw. das Vermögen reiner praktischer Vernunft einfach voraussetzen. Den Kern der Metaphysik der Sitten muss also eine Untersuchung (»Kritik«) des Vermögens praktischer Vernunft bilden.

Kant macht nun in der *Grundlegung zur Metaphysik der Sitten* vor allem drei Dinge: Er zeigt erstens, dass Moralphilosophie als Metaphysik der Sitten zu betreiben ist und von allen Gesichtspunkten, die auf unser Glücksstreben zurückgehen, streng zu trennen ist. Er zeigt, zweitens, dass allein schon die Idee (der Vernunftbegriff) reiner praktischer Vernunft bzw. die Idee unbedingten Sollens es gestatten, den Grundgehalt moralischen Sollens bzw. das Prinzip der Moral zu explizieren. Falls es also moralisches Sollen gibt, dann besitzt dieses einen festumrissenen, letztlich genau bestimmbaren Gehalt. Dies zu zeigen, ist die Aufgabe der ersten beiden Teile (»Abschnitte«) der *Grundlegung*. Drittens zeigt Kant, dass das moralische Sollen bzw. das Prinzip der Moral keine bloßen Gedankendinge sind, sondern dass wir davon ausgehen müssen, dass wir das Vermögen reiner praktischer Vernunft besitzen. Dies ist der Gegenstand des dritten und letzten Teils der *Grundlegung*.

Kant bezeichnet das Werk als *Grundlegung* zur Metaphysik der Sitten, weil er sich in diesem darauf beschränkt zu zeigen, worin das Prinzip der Moral besteht und dass es für uns gültig ist. Was Kant also in der *Grundlegung* tut, würden wir heute als *Moralbegründung* bezeichnen. Er verzichtet darauf, im Ausgang von dem Moralprinzip das System der Pflichten zu entfalten. Dies wäre nach Auffassung Kants die Aufgabe einer vollständigen Metaphysik der Sitten. Die Entfaltung dieses Systems behält er einem späteren Werk vor, das er 1797 in zwei Teilen als *Die Metaphysik der Sitten* veröffentlichen wird.[1]

Schauen wir noch ganz grob auf den Gang des Werkes, der im nachfolgenden Kommentar detailliert entfaltet und dessen Einzelheiten genau erklärt werden werden.

Die Eigenart des Moralischen im Unterschied zu Gesichtspunkten der Klugheit entwickelt Kant im ersten Teil seines Werkes in Anknüpfung an den moralischen Alltagsverstand zunächst anhand der Idee des »guten Willens«. Der gute Wille besteht in einer Willensbestimmung, in der das moralisch Richtige getan wird, weil es das moralisch Richtige ist. Die entsprechende Analyse wird von Kant dann durch die Analyse eines Handelns »aus Pflicht« fortgesetzt, die auf eine Fassung des Moralprinzips führt.

Im *zweiten Teil* kritisiert Kant zunächst die so genannte Popularphilosophie seiner Zeit, die Klugheit und Moral nicht ausreichend auseinanderhält, und formuliert in Abgrenzung davon das Programm einer Metaphysik der Sitten. Dieses verfolgt er zunächst durch die Entfaltung einer Theorie von Handlungsnormen (in der Terminologie Kants: einer Theorie der Imperative). Er entwickelt die Idee unbedingter Handlungsnormen oder Sollensansprüche (»kategorischer Imperative«) aus der Verneinung der konstitutiven Merkmale bedingter Handlungsnormen oder Sollensansprüche (»hypothetischer Imperative«) und fragt, woher diese Handlungsnormen ihre Verbindlichkeit oder ihre nötigende Kraft beziehen. Während die Verbindlichkeit bedingter Handlungsnormen außer Frage steht, würde die Verbindlichkeit unbedingter Handlungsnormen von der Wirklichkeit des Vermögens reiner praktischer Vernunft abhängen, die nicht einfach vorausgesetzt werden kann.

[1] Es gilt zwischen den Werken Kants (z. B. *Die Metaphysik der Sitten*, *Kritik der reinen Vernunft*) und den Gegenständen dieser Werke (z. B. Metaphysik der Sitten, Kritik der reinen Vernunft) zu unterscheiden. Deshalb führe ich die Werktitel in Kursivschrift an, während ich mich auf die Werkgegenstände in nicht hervorgehobener Schrift beziehe.

Eine Analyse der Strukturmerkmale, die wir uns im Rahmen der Idee unbedingter praktischer Notwendigkeit bzw. des Gesetzes reiner praktischer Vernunft denken müssen, erlaubt es aber, das Moralprinzip (den kategorischen Imperativ) zu explizieren und in unterschiedlichen Hinsichten zu entfalten: Dies sind zunächst die Merkmale der Allgemeinheit und Notwendigkeit, dann die Idee eines unbedingt notwendigen Zwecks und die Ideen eines Selbstverhältnisses und einer Selbstgesetzgebung (Autonomie) reiner praktischer Vernunft. Dabei ist eine doppelte Selbstgesetzgebung zu unterscheiden: Autonomie ist zum einen als Struktur reiner praktischer Vernunft selbst zu denken, Autonomie ist zum anderen die Struktur unserer Willensbestimmung, wenn wir das Vermögen reiner praktischer Vernunft besitzen und in unserer Willensbestimmung dem Gesetz reiner praktischer Vernunft folgen.

Das alles verbleibt auf einer rein begrifflichen Ebene. So interessant und erhellend die Ergebnisse sind, die die Begriffsanalyse zu Tage fördert, es könnte sich dabei um bloße Gedankendinge oder, wie Kant auch sagt, »Hirngespinste« handeln. Dass dem nicht so ist und dass das Moralprinzip für uns verbindlich ist, versucht Kant im *dritten Teil* zu zeigen. Der Kern seiner Argumentation besteht darin zu zeigen, dass nicht gezeigt werden muss, dass vernünftige Wesen frei sind, sondern dass es schon ausreicht zu zeigen, dass vernünftige Wesen sich für frei *halten* müssen, denn dann müssen sie auch davon ausgehen, dass sie das Vermögen reiner praktischer Vernunft besitzen und das Moralprinzip für sie verbindlich ist. Kant zeigt dann zunächst, dass vernünftige Wesen, die einen Willen haben, sich für frei halten müssen, und dann, dass *wir* uns für vernünftige Wesen, die einen Willen haben, halten müssen. Kant stellt schließlich heraus, dass dieser Nachweis mit den Ergebnissen der *Kritik der reinen Vernunft* verträglich ist und keine unzulässige Überschreitung der Grenzen unseres Vernunftvermögens darstellt.

Grundlegung
zur
Metaphysik
der Sitten

von

Immanuel Kant.

Riga,
bey Johann Friedrich Hartknoch
1785.

I. »VORREDE«

In der »Vorrede« oder dem Vorwort zur *Grundlegung zur Metaphysik der Sitten* verfolgt Kant vor allem drei Anliegen. Er führt, erstens, den Begriff einer »Metaphysik der Sitten« ein und legt dar, dass Ethik als Metaphysik der Sitten betrieben werden muss. Er stellt, zweitens, heraus, was er in dem vorliegenden Werk tun will, nämlich lediglich eine *Grundlegung* zur Metaphysik der Sitten liefern. Schließlich umreißt er, drittens, kurz, wie er vorgehen wird und wie das vorliegende Werk aufgebaut ist.

Die Vorrede wird von dem ersten Anliegen, das sich auch als das Programm einer Metaphysik der Sitten bezeichnen lässt, dominiert. Hinter diesem Programm steht die Hauptthese des Buches, nämlich dass Moralphilosophie oder Ethik etwas von einer Handlungsbestimmung durch unser wohlverstandenes Eigeninteresse völlig Verschiedenes sind und dass die moralischen Sollensansprüche oder Normen nicht auf unser Glücksstreben zurückgeführt werden können, sondern allein auf die Bestimmungsgründe »reiner« (von sinnlichen Einflüssen völlig unabhängiger) praktischer Vernunft.

Diese These ist zugleich ein Angriff auf die bisherige und nicht zuletzt auch auf die zeitgenössische Moralphilosophie. Schon der Titel des Werkes formuliert nicht nur ein Programm, sondern stellt auch eine Provokation dar. Dessen war sich Kant natürlich bewusst. Deshalb versucht er das Programm einer (Grundlegung zur) Metaphysik der Sitten in seiner Vorrede zugleich als etwas eminent Wichtiges und als etwas eigentlich ganz Selbstverständliches herauszustellen.

3_{2-7} | 387_{2-7} Dies tut Kant, indem er auf die stoische Einteilung der Philosophie in Physik, Ethik und Logik zurückgeht. Diese Einteilung sei »vollkommen angemessen«, es käme aber darauf an, das Prinzip oder den Gesichtspunkt der Einteilung aufzusuchen. Dies erlaube es dann, sich der Vollständigkeit der Einteilung zu vergewissern, und gebe zugleich einen Leitfaden für weitere Unterteilungen an die Hand.

3_{8-19} | 387_{8-16} Das Einteilungsprinzip gewinnt Kant dadurch, dass er Philosophie als Vernunfterkenntnis versteht. Dies erlaubt es dann, nach den Inhalten oder »Gegenständen« einer solchen Erkenntnis zu fragen. Zugleich ist durch die Bestimmung der Erkenntnis als *Vernunft*erkenntnis impliziert, dass diese sich jeweils auf etwas bezieht, das allgemein und notwendig gilt. Dies wird im Weiteren dadurch deutlich, dass die Vernunfterkenntnis jeweils in der Erkenntnis von *Gesetzen* besteht. Was nun die »Gegenstände« der Vernunfterkenntnis anbelangt, so kann die Vernunfterkenntnis entweder *material* oder objektbezogen oder nicht material, also *formal*, sein. Die materiale Vernunfterkenntnis ist auf bestimmte Erkenntnisinhalte oder Erkenntnisgegenstände bezogen, die nicht materiale Vernunfterkenntnis ist dagegen auf die Form des vernünftigen Denkens selbst bezogen. Die materiale Vernunfterkenntnis kann nun entweder die Gesetze der Natur (also dessen, was ist oder notwendig geschieht) oder die Gesetze der Freiheit oder der freien Handlungsbestimmung (also dessen, was geschehen soll) zum Gegenstand haben. Diese aus der Unterteilung der Inhalte oder Objekte materialer Vernunfterkenntnis resultierende Dreiteilung führt also auf die Disziplinen der Logik, Physik (Naturphilosophie, Naturlehre) und Ethik (Moralphilosophie, Sittenlehre).

3_{20-33} | 387_{17}–388_{3} Kant ist nun vor allem daran interessiert aufzuzeigen, dass der eigentliche und vordringliche Gegenstand, die genuine Grundlage, einer philosophischen Disziplin in ihrem nicht-empirischen Teil besteht. Dies bereitet er im vorliegenden Absatz vor, indem er die Unterscheidung zwischen den jeweiligen empirischen und nicht-empirischen Teilen von Physik und Ethik einführt. Zunächst stellt er aber heraus, dass die Logik keinen empirischen Teil haben kann. Denn die Logik erforscht nicht, welchen Regeln Menschen in ihrem Denken folgen und durch welche Umstände Menschen in ihrem Denken beeinflusst werden können. Vielmehr besteht ihre Aufgabe darin, die »allgemeinen und notwendigen Gesetze« aufzuweisen, denen das Denken folgen muss. Kant bezeichnet die Logik als einen Kanon, also einen Maßstab oder eine Richtschnur, für den Verstand oder die Vernunft.[1]

Es sei an dieser Stelle darauf hingewiesen, dass Kant einen wesentlich engeren und strengeren Begriff von den Formen des Denkens und entsprechend von der Logik hat, als dies in der heutigen modernen Logik der Fall ist. Große Teile der modernen Logik im Anschluss an Gottlob Frege (1848–1925) würde Kant der Mathematik zuordnen. (Kant zufolge ist streng zwischen Philosophie, einschließlich der Logik, und Mathematik zu unterscheiden. Die Mathematik lässt sich daher auch nicht auf Logik zurückführen.)[2]

Im Unterschied zur Logik können die, wie Kant jetzt sagt, »natürliche Weltweisheit« (also die auf die Natur bezogene oder theoretische Philosophie) und die »sittliche Weltweisheit« (also die auf das moralische Handeln bezogene oder praktische Philosophie) je einen empirischen Teil haben. Dabei zeigt sich in dem von Kant zugrunde gelegten Verständnis von Naturphilosophie eine noch nicht völlig vollzogene Ausdifferenzierung von Philosophie und Naturwissenschaft. Die grundlegenden Gesetze der Natur gehen nach Auffassung Kants auf den Verstand zurück. Die empirische Erforschung der Natur muss sich in diesem Rahmen bewegen. Die Gesetze für unser Handeln müssen in der menschlichen Handlungswirklichkeit realisiert werden, und es gilt zu erfassen, was uns an ihrer Befolgung hindert.

4_{1-6} | 388_{4-8} Dies führt auf die Unterscheidung zwischen *empirischer* und *reiner* Philosophie. Erstere stützt ihre Erkenntnisse auf Erfahrung, letztere allein auf Grundsätze *a priori*, d.h. auf Grundsätze, die von der Erfahrung völlig unabhängig sind. (Auch »rein«, etwa in »reine Philosophie«, »reine Vernunft« oder »reine Erkenntnis«, hat bei Kant die Bedeutung von erfahrungsunabhängig oder unabhängig von sinnlichen Einflüs-

1 Vgl. auch *KrV* B 824 / A 796.

2 Zur Unterscheidung zwischen Philosophie und Mathematik siehe *KrV* B 740–766 / A 712–738.

sen.) Die Logik verfährt, wie wir gesehen haben, ohnehin erfahrungsunabhängig, bezieht sich aber nur auf die Formen des Denkens und stellt deshalb per se reine Philosophie dar. Sofern die reine Philosophie aber erfahrungsunabhängige (materiale) Inhalte zum Gegenstand hat (sich allein auf »bestimmte Gegenstände des Verstandes« beschränkt), heißt sie *Metaphysik*.

4_{7-12} | 388_{9-14} Entsprechend ist davon auszugehen, dass zu jedem der beiden Bereiche der gegenstandsbezogenen Philosophie, Naturlehre oder Physik und Sittenlehre oder Ethik, eine *Metaphysik* gehört, eine *Metaphysik der Natur* und eine *Metaphysik der Sitten*. Beide Bereiche haben demnach jeweils ihren empirischen und reinen oder rationalen (verstandes- oder vernunftbasierten) Teil. Den empirischen Teil der Ethik bezeichnet Kant als *praktische Anthropologie*, ihren rationalen Teil als *Moral*.

4_{13}–5_{8} | 388_{15}–399_{4} Damit ist der Begriff einer »Metaphysik der Sitten« als ein eigener Aufgabenbereich eingeführt und anfänglich entwickelt. Im Weiteren will nun Kant herausstellen, dass die Metaphysik der Sitten völlig abgetrennt von der praktischen Anthropologie und allen Beimischungen von Gesichtspunkten oder Bestandteilen, die der Sinnlichkeit des Menschen entstammen, entwickelt werden muss.

Dazu knüpft Kant im vorliegenden Absatz an die Segnungen der Arbeitsteilung, der Spezialisierung und des Expertentums an. Nur beiläufig wirft er (in einem etwas verwickelten Satz) die Frage auf, ob nicht auch die Philosophie von Spezialisierung und Spezialistentum profitieren würde, etwa von Spezialisten für die (reine) theoretische und die (reine) praktische Philosophie. Zugleich kritisiert er diejenigen, die mit unterschiedlicher Schwerpunktsetzung (entweder das Empirische oder das Rationale stärker betonend) jeweils die reine mit der empirischen Philosophie vermischen.

Die eigentliche Frage besteht aber nach Kant darin, ob es nicht die »Natur der Wissenschaft« erfordert, die Metaphysik der Natur und die Metaphysik der Sitten (a) jeweils völlig für sich, ohne jeglichen Rückgriff auf Erfahrung, zu behandeln und dies (b) vor der Bearbeitung der (empirischen) Physik bzw. der praktischen

Anthropologie zu tun. Als Grund gibt Kant an, dass nur so festgestellt werden kann, was die Vernunft in beiden Gebieten der Metaphysik zu leisten vermag und worauf sich (auf welche Quellen) ihre Erkenntnisse stützen. Nur so ist eine wissenschaftliche, methodisch gesicherte Metaphysik möglich.

Eine Metaphysik bedarf also, wie Kant hier andeutet, einer Kritik der reinen Vernunft, also einer Prüfung des Vernunftvermögens durch sich selbst. Gegenstand der Prüfung ist es festzustellen, was die Vernunft auf welcher Grundlage unabhängig von Erfahrung zu erkennen vermag und was nicht. In der *Kritik der reinen Vernunft* hat Kant zu zeigen versucht, dass die Verstandesbegriffe Erfahrungserkenntnis erst möglich machen, ihre Erkenntnisfunktion sich aber auf die Bedingungen möglicher Erfahrung beschränkt. Nur in Bezug auf die Anschauungsformen von Raum und Zeit ermöglichen die Verstandesbegriffe Erkenntnis. Der Versuch, mit diesen Begriffen losgelöst von den Bedingungen möglicher Erfahrung Einsichten zu gewinnen, führt die Vernunft dagegen in Widersprüche.

Kant lässt es, nicht ohne Ironie, an dieser Stelle dahingestellt, ob die Aufgabe der mit der Metaphysik der Sitten verbundenen Vernunftkritik von allen (den zahlreichen, ja allzu zahlreichen) Sittenlehrern wahrzunehmen ist oder von nur wenigen daran interessierten und dafür geeigneten Spezialisten.

$5_{9\text{-}30}$ | $389_{5\text{-}23}$ Da es Kant im vorliegenden Werk um Moralphilosophie (»sittliche Weltweisheit«) zu tun ist, verlässt er nun die Perspektive des Nebeneinanders von Metaphysik der Natur und Metaphysik der Sitten und konzentriert sich ganz auf die Aufgabe einer Metaphysik der Sitten bzw. reinen Moralphilosophie, die alle sinnlichen Einflüsse absondert. Die Möglichkeit und das Erfordernis einer reinen Moralphilosophie leuchten dem moralischen Alltagsverstand ein, der mit moralischer Pflicht und sittlichen Gesetzen unbedingte Verbindlichkeit verbindet.

Diese Verbindlichkeit wird von Kant in zwei Richtungen entwickelt. Zum einen stellt er heraus, dass die Verbindlichkeit sittlicher Gesetze auf die Vernunft zurückzuführen ist. Denn es handelt sich um eine Verbindlichkeit, die für vernünftige Wesen qua vernünftige Wesen besteht. Sofern es andere vernünftige Wesen außer uns gibt, könnten diese nicht von den sittlichen Gesetzen ausgenommen sein. Deshalb können die sittlichen Gesetze auch nicht auf Eigentümlichkeiten der menschlichen Natur oder der besonderen Umstände menschlichen Handelns beruhen. (Sie können deshalb auch nicht Gegenstand einer Anthropologie sein.) Zum anderen stellt Kant heraus, dass alle Vorschriften, die auf Erfahrungen beruhen oder in die sinnliche Bestimmungsgründe eingehen, keine allgemeingültigen Gesetze darstellen können, sondern allenfalls generelle, d. h. nicht allgemein, sondern nur im Allgemeinen geltende Regeln.

Kants Gegenüberstellung moralischer (unbedingter) und nicht-moralischer (bedingter) Sollensansprüche ist voraussetzungsreich. Ich verzichte an dieser Stelle darauf, die Voraussetzungen genauer zu erklären. Denn dies würde den zentralen Argumenten im vorliegenden Werk vorausgreifen. Festhalten lässt sich, dass Kant annimmt, dass wir ein Vorverständnis davon haben, dass moralische Normen unbedingte, allgemeingültige Normen sind. Als solche kann ihr Ursprung nicht in unserer sinnlichen Natur und den damit verbundenen Antrieben liegen, sondern nur a priori in unserer (reinen praktischen) Vernunft.

5_{31}–6_{9} | $389_{24\text{-}35}$ Moralische Normen unterscheiden sich also nicht nur von allen anderen praktischen Normen, sondern beruhen allein auf dem Gegenstand einer reinen Moralphilosophie (den Gesetzen der reinen praktischen Vernunft). Da moralische Normen für den Menschen qua vernünftiges Wesen und nicht qua seiner menschlichen Natur und seiner spezifischen Umstände gelten, bedürfen sie keines Rückgriffs auf die Gegenstände der Anthropologie. Allerdings bedarf es Urteilskraft (die Fähigkeit, das Besondere als Fall des Allgemeinen und die Besonderheiten der Umstände zu erkennen), um zu erkennen, welche moralischen Normen in den konkreten Umständen des Handelns einschlägig sind. Auch gilt es die Schwierigkeiten in den Blick zu nehmen, die sich daraus ergeben, dass wir Menschen nicht selbstverständlich das tun, was für uns (vom Anspruch her) zu tun unbedingt notwendig ist. Denn aus den in unserer Sinnlichkeit wurzelnden Neigungen und Abneigungen ergeben sich immer wieder von den Gesetzen der Vernunft abweichende oder diesen widersprechende Handlungsgründe.

$6_{10\text{-}32}$ | 389_{36} - 390_{18} Damit gelangt Kant zur Kernthese der Vorrede: »Eine Metaphysik der Sitten ist also unentbehrlich notwendig, (...).« Diese Notwendigkeit besteht, wie Kant ausführt, nicht nur und nicht in erster Linie deshalb, weil eine Metaphysik der Sitten einem theoretischen oder »spekulativen Bedürfnis« entgegenkommt, zu verstehen, wie sich erfahrungsunabhängige praktische Grundsätze aus der Vernunft ergeben. Vielmehr besteht die Notwendigkeit deshalb, weil eine Metaphysik der Sitten einen »Leitfaden und oberste Norm« der Beurteilung des Handelns bereitstellt und deshalb zur Korrektur falscher Handlungsgründe beitragen kann.

Kant unterscheidet zwischen den moralisch richtigen Handlungen und den moralisch guten Gründen zum Handeln. Wenn ich es unterlasse, etwas zu stehlen, dann ist das ein moralisch richtiges Handeln. Wenn ich es aber nur deshalb nicht tue, weil ich die negativen Konsequenzen fürchte, wenn es herauskommt, dass ich gestohlen habe, dann handele ich nicht moralisch gut. Überdies garantieren solche, auf mein wohlverstandenes Eigeninteresse zurückgehenden Handlungsgründe nicht, dass ich stets das moralisch Richtige tue. Wenn ich mir beispielsweise sicher bin, dass ich völlig unbemerkt stehlen kann, dann werde ich in einer solchen Situation vielleicht doch stehlen. Denn das kann dann in meinem wohlverstandenen Eigeninteresse liegen. Allgemeiner gesagt: Der Zusammenhang zwischen einem moralisch falschen Handlungsgrund und einer moralisch richtigen Handlung ist zufällig und deshalb fragil und nicht (auf Dauer) garantiert.

Es ist also für das Handeln äußerst wichtig, dass das sittliche Gesetz unvermischt und unverfälscht vorgestellt wird. Dies kann nur in der reinen (praktischen) Philosophie oder Metaphysik der Sitten geschehen. Diese ist deshalb für die Moralphilosophie konstitutiv. Die üblichen Vermischungen der Bestimmungen des Handelns durch das Gesetz der Vernunft und durch Gründe, die auf die Sinnlichkeit zurückgehen, können eigentlich gar nicht beanspruchen, Philosophie zu sein. Denn die Philosophie muss sich gerade dadurch vom Alltagsverstand unterscheiden, dass sie die relevanten Bestimmungsgründe des Handelns aufzuzeigen und den verschiedenen Bestimmungsgründen ihren jeweiligen Platz zu bestimmen vermag. Und die Vermischungen können (schon gar) nicht als Moralphilosophie durchgehen, weil ein solches Vorgehen der Aufgabe von Moralphilosophie widerspricht und diese unterminiert.

6_{33}-7_{36} | 390_{19}-391_{15} Kant hebt mit Nachdruck hervor, dass die erforderliche Metaphysik der Sitten bislang noch nicht geleistet worden ist. Sie dürfe nicht mit dem 1739 von Christian Wolff (1679–1754) veröffentlichten Werk *Philosophia Practica Universalis* (Allgemeine praktische Philosophie/Weltweisheit) verwechselt werden. In seinem Buch versucht Wolff eine Art Grundlagenwissenschaft vom menschlichen Handeln zu etablieren, die nicht nur die unterschiedlichen Handlungsgründe beleuchtet, sondern in der auch die erfahrungsbezogenen, konkreten Erfordernisse der Realisation des Handelns einen breiten Raum einnehmen.[3]

Das Hauptargument Kants gegen die mögliche Unterstellung, dass sein Programm von Wolff schon geleistet wurde, besteht darin, dass eine Untersuchung des Wollens insgesamt nicht schon die Untersuchung einer (spezifischen) Willensbestimmung leistet, die völlig unabhängig von Bestimmungsgründen ist, die der Sinnlichkeit entstammen, und allein auf erfahrungsunabhängigen Grundsätzen beruht. Die von Wolff in seinem Werk begründete Disziplin einer allgemeinen praktischen Weltweisheit sei von der Metaphysik der Sitten ähnlich verschieden wie die Logik von der Transzendentalphilosophie. Transzendentalphilo-

[3] Für einführende Hinweise zu Wolffs *Philosophia Practica Universalis* mit Übersetzungen der ersten Paragraphen siehe Alexander Aichele, Einleitung, in: Alexander Gottlieb Baumgarten, *Anfangsgründe der praktischen Metaphysik*. Lateinisch-Deutsch, übersetzt u. herausgegeben von Alexander Aichele, Hamburg 2019, VII–LXVIII, IX–XX.

sophie ist das, was Kant in der *Kritik der reinen Vernunft* (1781) betrieben hat, nämlich die Untersuchung, was die auf den Verstand zurückgehenden Bedingungen der Erfahrungserkenntnis sind, welche Gegenstände das reine (erfahrungsunabhängige) Denken erkennen kann bzw. was die Möglichkeiten und Grenzen eines erfahrungsunabhängigen Vernunftgebrauchs sind. Der Punkt des Vergleichs besteht darin, dass in beiden Fällen die allgemeine Untersuchung die spezielle Untersuchung weder einschließt noch überflüssig macht – die Logik enthält nicht die Transzendentalphilosophie und macht diese auch nicht überflüssig, die allgemeine praktische Weltweisheit enthält nicht die Metaphysik der Sitten und macht diese auch nicht überflüssig. Denn der Gegenstand der allgemeinen praktischen Weltweisheit besteht darin, unter besonderer Berücksichtigung der menschlichen Handlungspsychologie »die Handlungen und Bedingungen des menschlichen Wollens überhaupt« zu untersuchen. Demgegenüber besteht die Aufgabe der Metaphysik der Sitten darin, die »Idee und die Prinzipien eines möglichen r e i n e n Willens« zu untersuchen. Es gilt also zum einen, den Vernunftbegriff (die Idee) eines allein von der Vernunft bestimmten Willens zu entwickeln und festzustellen, was die Prinzipien sind, denen ein solcher Wille folgt. Die Idee eines reinen Willens ist zunächst einmal etwas, das wir uns denken können. Wir werden sehen, dass aus dieser Idee bzw. aus mit der Idee zusammenhängenden Begriffen die Prinzipien eines solchen Willens abgeleitet werden können. Damit ist aber noch nicht sichergestellt, dass wir tatsächlich einen reinen Willen haben können, also tatsächlich das *Vermögen* reiner praktischer Vernunft besitzen. Wenn Kant hier von einem *möglichen* reinen Willen spricht, dann meint er nicht, dass wir uns einen reinen Willen denken können (es geht also nicht um die bloße Denkmöglichkeit des reinen Willens), sondern dass aufgezeigt werden muss, dass ein reiner Wille für uns Realität besitzen kann, wir also davon ausgehen müssen, dass wir einen reinen Willen haben können (er in diesem Sinne für uns möglich ist).

Gegen die Behauptung, dass die allgemeine praktische Weltweisheit die Metaphysik der Sitten nicht enthält, ließe sich einwenden, dass diejenigen, die die Disziplin der allgemeinen praktischen Weltweisheit bearbeiten und vertreten,[4] auch moralphilosophische Grundbegriffe behandeln. Indem sie dies tun, missverstehen sie aber, so Kant, was zu der Disziplin gehört und was nicht. Außerdem werden von den Vertretern der Disziplin die unterschiedlichen Quellen der Handlungsbestimmung vermischt behandelt, sodass sie den Begriff moralischer Verbindlichkeit nicht erreichen. Die Entwicklung des Begriffs moralischer Verbindlichkeit ist aber auch nicht die Aufgabe der Disziplin und steht deshalb auch nicht zu erwarten.

8$_{1-20}$ | 391$_{16-33}$ Nachdem Kant die Wichtigkeit und Unentbehrlichkeit einer Metaphysik der Sitten herausgestellt hat, legt er nun kurz dar, was der Gegenstand des vorliegenden Werks ist. Gegenstand des vorliegenden Werkes ist nicht die Metaphysik der Sitten insgesamt, sondern nur die Grundlegung der Metaphysik der Sitten. Die Metaphysik der Sitten enthält eine systematische Behandlung der wesentlichen Pflichten. Die Grundlegung behandelt nur, wie Kant im übernächsten Absatz ausführen wird, das oberste Prinzip der Moral.

Eigentlich müsste die Grundlegung der Metaphysik der Sitten durch eine »Kritik einer *reinen praktischen Vernunft*« geleistet werden, also durch eine vollständige Untersuchung des Vermögens reiner praktischer Vernunft (durch die Vernunft selbst), so wie die »Kritik der reinen spekulativen Vernunft« die Grundlage der Metaphysik der Natur bildet. Kant bezeichnet also das, was er in seinem Werk *Kritik der reinen Vernunft* getan hat, als »Kritik der reinen spekulativen Vernunft«. Er sieht also nun das Erfordernis, die Vernunftkritik um die praktische, den Willen und das Handeln bestimmende Vernunft zu erweitern. Kant sagt an dieser Stelle nicht, was eine Kritik der reinen praktischen Vernunft alles zu leisten hätte. Es wäre in seinem Verständnis auf

[4] Kant spricht hier von der *Disziplin* der allgemeinen praktischen Weltweisheit und nicht von dem diese *Disziplin* begründenden Werk Wolffs. Deshalb spricht er hier auch von den Vertreter*n* dieser Disziplin und nicht nur von Wolff.

jeden Fall mehr, als es die vorliegende *Grundlegung zur Metaphysik der Sitten* tut.

Kant begründet zunächst, warum er im vorliegenden Werk keine vollständig ausgearbeitete Kritik der reinen praktischen Vernunft, sondern nur Ansätze einer solchen Kritik bietet. Im folgenden Absatz legt er dann dar, warum er in diesem Werk nur eine *Grundlegung* zur Metaphysik der Sitten liefert und die Ausarbeitung der Metaphysik der Sitten auf ein späteres, in der Zukunft zu veröffentlichendes Werk verschiebt.[5]

Kant führt zwei Gründe dafür an, weshalb er im vorliegenden Werk keine vollständig ausgearbeitete Kritik der reinen praktischen Vernunft bietet. Der erste Grund besteht darin, dass eine Kritik der reinen praktischen Vernunft weniger dringlich ist, als es die Kritik der reinen spekulativen Vernunft war. Denn im Bereich theoretischer oder spekulativer Erkenntnis haben wir die Tendenz, die Vernunft für Erkenntnisse jenseits aller Erfahrung in Anspruch zu nehmen (etwa die Unsterblichkeit der Seele, die Existenz von Freiheit oder die Existenz Gottes betreffend). Mit solchen Erkenntnisansprüchen, aber auch mit den Behauptungen des Gegenteils (der Sterblichkeit der Seele, usw.) überheben wir uns aber und verwickeln uns in unserem Vernunftgebrauch in Widersprüche und Täuschungen (dies meint Kant mit »Dialektik« bzw. »dialektisch«). Deshalb ist es dringlich zu klären, was wir unabhängig von Erfahrung erkennen können und was nicht. Eine solche Dringlichkeit besteht im Bereich des Moralischen nicht, denn hier ist es auch einfachen Menschen leicht möglich, das, was moralisch richtig ist, präzise und vollständig[6] zu erkennen. (Es lässt sich noch hinzufügen, dass, während im Theoretischen ein erfahrungsunabhängiger, reiner Vernunftge-

[5] Dieses Werk ist die 1797 in zwei Teilen veröffentlichte *Die Metaphysik der Sitten* (Teil 1: *Metaphysische Anfangsgründe der Rechtslehre*, Teil 2: *Metaphysische Anfangsgründe der Tugendlehre*).

[6] Vgl. *Logik* IX, 63_{7-9}: »Die Ausführlichkeit (completudo) und Abgemessenheit (paecisio) zusammen machen die *Angemessenheit* [einer Erkenntis, K. S.] aus (…).« Zu Kants Verwendung von »Ausführlichkeit« im Sinne von Vollständigkeit siehe auch *KrV* A XIII f., A XXI.

brauch zu Fehlschlüssen führt, es im Sittlichen gerade auf einen reinen, von sinnlichen Bestimmungsgründen unabhängigen Vernunftgebrauch ankommt.)

Der zweite Grund ist, dass eine vollständige Kritik der reinen praktischen Vernunft auch den Zusammenhang der Vernunft in ihren beiden Vermögen (der theoretischen Erkenntnis und der praktischen Willensbestimmung) aufzeigen müsste. Dazu sieht sich Kant noch nicht in der Lage, jedenfalls nicht in einer Weise, die nicht riskiert, »den Leser zu verwirren«.

Kants Betonung, dass eine vollständig ausgearbeitete Kritik der reinen praktischen Vernunft nicht so dringlich ist, sollte uns aber nicht übersehen lassen, dass nach Auffassung Kants der Gegenstand des vorliegenden Werkes äußerst wichtig und dringlich ist. Es geht in ihm um genau das, weshalb die Metaphysik der Sitten, wie zuvor herausgestellt, »unentbehrlich notwendig« ist. Und deshalb ist es auch wichtig, im vorliegenden Werk alles zu vermeiden, was den Leser verwirren könnte.

Weil das vorliegende Werk keine vollständig ausgearbeitete Kritik der reinen praktischen Vernunft bietet, hat sich Kant entschieden, ihm (lediglich) den Titel *Grundlegung zur Metaphysik der Sitten* zu geben.

$8_{21\text{-}26}$ | 391_{34}-392_{2} Ein weiterer Grund dafür, die Grundlegung der Metaphysik der Sitten separat zu behandeln, besteht für Kant darin, dass die systematische Behandlung der wesentlichen Pflichten in der Metaphysik der Sitten nicht schwierig zu verstehen sein wird und deshalb auch einem größeren Leserkreis zugänglich sein dürfte, auch wenn der abschreckende Titel einer »Metaphysik der Sitten« dies nicht vermuten lässt. Dagegen lässt sich nicht vermeiden, dass die Grundlegung der Metaphysik der Sitten Schwieriges und Subtiles enthält. Indem Kant die Grundlegung separat behandelt, braucht[7] er das spätere Werk nicht mit diesen Schwierigkeiten zu belasten.

[7] In verneinten Sätzen hat »dürfen« bei Kant meist die Bedeutung »brauchen« (nicht dürfen = nicht brauchen, nicht nötig haben), siehe auch Grimm, Deutsches Wörterbuch, Art. dürfen, 2a, Bd. 2, Sp. 1725.

8_{27} – 9_6 | $392_{3\text{-}16}$ Kant stellt heraus, worum es im vorliegenden Werk genauer geht. Gegenstand des Werkes ist, das oberste Prinzip der Moral inhaltlich zu bestimmen und seine Verbindlichkeit nachzuweisen. Dies stelle eine eigenständige und für sich genommen vollständige Aufgabe dar,[8] die allen anderen »sittlichen Untersuchung[en]« vorangehen muss. Sie ist wichtig, bislang aber noch nicht zufriedenstellend gelöst worden. Zwar würde das Moralprinzip durch das in der Metaphysik der Sitten zu entfaltende System der Pflichten eine »große Bestätigung« erfahren. Doch würde dies von der eigentlichen Aufgabe der Begründung des Prinzips eher ablenken, die streng für sich genommen erfolgen und geprüft werden muss, unter Ausblendung all dessen, was sich plausibler Weise aus dem Prinzip ergibt.

$9_{7\text{-}19}$ | $392_{17\text{-}28}$ Kant schließt seine Vorrede mit knappen Bemerkungen zum Vorgehen und zum Aufbau des Werkes. Die knappen Bemerkungen sind nicht leicht zu verstehen. Hier hilft es, sich klarzumachen, dass Kant über sein Vorgehen erst durch den Überblick über die Einteilung des Werkes informiert ($9_{13\text{-}19}$ | $392_{22\text{-}28}$). Dagegen formuliert Kant im vorausgehenden, ersten Satz des Absatzes das, was er durch sein Vorgehen erreichen will. Er will ausgehend von Grundbegriffen des moralischen Alltagsverstands im Wege der Begriffsanalyse (analytisch) den Gehalt des obersten Prinzips der Moral entwickeln, um dann die Gültigkeit des Prinzips zu untersuchen (Prüfung) und aus seinem Ursprung (Quellen) in dem Vermögen reiner praktischer Vernunft aufzuweisen. Dazu reicht es nicht, bestimmte (Vernunft-)Begriffe (Ideen) einfach nur vorauszusetzen. Denn dies kann eben nur zeigen, was *unter Voraussetzung* bestimmter Ideen gilt. Vielmehr muss dazu synthetisch aufgewiesen werden, dass bestimmte Ideen notwendig vorausgesetzt werden müssen. Ziel ist es, ein Prinzip zu rechtfertigen, das dann wiederum die moralischen Urteile in unserem Alltag anleiten kann. (Die Unterscheidung zwischen analytischen und synthetischen Urteilen

8 »Geschäft« hat hier die Bedeutung »Aufgabe«, siehe auch ebd., Art. geschäft, III 1b, Bd. 5, Sp. 3818.

werde ich im Laufe meines Kommentars noch ausführlich erläutern.)

Um dies zu erreichen, hat Kant sein Werk in drei Teile (»Abschnitte«) unterteilt. Im ersten Teil geht er von Grundbegriffen des moralischen Alltagsverstandes aus, nämlich dem Begriff des guten Willens, den er dann mit Hilfe des Begriffs der Pflicht näher entwickelt. Dies führt zu einer ersten moralphilosophischen Fassung des Moralprinzips.

Im zweiten Teil seines Werkes setzt Kant sich dann kritisch von der »populären Moralphilosophie« seiner Zeit ab und entwickelt eine Theorie der Handlungsnormen (in Kants Terminologie eine Theorie der »Imperative«). Die Wirklichkeit bedingter Normen oder bedingter Sollensansprüche (»hypothetischer Imperative«) erlaubt es, die Idee unbedingten Sollens zu entwickeln und das Moralprinzip als kategorischen Imperativ zu fassen. An diesem Imperativ lassen sich verschiedene Aspekte unterscheiden. Vor allem lässt sich die Grundstruktur dieser Sollensansprüche näher aufschlüsseln. Ein zentrales Ergebnis ist, dass das moralische Gesetz in der Vernunft selbst gründet und das moralische Sollen in doppelter Weise auf einer Selbstgesetzgebung (»Autonomie«) beruht. Autonomie ist zum einen die, wenn man so will, Grundstruktur der reinen praktischen Vernunft selbst. Autonomie ist zum anderen die Beschaffenheit unseres Willens, sofern wir uns in unserem Wollen durch das Gesetz unseres Vermögens reiner praktischer Vernunft bestimmen lassen und nicht durch Zielsetzungen, die auf unsere Sinnlichkeit zurückgehen.

Die Grundlagen einer Metaphysik der Sitten, die Kant im zweiten Teil seines Werkes herausstellt, gelten aber nur, wenn es reine praktische Vernunft überhaupt gibt und wir uns das Vermögen reiner praktischer Vernunft wirklich zuschreiben können und müssen. Um dies hinreichend sicherzustellen, bedarf es im dritten Teil des Werkes wenigstens in Umrissen einer Kritik der reinen praktischen Vernunft, die herausstellt, was wir in Bezug auf unser reines praktisches Vernunftvermögen wissen können und was nicht. Entsprechend hat dieser dritte Teil eine doppelte Aufgabe: Kant will vor allem zeigen, dass der kategorische Imperativ für uns gültig oder verbindlich ist, weil wir davon ausgehen müssen, dass wir das Vermögen reiner praktischer Vernunft besitzen. Kant will aber auch zeigen, dass dies uns in keiner Weise Einblicke in die Funktionsweise reiner praktischer Vernunft oder unserer Freiheit ermöglicht. Die in der *Kritik der reinen Vernunft* aufgewiesenen Grenzen erfahrungsunabhängiger Vernunfteinsichten bleiben unangetastet.

II. »ERSTER ABSCHNITT
Übergang von der gemeinen sittlichen Vernunfterkenntnis zur philosophischen«

$11_{4\text{-}6}$ | $393_{5\text{-}7}$ Der erste Teil (»Abschnitt«) der *Grundlegung* beginnt mit einem Paukenschlag, nämlich mit der These Kants, dass allein ein »guter Wille« uneingeschränkt gut wäre. Nur ein guter Wille besitzt, wie Kant im Weiteren teils im Zusammenhang von Abgrenzungen herausstellt, einen »unbedingten« (11_{28} | 394_1), »absoluten« (12_{30} | 394_{32}) Wert, ist »schlechthin« (11_{31} | 394_3) bzw. »an sich« ($12_{11\,\text{f.}}$ | 394_{15}) gut. Genaugenommen, und das ist wichtig, sagt aber Kant nicht, dass ein guter Wille uneingeschränkt gut *ist*, sondern dass er das Einzige ist oder wäre, was für uneingeschränkt gut *gehalten werden kann*. Der gute Wille ist zunächst einmal eine Idee, ein Begriff, die oder den wir mit Hilfe unserer Vernunft bilden oder denken können. Jeder, der dazu in der Lage ist, die Idee zu bilden oder zu denken, muss *urteilen*, dass ausschließlich ein guter Wille für uneingeschränkt oder absolut gut gehalten werden kann.

Die These Kants ist eine Doppelthese: (1) Wenn wir uns einen guten Willen denken, dann denken wir uns etwas, das wir für uneingeschränkt gut halten müssen. (2) Wir können uns außer einem guten Willen nichts anderes denken, das ebenfalls uneingeschränkt gut wäre. Kant argumentiert im Weiteren für These (2), indem er für mögliche andere Kandidaten zeigt, dass sie nur unter Voraussetzung eines guten Willens gut sind. Im Rahmen dieser Argumentation fällt auch ein gewisses argumentatives Licht auf These (1). These (1) wird aber von Kant nicht ausdrücklich begründet, sondern als selbstverständlich vorausgesetzt. Dies liegt wohl daran, dass er beim moralischen Alltagsverstand (der »gemeinen sittlichen Vernunfterkenntnis«) ansetzt, dem (wenigstens nach Meinung Kants) Folgendes klar ist: Ein guter Wille ist ein *moralisch* guter Wille, also ein Wille, der das moralisch Richtige (im Sinne des moralisch zu Tuenden) tun will, *weil* es das moralisch Richtige ist. Die Ansprüche der Moral sind unüberbietbare, unbedingte oder notwendige Ansprüche an das Handeln. Entsprechend stellt etwas moralisch Gutes etwas unüberbietbar, unbedingt oder notwendig Gutes dar.

Auch Gott können wir uns nur als ohne Einschränkung gutes Wesen denken, wenn wir uns Gott als ein aufgrund seines guten Willens moralisch gutes Wesen denken. Entsprechend können wir uns auch außer der Welt nichts denken, was neben den guten Willen als etwas uneingeschränkt Gutes treten könnte. Die weitere Argumentation Kants bezieht sich aber auf die Verhältnisse »in der Welt«.

Bevor wir uns dieser Argumentation zuwenden, sind aber vielleicht noch einige Hintergrundinformationen hilfreich.

Der *Wille* ist im Verständnis Kants das Vermögen, Handlungsentscheidungen zu treffen und diese umzusetzen zu versuchen. Ein Wesen, das einen Willen besitzt, kann sich entscheiden, handelnd bestimmte Ziele zu verfolgen oder nicht zu verfolgen und um bestimmter Ziele willen bestimmte Handlungen auszuführen oder zu unterlassen. Ein Beispiel dafür ist der Entschluss, eine Prüfung möglichst gut zu bestehen und deshalb am Abend das tagsüber Gelernte noch einmal zu wiederholen, statt sich mit Freunden in einer Kneipe zu treffen. Die Entscheidung, bestimmte Ziele zu verfolgen oder nicht zu verfolgen, Handlungen zu unternehmen oder zu unterlassen, erfolgt *aus Gründen*. Da bei einer Handlungsbestimmung aus Gründen Vernunft involviert ist, bezeichnet Kant den Willen auch als *praktische Vernunft*.

Letztlich wird alles davon abhängen, aus welcher *Art* von Gründen wir handeln können und handeln (und genau diese Fragestellung bereitet Kant mit dem Eingangssatz der *Grundlegung* vor). Wir kennen Handlungsgründe, die sich aus unserer sinnlichen Natur, unseren Neigungen und Abneigungen, ergeben. Wir wollen Angenehmes erhalten und erreichen und Unangenehmes beenden und vermeiden. Bei dieser Art von Handlungsgründen geht es uns letztlich um unser eigenes Wohlergehen. Wir beurteilen mögliche Handlungen und Ziele danach, ob sie »gut für«

unser Wohlergehen sind, ob sie zu diesem beitragen oder nicht. Aber können wir auch aus Handlungsgründen handeln, die Ziele zum Gegenstand haben, die nicht auf unsere Sinnlichkeit zurückgehen und die von uns verlangen, die Zielsetzung unseres eigenen Wohlergehens zurückzustellen? In unserem moralischen Alltagsbewusstsein gehen wir davon aus, dass dies der Fall ist, etwa wenn wir damit rechnen, dass wir einem Verletzten helfen müssen, weil er Hilfe braucht, oder dass wir bereit sein müssen, mit Blick auf wichtige Interessen anderer die Verfolgung unserer eigenen Interessen einzuschränken. Hier kommen moralische Gründe und Gesichtspunkte unbedingter Richtigkeit und Gutheit des Handelns ins Spiel. Wenn wir uns einen guten Willen denken, dann denken wir uns einen Willen, der aus solchen Gründen und Gesichtspunkten zu handeln versucht.

$11_{6\text{-}13}$ | $393_{7\text{-}13}$ Wie bereits gesagt, steht für Kant im Vordergrund zu zeigen, dass nichts anderes als ein guter Wille für uneingeschränkt gut gehalten werden kann. Dazu nimmt er zunächst innere und äußere Güter in den Blick, die ein Mensch (letztlich) ohne sein Zutun besitzt, die er aber unterschiedlich gebrauchen kann. Was die inneren Güter anbelangt, so bezieht sich Kant auf vom Willen oder Begehrungsvermögen unabhängige Vermögen oder Anlagen, nämlich auf Geistesgaben oder kognitive Kompetenzen (»Verstand, Witz, Urteilskraft«)[9] und bestimmte positive Ausprägungen der Sinnesart oder des Temperaments eines Menschen (»Mut, Entschlossenheit, Beharrlichkeit im Vorsatze«). Kants Argument ist, dass diese Gaben *gut für* die Erreichung bestimmter Zwecke (»in mancher Absicht gut und wünschenswert«), also bedingt gut oder nützlich sein können, dass sie aber nicht unbedingt gut sind. Sie lassen sich gut oder

[9] Allgemein gesprochen meint *Witz* Einfallsreichtum und Scharfsinn, *Urteilskraft* das Vermögen, das Besondere als Fall des Allgemeinen zu erkennen und Regeln anwenden zu können, siehe z. B. *Anthr.* § 44, 104_{20}–105_{11} / VII, $201_{12\text{-}34}$, siehe auch *KrV* B 171/132: Urteilskraft ist »das Vermögen, unter Regeln zu *subsumieren*, d. i. zu unterscheiden, ob etwas unter einer gegebenen Regel (casus datae legis) stehe, oder nicht.«

böse gebrauchen. Die (moralische) Qualität ihres Gebrauchs ist abhängig von der (moralischen) Qualität (dem »Charakter«) des Willens, der sie gebraucht. Entsprechend setzt ihr guter Gebrauch einen guten Willen voraus.

$11_{13\text{-}20}$ | $393_{13\text{-}19}$ Den inneren Gütern stellt Kant, wie ich sie bezeichnen möchte, »äußere« Güter gegenüber, die freilich auch den guten physischen Zustand (»Gesundheit«) eines Menschen einschließen und die Kant als »Glücksgaben« bezeichnet. Sie betreffen das, was zu unserem Glück beiträgt oder dieses ausmacht. Zugleich scheint Kant sie als etwas aufzufassen, das einem Menschen letztlich zufällt (»Glücks*gaben*« kann Glücks*güter* meinen, lateinisch *bona fortunae*, was sich sowohl im Sinne von das Glück betreffende als auch von sich dem Glück verdankende Güter verstehen lässt, und den letzten Aspekt stärker betonende *Geschenke* des Glücks, lateinisch *dona* bzw. *munera fortunae*). Auch mit Blick auf die Glücksgaben ist die Unterscheidung zwischen dem nur relativ oder bedingt Guten und dem uneingeschränkt Guten einschlägig. Die Glücksgaben können (moralisch) gut oder schlecht verwendet werden, stellen also selbst nicht etwas uneingeschränkt Gutes dar. Ihr (moralisch) guter Gebrauch setzt einen guten Willen voraus.

Allerdings sollten wir genau darauf achten, wie Kant dies hier herausstellt ($11_{17\text{-}20}$ | $393_{16\text{-}19}$): In Bezug auf das Ziel des eigenen Wohlergehens (der eigenen Glückseligkeit) und den Gebrauch der Glücksgaben im Rahmen dieses Ziels besteht ein guter Wille darin, das »ganze Prinzip zu handeln« zu berichtigen und »allgemein-zweckmäßig« zu machen. Es geht also darum, bereit zu sein, die Zielsetzung, das eigene Glück zu erhalten oder zu erreichen, so weit zurückzunehmen oder einzuschränken, dass sie mit dem schlechthin notwendigen Zweck verträglich wird, der den Grundsatz oder das Prinzip eines guten Willens leitet. (Allgemeinheit und Notwendigkeit sind für Kant austauschbare Begriffe.[10] Deshalb bedeutet die Zusammenstimmung mit allgemeiner Zweckmäßigkeit die Zusammenstimmung mit ei-

[10] Siehe *KrV* B 4.

nem notwendigen Zweck.) Einerseits bestätigt dies die oben angeführten Gründe dafür, warum ein guter Wille uneingeschränkt gut ist. Dazu passt auch Kants Verweis auf den Einfluss der Glücksgüter »aufs Gemüt«. Das *Gemüt* meint das in der Selbstwahrnehmung erfahrbare psychisch-kognitive Innenleben eines Menschen, die dieses konstituierenden passiven und aktiven Vermögen (des Erkennens und Denkens, gefühlsmäßiger Reaktionen, des Begehrens) und deren jeweilige Aktualisierungen.[11] Die Glücksgüter wecken Lust oder Neigungen und können zu bestimmten Begehrungen Anlass geben. Andererseits deutet Kant schon an, was im weiteren Verlauf, vor allem im zweiten Teil, der *Grundlegung* eine große Rolle spielen wird: Die Gutheit eines guten Willens beruht letztlich auf der Orientierung an einem unbedingt notwendigen Zweck, der mit diesem Willen selbst eigentümlich verbunden ist.

$11_{20\text{-}25}$ | $393_{19\text{-}24}$ Kant führt noch ein zweites Argument für die relative Gutheit der Glückseligkeit und der diese tragenden Glücksgaben an, nämlich die Unterscheidung zwischen dem Glück eines Menschen oder allgemein eines handlungsfähigen Wesens und dessen Glücks*würdigkeit*. Nur ein Wesen, das einen guten Willen besitzt, ist glückswürdig, während das durchgängige Glück eines Wesens, »das kein Zug eines reinen und guten Willens ziert«, etwas Anstößiges, Ungutes hat und entsprechend auch nicht uneingeschränkt gut sein kann. Der Begriff eines »reinen Willens« korrespondiert, wie wir noch sehen werden, dem Begriff eines unbedingt notwendigen Zwecks. »Rein« heißt für Kant im praktischen Kontext so viel wie »unabhängig von sinnlichen Einflüssen oder von auf unsere Sinnlichkeit (Neigungen oder Abneigungen) zurückgehenden Gründen«. Ein reiner Wille ist ein Wille, der seine Gründe aus der praktischen Vernunft selbst, und das heißt: aus sich selbst, bezieht.

Können wir wissen, dass einen anderen Menschen »kein Zug eines reinen und guten Willens ziert«? Nein, das können wir

[11] Siehe z. B. *Anthr.* 279 § 8 (Ergänzungen aus Kants Handschrift), $52_{21\text{-}29}$ = VII, $161_{11\text{-}18}$, *KrV* B 37 / A 22, B 520 / A 492.

nicht (auch wenn wir vielleicht zuweilen geneigt sind, entsprechende Vermutungen anzustellen). Deshalb greift Kant auf einen »vernünftige[n] unparteiische[n] Zuschauer« zurück, der die sittliche Qualität des Willens einer Person zu beurteilen vermag, und entwickelt sein Argument im Rahmen eines Gedankenexperiments.

Die inneren und äußeren Güter, die dem Menschen gewissermaßen zufallen, scheiden also als Kandidaten dafür aus, etwas darzustellen, was neben einem guten Willen ebenfalls für uneingeschränkt gut gehalten werden könnte.

11_{26} – 12_{8} | 393_{25} – 394_{12} Dies gilt aber auch für bestimmte *erworbene* charakterliche Kompetenzen (»Mäßigung in Affekten und Leidenschaften, Selbstbeherrschung und nüchterne Überlegung«). Diese können einen guten Willen in seiner Ausübung unterstützen, tragen aber nur dann zum »inneren Wert« einer Person bei, wenn sie in den Diensten eines guten Willens stehen, diesem also untergeordnet sind und von diesem geleitet werden. Ohne die Leitung durch die »Grundsätze eines guten Willens« können diese Kompetenzen für die Ausführung schlechter oder böser Handlungen missbraucht werden und die Bosheit eines Handelnden, der diese Handlungen kalt berechnend ausführt, noch verstärken. Charakterliche Kompetenzen werden nur durch die Rückbindung an einen guten Willen wirklich wertvoll. Es ist nach Auffassung Kants ein Mangel der antiken Tugendlehren, dies übersehen zu haben, wie Kants Verweis auf die »Alten« zeigt. – Kant unterscheidet genau zwischen *Affekten* und *Leidenschaften*.[12] *Affekte* sind vorübergehende Gefühlsregungen, die so stark sind, dass sie vernünftige Überlegungen (nahezu) ausschließen. *Leidenschaften* sind eingewurzelte Begierden, die sich so festgesetzt haben, dass sie sich die kognitiven Fähigkeiten des Überlegens, Urteilens und Planens gewissermaßen dienstbar zu machen vermögen. Kants Standardbeispiel ist

[12] Siehe z. B. *MST* 42_{28}–43_{14} = VI, 407_{29}–408_{14}; *KU* $144_{26\text{-}34}$ = V, $272_{30\text{-}37}$; *Rel.* $34_{29\text{-}32}$ = VI, $29_{35\text{-}37}$; *Anthr.* § 74, 170_{1}–171_{24} = VII, 252_{1}–253_{18}.

die Gegenüberstellung von Zorn (als Beispiel für einen Affekt) und Hass (als Beispiel für eine Leidenschaft): Die Plötzlichkeit des Zorns kann das Verhalten vorübergehend der vernünftigen Kontrolle entziehen, während der Hass ein planvolles Handeln anzuleiten vermag. Die Kontrolle über seine Gefühle und Begierden und damit über sich selbst zu erlangen, ist grundsätzlich etwas Positives, kann aber, ohne einen guten Willen, auch für die Erreichung schlechter Zwecke eingesetzt werden.

12$_{9-15}$ | 394$_{13-18}$ Nach der Ausscheidung möglicher Konkurrenten zur uneingeschränkten Gutheit eines guten Willens geht Kant genauer auf die Art der Gutheit des guten Willens ein. Dazu bedient er sich der Unterscheidung zwischen »instrumentell gut« und »an sich gut«. Der gute Wille ist für sich genommen, innerlich oder intrinsisch, gut. Er ist nicht dadurch gut, dass er ihm äußerliche, vorausgesetzte oder von ihm unabhängige (»vorgesetzte«) Zwecke zu erreichen hilft. Solche Zielsetzungen müssten über die Neigungen des Menschen vermittelt sein, und die äußeren Zwecke würden sich letztlich auf das Ziel der eigenen Glückseligkeit als Inbegriff der maximalen Erfüllung aller Neigungen (»Summe aller Neigungen«) beziehen. Die innere Güte des guten Willens ist in ihrer Wertigkeit allen äußeren Zwecken und auch dem Zweck der eigenen Glückseligkeit weit überlegen und durch darauf bezogene Wertgesichtspunkte nicht aufzuwiegen, zu diesen also *inkommensurabel*.

12$_{15-25}$ | 394$_{18-26}$ Entsprechend ist auch der Handlungserfolg des guten Willens seiner Gutheit äußerlich. Wie wir gesehen haben, müssen wir uns einen guten Willen als einen Willen denken, der das moralisch Richtige (im Sinne des moralisch zu Tuenden) zu tun versucht, weil es das moralisch Richtige ist. Dies schließt, wie Kant erläutert, die »Aufbietung aller Mittel, so weit sie in unserer Gewalt sind« ein. Der gute Wille ist nicht einfach nur ein guter Wunsch.[13] Der Handlungserfolg ist aber auch von

[13] *Anthr.* 1696 f. = VII, 2516 f. gibt Kant folgende, für unseren Zusammenhang gut passende Bestimmung: »Das Begehren ohne Kraftanwendung zur Hervorbringung des Objekts ist der *Wunsch.*«

äußeren Bedingungen abhängig, die nicht in der Gewalt unseres Willens liegen. Wer einen guten Willen hat, will moralisch richtig handeln und will den Erfolg seiner moralisch richtigen Handlungen. Sofern dieser Erfolg aber letztlich unverfügbar ist (was nicht heißt, dass er durch den Handelnden nicht beeinflussbar wäre), bleibt er der Gutheit des guten Willens äußerlich und vermag diese nicht zu steigern oder zu mindern.

Kants Argumentation zum Handlungserfolg ist also nicht ein Zeugnis für eine »Gesinnungsethik«, die einer um die Folgen des eigenen Handelns bedachten »Verantwortungsethik« entgegengesetzt wäre. Die möglichen Folgen von Handlungen, etwa ob diese die Rechte oder die Würde anderer wahren oder nicht, sind für die Bestimmung dessen relevant, was moralisch richtig oder falsch ist. Der Handlungserfolg betrifft dagegen die Frage, ob es gelingt, das, was man als moralisch richtig erkannt hat und dem man mit allen Kräften im Handeln gerecht zu werden versucht, tatsächlich zu realisieren. Dies wird übrigens weniger Handlungen betreffen, die in Unterlassungen bestehen, als vielmehr Handlungen, die das Ziel haben, etwas positiv zu bewerkstelligen, beispielsweise ein Versprechen einzulösen oder einem anderen zu helfen.

$12_{24\text{-}29}$ | $394_{26\text{-}31}$ So wie der fehlende Handlungserfolg die Gutheit eines guten Willens nicht zu mindern vermag, so vermag kein möglicher Nutzen eines guten Willens seine Wertigkeit oder charakteristische innere Gutheit zu steigern. Das liegt daran, dass ein guter Wille aus sich heraus unbedingt gut ist, während selbst das Ziel eigener Glückseligkeit und damit auch alle auf dieses Ziel bezogenen Zwecke nur bedingt gut sind. Ein guter Wille folgt, wie Kant vorerst erst angedeutet hat, eigenen, in ihm selbst liegenden Zwecken. Entsprechend verlangt er von einer Person, dass sie das Ziel eigener Glückseligkeit diesen Zwecken unterordnet. Ein möglicher Beitrag zu diesem Ziel wäre deshalb einem guten Willen äußerlich und kann zur Gutheit des guten Willens nichts beitragen.

12_{30} – 13_{4} | 394_{32} – 395_{3} Kant wird im Weiteren die Idee eines guten Willens und seines unbedingten Wertes mit Hilfe des Begriffs der Pflicht näher entfalten (beginnend 15_{14} | 397_{1}). Zuvor aber will er die Idee einem Plausibilitätstest unterziehen. Ein solcher scheint angezeigt zu sein, da die Idee zwar mit dem moralischen Alltagsverstand konform geht ($12_{32\,f.}$ | $394_{34\,f.}$), gleichwohl aber so ungewohnt ist, dass sich der Verdacht einstellen kann, dass wir mit ihr über das Ziel hinausschießen. Wir sollten deshalb zunächst ausschließen, dass die Idee lediglich auf »hochfliegende[r] Phantasterei« ($12_{34\,f.}$ | 394_{36}) beruht.

Dies berührt eine Schwierigkeit, die die gesamte *Grundlegung* durchzieht und die es zu lösen gilt. Eine *Idee* wie die des guten Willens ist ein Gedankending, und sie könnte nichts Weiteres sein als ein gedankliches Konstrukt, ein »Hirngespinst« ohne Realität oder Relevanz für uns als Handelnde. Letztlich muss also gezeigt werden, dass wir es tatsächlich als für uns möglich und als unsere Aufgabe erachten müssen, einen guten Willen auszubilden – einen Willen also, der sich von den in ihm gelegenen notwendigen Zwecksetzungen (den Zwecksetzungen *reiner* praktischer Vernunft) bestimmen lässt und im Konfliktfall diesen Zwecksetzungen den Vorrang vor unserem Ziel einräumt, glücklich zu werden.

Dies zu zeigen (und näher zu klären, inwieweit sich das überhaupt zeigen lässt) ist Gegenstand des dritten und letzten Teils der *Grundlegung*. Wir werden sehen, dass die Notwendigkeit, einen entsprechenden Nachweis zu führen, im weiteren Verlauf der *Grundlegung* immer wieder hervortritt. An dieser Stelle zu Beginn der *Grundlegung* begnügt sich Kant aber zunächst damit, plausibel zu machen, dass die bislang entfaltete Idee eines guten Willens keineswegs abwegig oder »abgedreht« ist. Sein Argument ist, dass die Natur des Menschen schlecht eingerichtet wäre, wenn die Aufgabe unserer praktischen Vernunft darin bestünde, unser Glück zu bewerkstelligen. Stattdessen müssen wir davon ausgehen, dass wir mit dem Vermögen praktischer Vernunft ausgestattet sind, *damit* diese unabhängig vom Ziel eigener Glückseligkeit originäre Zwecksetzungen entwickeln kann.

Das ist ein Argumentationsansatz, der vielen von uns heute mehr als fragwürdig vorkommt. Die Rede von Absichten der Natur und die Annahme einer Naturteleologie, in der alles bestmöglich eingerichtet und nichts überflüssig oder vergeblich ist, scheint ein mit guten Gründen überwundenes und überholtes Denken zu repräsentieren. Und wir mögen uns irritiert fragen, ob Kant diese Einschätzung nicht auch schon geteilt haben sollte. Diese Frage und entsprechend auch die Frage, »wie ernst« Kant die Argumentation mit Zwecken und Absichten der Natur in unserem Zusammenhang tatsächlich ist, braucht hier aber nicht beantwortet werden. Die Auseinandersetzung mit Naturteleologie durchzieht Kants gesamtes Werk, findet einen Höhepunkt in der *Kritik der Urteilskraft* und stellt ein komplexes Thema dar.

Stattdessen möchte ich vorschlagen, die von Kant hier entwickelte naturteleologische Argumentation in hypothetischer Einstellung zu lesen: Angenommen, die Natur, insbesondere die Natur eines lebenden Organismus (vgl. $13_{5\,f.}$ | $395_{4\,f.}$) (wir selbst mit unseren grundlegenden Vermögen eingeschlossen) wäre durchweg zweckmäßig eingerichtet und würde »also wohl die Anordnung eines weisen Schöpfers« verraten[14], wäre es dann nicht völlig unplausibel davon auszugehen, dass es die eigentliche Zweckbestimmung unserer praktischen Vernunft, unseres Willens, ist, dafür zu sorgen, dass wir glücklich werden? Dies erlaubt es uns dann, genauer zu sehen, was in der folgenden Argumentation von den naturteleologischen Annahmen abhängig ist und was nicht.

$13_{5\text{-}32}$ | $395_{4\text{-}27}$ Kant argumentiert, dass wir Menschen von der Natur schlecht eingerichtet wären, wenn es die Aufgabe unserer praktischen Vernunft oder unseres Willens wäre, dafür zu sorgen, dass wir jeweils glücklich werden. Denn das ließe sich durch Instinktsteuerung viel besser und sicherer erreichen. Es liegt also nahe, davon auszugehen, dass die eigentliche Aufgabe unserer praktischen Vernunft eine ganz andere ist.

Ein von der naturteleologischen Einbettung unabhängiger Kern der Argumentation Kants besteht darin, dass unsere Ver-

[14] *Idee* $8_{33\,f.}$ = VIII, $22_{1\,f.}$; vgl. auch in unserem Text Kants Rede von der »Güte der Weltregierung«, *GMS* $14_{15\,f.}$ = IV, $396_{8\,f.}$.

nunft aus prinzipiellen Gründen nicht sonderlich kompetent ist zu bestimmen, welche Ziele wir verfolgen sollten, um glücklich zu werden (also beim »Entwurf der Glückseligkeit« und bei der »Wahl der Zwecke«, $13_{28\text{ u. }30}$ | $395_{24\text{ u. }26}$, unaufhebbare Probleme hat), und zu bestimmen, was die angemessenen Mittel sind, diese Ziele zu erreichen (also auch bezüglich der Wahl der Mittel, vgl. $13_{26\text{f. u. }30}$ | $395_{24\text{f. u. }26}$, unaufhebbare Probleme hat). Um dies besser zu verstehen, müssen wir uns klarmachen, dass das Ziel eigenen Wohlergehens oder eigener Glückseligkeit für Kant eine Zielsetzung eigener Art ist. Es ist ein Ziel, das wir als vernunftbegabte Sinnenwesen unvermeidlicher Weise haben,[15] für das wir uns aber niemals zu entscheiden brauchten. Wir wollen immer schon glücklich werden. Kant bezeichnet das Ziel unserer eigenen Glückseligkeit, das sich unvermeidlich gewissermaßen hinter unserem Rücken aufbaut, deshalb auch als einen »natürlichen Zweck«.[16] Dies ist eine absichtlich paradoxe Formulierung. »Natur« steht für Zwangsläufigkeit, für etwas, das keine Wahl zulässt. »Zweck« steht dagegen für Entscheidung oder Freiheit.

Die Folge dessen, dass wir den natürlichen Zweck unserer eigenen Glückseligkeit immer schon haben, ist, dass er unvermeidlich unbestimmt ist und einer wirklichen Bestimmung ent-

[15] Wir wollen angenehme Zustände erreichen und erhalten und unangenehme Zustände vermeiden und beenden und bilden mit Hilfe unserer Vernunft die Vorstellung von einem Maximum der Annehmlichkeit bzw. von einem Minimum der Unannehmlichkeit. »Glückseligkeit ist die Befriedigung aller unserer Neigungen (so wohl extensive, der Mannigfaltigkeit derselben, als intensive, dem Grade, und auch protensive, der Dauer nach).« (*KrV* B 834 / A 806) In der Idee der Glückseligkeit denke ich mir »ein absolutes Ganze, ein Maximum des Wohlbefindens, in meinem gegenwärtigen und jedem zukünftigen Zustande« (*GMS* $41_{18\text{–}20}$ = IV, $418_{7\text{–}9}$).

[16] Siehe *KU* $359_{21\text{f.}}$ = V, $434_{25\text{f.}}$, *Gemeinspruch* 7_{17} = VIII, $278_{17\text{f.}}$, vgl. ebd. $20_{32\text{f.}}$ = VIII, $289_{31\text{f.}}$; MST $24_{34\text{f.}}$ = VI, $391_{17\text{f.}}$. In der *Grundlegung* bezeichnet Kant die Glückseligkeit als einen Zweck, den wir als vernunftbegabte Sinnenwesen »nach einer Naturnotwendigkeit *haben*« (*GMS* $38_{20\text{f.}}$ = IV, 415_{32}) und als »Naturzweck, den alle Menschen haben« (*GMS* 56_{13} = IV, 430_{19}).

zogen bleibt.[17] Er stellt gewissermaßen einen *Fluchtpunkt* für die Wahl von unser Wohlergehen betreffenden Zwecken dar – was für Kants (im zweiten Teil der *Grundlegung* entfaltete) Theorie bedingter Handlungsnormen (»hypothetischer Imperative«) und überhaupt für die *Theorie instrumenteller Rationalität* von entscheidender Bedeutung ist. Wir müssen unser Ziel eigener Glückseligkeit, unsere Vorstellung davon, worin für uns ein möglichst umfassendes und dauerhaftes Wohlergehen besteht, immer wieder neu durch übergreifende Zielsetzungen bestimmen, die wir in unserem Leben erreichen wollen. Beispiele für solche Zielsetzungen sind Wohlstand, Gesundheit, eine erfüllende Partnerschaft oder Familie und ein interessanter Beruf. Durch diese Bestimmungen vermögen wir aber nie den natürlichen Zweck eigener Glückseligkeit zu erreichen, der sich uns als Fluchtpunkt unseren Überlegungen stets von Neuem entzieht. Die Zielsetzungen haben deshalb stets den Status möglicher *Mittel*, durch die wir das Ziel unserer eigenen Glückseligkeit zu erreichen versuchen. Wir können aber nicht wissen, ob sie auch wirklich zu unserem dauerhaften Glück beitragen werden. Die Liebe zu einem Lebenspartner oder zu Kindern macht uns anfällig für Schicksalsschläge, Gesundheit und ein langes Leben mögen es mit sich bringen, dass wir Zeugen oder Opfer schlimmer politischer Entwicklungen werden.[18] Auch wissen wir nicht wirklich, wie, mit welchen Mitteln, wir die übergreifenden Zielsetzungen realisieren können. Die Möglichkeiten der Vernunft, hier die Wahl von Zielen und Mitteln anzuleiten, sind also unvermeidlich begrenzt. Vor diesem Hintergrund ist daher Kants These zu sehen, dass in Sachen des Glücks eines Menschen ein

[17] Zugleich erlaubt die Idee auch keinen bestimmten Begriff, vgl. *GMS* $41_{11\text{-}23}$ = IV, $418_{1\text{-}11}$. Kant bezeichnet die Glückseligkeit deshalb auch als »Ideal der Einbildungskraft« (im Unterscheid zu einem »Ideal der Vernunft«), siehe *GMS* $42_{16\text{f.}}$ = IV, $418_{36\text{f.}}$.

[18] »Will er Reichtum, wie viel Sorge, Neid und Nachstellung könnte er sich dadurch nicht auf den Hals ziehen. (…) Will er ein langes Leben, wer steht ihm dafür, daß es nicht ein langes Elend sein würde?« *GMS* $41_{23\text{-}25,\,30\text{f.}}$ = IV, $418_{11\text{-}13,\,18\text{f.}}$).

Naturinstinkt zu einer besseren Steuerung und zu mehr Zufriedenheit führen könnte.

Kants Rekurs auf das *Begehrungsvermögen*, auf die mögliche Leitung des Begehrungsvermögens durch Vernunft und den *praktischen Gebrauch der Vernunft* möchte ich zum Anlass nehmen, an dieser Stelle das von Kant vorausgesetzte Konzept des Willens noch genauer zu erläutern.[19] Kant versteht in der *Grundlegung* den Willen als *freies Begehrungsvermögen*. Das Begehrungsvermögen ist das Vermögen einer psychisch oder mental vermittelten inneren Verhaltensbestimmung durch Vorstellungen.[20] Während das Verhalten einer Billardkugel direkt durch äußere Einwirkung bestimmt ist, sie bewegt sich aufgrund eines Stoßes von außen in eine bestimmte Richtung, kann bei Tieren und Menschen der Impuls, sich in einer bestimmten Weise zu verhalten, von Vorstellungen ausgehen. Die »Wahrnehmung« eines Angreifers mag bei einem Tier den Fluchtinstinkt auslösen. Die Vorstellung von einem kühlen Getränk an einem heißen Tag mag den Anstoß zu dem Ziel geben, sich ein solches Getränk zu besorgen.

Das Begehrungsvermögen der Tiere ist im Verständnis Kants *unfrei*. Beim unfreien Begehrungsvermögen (arbitrium brutum) der Tiere lösen die Vorstellungen Triebe aus, und das Verhalten des Tieres ist dann durch den jeweils stärksten Trieb bestimmt. Im Unterschied zum unfreien Begehrungsvermögen der Tiere besitzen wir Menschen ein *freies* Begehrungsvermögen (arbitrium liberum).[21] Unser Begehrungsvermögen ist zumindest insofern »frei«, als wir uns zu unseren Antrieben verhalten können. Wir handeln nicht unmittelbar triebgesteuert, sondern *aus Gründen*. Deshalb bezeichnet Kant, wie schon gesagt, das freie Begehrungsvermögen auch als Vermögen *praktischer Vernunft* oder als *Willen*.

[19] Siehe dazu ausführlicher Klaus Steigleder, *Kants Moralphilosophie. Die Selbstbezüglichkeit reiner praktischer Vernunft*, Stuttgart/Weimar 2002, Kap. 1 (»Handlungsfähigkeit und praktische Vernunft«).

[20] Vgl. *KpV* 130_{32}–131_{3} = V, 96_{25-31}, *MSR* 15_{4-7} = VI, 211_{6-9}.

[21] Vgl. *KrV* B 830 / A 802.

Bei der hier verhandelten Frage, was die eigentliche Aufgabe oder Bestimmung der praktischen Vernunft oder des Willens ist, geht es letztlich um die Frage, welche Möglichkeiten oder Kompetenzen die praktische Vernunft besitzt. Falls die Handlungsgründe nur auf unseren Neigungen oder Abneigungen fußen und es in diesen letztlich nur um unser Wohlergehen geht, dann ist das Vermögen unserer praktischen Vernunft darauf beschränkt, zwischen unseren Neigungen abzuwägen oder diese zu moderieren.[22] Die Inhalte und Richtungen unserer Zielsetzungen erwachsen dann letztlich aus unserer sinnlichen Natur. Wir können bestimmen, welche Zielsetzungen vermutlich zu unserem längerfristigen Wohlergehen beitragen werden und wie wir diese Zielsetzungen vermutlich umsetzen können. Wir können bestimmte unmittelbare Interessen zurückstellen, weil sie unserem längerfristigen Wohlergehen entgegenstehen.

Falls wir aber *auch* aus Gründen handeln können, die nicht auf unsere Neigungen zurückgehen und nicht unser längerfristiges Eigeninteresse zum Gegenstand haben, dann müssen diese Gründe unserer praktischen Vernunft selbst entstammen. Dann ist unsere Vernunft genuin vernünftiger praktischer Entscheidungen fähig und dazu in der Lage, unabhängig von unseren Neigungen und Gesichtspunkten unseres eigenen Wohlergehens nach ihren eigenen Kriterien, aus sich heraus Zwecke zu setzen und dazu zu motivieren, diese Zwecke handelnd zu verfolgen. Unsere vernünftige Natur kann dann die Quelle von Zielen sein und unser Vernunftvermögen ist dann auch genuin praktisch. Dann besitzen wir, wie schon angesprochen, in der Terminologie Kants das Vermögen *reiner* praktischer Vernunft.

Falls wir das Vermögen reiner praktischer Vernunft besitzen, dann ist unser Wille aber nicht mit reiner praktischer Vernunft gleichzusetzen. Wir haben die Möglichkeit, aus genuinen Vernunftgründen zu handeln und unser Eigeninteresse diesen Gründen unterzuordnen. Wir werden offensichtlich nicht durch die Gründe unserer Vernunft überwältigt, wir haben nicht

[22] Vgl. *GMS* $69_{21\,\text{f.}}$ = IV, $441_{17\,\text{f.}}$, *KpV* 162_{31-33} = V, 120_{32-35}.

selbstverständlich einen guten Willen und handeln nicht selbstverständlich moralisch gut. Wir werden aber auch nicht durch unsere sinnlichen Antriebe überwältigt, sondern geben unter Umständen unserem Wohlergehen gegenüber den Ansprüchen unserer Vernunft den Vorrang. Unser Wille wäre in diesem Sinne als ein Entscheidungszentrum zu verstehen, in dem wir diese unterschiedlichen Handlungsgründe entwickeln und uns zu diesen verhalten können. Dies greift aber schon voraus. Kant will an dieser Stelle zunächst zeigen, dass es ganz unplausibel wäre, die Aufgabe unseres Willens oder unserer praktischen Vernunft allein darin zu sehen, unser Wohlergehen voranzubringen oder für dieses zu sorgen.

13_{33}-14_{21} | 395_{28}-396_{13} Versuche, die Vernunft durch Erweiterung und Kultivierung der eigenen Bedürfnisse und Neigungen für das eigene Glücksstreben in Dienst zu nehmen, führen, so Kant, regelmäßig zu der Erfahrung, dass dies der eigenen Glückseligkeit eher abträglich ist. Einfachere Leute, die weniger reflektiert leben und ihre Bedürfnisse nicht mittels ihrer Vernunft verfeinern und erweitern, hätten bessere Chancen, glücklich zu werden. Dies zeige, dass es nicht die eigentliche Aufgabe unserer Vernunft ist, uns anzuleiten, wie wir das Ziel unserer eigenen Glückseligkeit möglichst gut erreichen können. Vielmehr scheint sie eine höhere Aufgabe und Bestimmung zu haben, der sich unser individuelles Glücksstreben unterordnen muss.

$14_{22\text{-}33}$ | $396_{14\text{-}24}$ Wirklich zweckmäßig ist unser praktisches Vernunftvermögen dagegen eingerichtet, wenn es eine genuine Aufgabe hat, nämlich eigene, im emphatischen Sinne vernünftige Zwecksetzungen auszubilden. Ein guter Wille nimmt diese in seine Handlungsentscheidungen auf und räumt ihnen im Konfliktfall einen Vorrang vor dem Ziel eigener Glückseligkeit ein. Dadurch kommt die Möglichkeit eines genuin vernünftigen Bewertungsmaßstabs in den Blick: unbedingt gute Zielsetzungen im Unterschied zu bedingt guten Zielsetzungen, die sich am je eigenen Wohlergehen eines Handelnden orientieren.

14_{33}-15_{13} | $396_{14\text{-}37}$ Der gute Wille, der sich von den genuinen Zwecksetzungen reiner praktischer Vernunft leiten lässt, steht also in Konkurrenz zu unserem Glücksstreben. Im Konfliktfall haben die Zwecksetzungen reiner praktischer Vernunft unbedingten Vorrang. »[W]enigstens in diesem Leben« gibt es keine Garantie dafür, dass der moralischen Gutheit (des Willens) eines Menschen ein dieser Gutheit angemessenes Glück entspricht. In einer solchen Verbindung oder Korrespondenz würde, wie Kant sagt, das »ganze«, vollständige Gut bestehen. Dieses ist vom »höchsten Gut« zu unterscheiden, das der gute Wille darstellt. Ein guter Wille garantiert nicht das Glück, kann aber zu einer eigentümlichen Zufriedenheit führen, die aus der Möglichkeit erwächst, das Handeln an dem in unserem praktischen Vernunftvermögen gelegenen genuinen Zweck auszurichten, obwohl dies den Verzicht einschließt, Zwecke zu verfolgen, die aus unseren Neigungen hervorgehen.

Mit der Unterscheidung zwischen dem höchsten und dem ganzen Gut deutet Kant eine Unterscheidung lediglich an, die er in der *Kritik der praktischen Vernunft* als Unterscheidung zwischen dem »obersten«/»höchsten« (*KpV* $149_{15\text{f.}, 34}$ = V, $110_{21, 35}$) und dem »ganze[n] und vollendete[n] Gut« (*KpV* 149_{17} = V, 110_{22}) ausführlicher behandeln wird.

Die Perspektive der zweckmäßigen Einrichtung der Natur macht die Annahme plausibel, dass unser praktisches Vernunftvermögen eine andere Aufgabe hat, als zur Verwirklichung des Ziels unserer eigenen Glückseligkeit beizutragen. Der Beitrag unserer Vernunft zu letzterem Ziel kann aus prinzipiellen Gründen nur sehr unvollkommen und begrenzt sein. Dass wir Zwecksetzungen fähig sind, die unser Glücksstreben einschränken und einzuschränken nötigen, ist auch ohne die Voraussetzung einer zweckmäßigen Einrichtung der Natur nicht unplausibel. Mit dieser und ohne diese Voraussetzung ist die Idee des unbedingten Wertes eines allein aus sich heraus guten Willens nicht einfach eine »abgedrehte« Idee.

$15_{14\text{-}25}$ | $397_{1\text{-}8}$ Kant will die bislang herausgestellten grundlegenden Bestimmungen des Begriffs des guten Willens mit Hilfe des Begriffs der Pflicht weiter entfalten (vgl. $15_{19\text{f.}}$ | $397_{6\text{f.}}$). Diese Bestimmungen sind: Der gute Wille ist für sich genommen gut und nicht mit Blick auf irgendeine ihm äußerliche Zielsetzung, die er zu realisieren verhilft (vgl. $15_{14\,f.}$ | $397_{1\,f.}$). Er ist der leitende Gesichtspunkt in der Bewertung einer Handlung und die Bedingung für alles andere, was sich an einer Handlung sonst noch positiv bewerten lässt: Nichts kann an einer Handlung gut sein, wenn es nicht mit der Handlungsbestimmung eines guten Willens zusammenstimmt (vgl. $15_{17\text{-}19}$ | $397_{4\text{-}6}$). Ein solcher Begriff eines guten Willens ist im moralischen Alltagsverstand zumindest implizit vorhanden. Er ist deshalb weniger etwas, das uns allererst beigebracht werden müsste, sondern vielmehr etwas, an das sich anknüpfen lässt und das es näher zu erhellen gilt (vgl. $15_{15\text{-}17}$ | $397_{2\text{-}4}$).

Eine *Pflicht* (ein moralisches Gebot) besagt etwas, das ein Handelnder *unbedingt* tun soll. Sie ist von *bedingten* Sollensansprüchen oder Normen zu unterscheiden, die unter der Voraussetzung von Zielsetzungen gelten, die man haben oder auch nicht haben mag. (Knüpfen wir an das oben gegebene Beispiel an: Wenn ich die Prüfung möglichst gut bestehen will und es dazu erforderlich ist, das tagsüber Gelernte am Abend noch einmal zu wiederholen, dann erwächst mir aus meinem Ziel der durch das Ziel bedingte Sollensanspruch, die bedingte Norm, das tagsüber Gelernte noch einmal zu wiederholen, statt mit Freunden etwas zu unternehmen.)[23] Sollensansprüche oder Normen richten sich an Personen, wie wir es sind. Wir tun nicht selbstverständlich das, was für uns zu tun (bedingt oder unbedingt) notwendig ist. Wenn wir hier, wie Kant es tut, zunächst nur auf unbedingte Sollensansprüche schauen, so ergeben sich aus den Handlungsgründen, die aus unserer sinnlichen Natur erwachsen, subjektive Hindernisse, die Zwecksetzungen der reinen praktischen Vernunft in unsere Handlungsentscheidungen aufzunehmen. Unser Wille ist nicht selbstverständlich gut. Er

[23] Kant hat seine Normentheorie (seine Theorie der »Imperative«) vor allem im zweiten Teil der *Grundlegung* entwickelt. In diesem Zusammenhang werden wir uns noch ausführlich mit ihr beschäftigen.

will nicht selbstverständlich das moralisch Richtige tun, weil es das moralisch Richtige ist.

Deshalb tritt *uns* das, was nach den Grundsätzen eines guten Willens unbedingt zu tun ist, als ein *unbedingter Sollensanspruch* an unser Handeln gegenüber, als *Pflicht*. Die Handlungsgründe, die sich aus den Zwecksetzungen reiner praktischer Vernunft ergeben, überwiegen im Falle einer Konkurrenz die Handlungsgründe, die sich aus unserer sinnlichen Natur herleiten. Unter den für uns charakteristischen »subjektiven Einschränkungen und Hindernissen« ($15_{21\,f.}$ | $397_{7\,f.}$) besteht der gute Wille darin, der Pflicht entsprechend (»pflichtmäßig«, 15_{31} | 397_{15}) »*aus Pflicht*« (15_{29} | 397_{13}) zu handeln. Näher zu entfalten, was es heißt, *pflichtmäßig aus Pflicht* zu handeln, wird es Kant zufolge erlauben, das Eigentümliche des guten Willens durch Abgrenzung besonders herauszuarbeiten.

Bevor wir uns Kants Ausführungen dazu näher anschauen, ist zunächst auf eine Verständnisschwierigkeit einzugehen, die mit Ausdrücken wie »es ist unbedingt notwendig, etwas zu tun« oder (was später noch wichtig werden wird) »unbedingte praktische Notwendigkeit« verbunden ist. Man könnte meinen, dass, wenn eine solche Notwendigkeit gegeben ist, dann auch zwangsläufig der Notwendigkeit entsprechend gehandelt wird. Mit der praktischen Notwendigkeit ist aber nicht Zwangsläufigkeit eines Tuns oder Handelns gemeint, sondern die, wie Kant sagt, »Tunlichkeit« (z. B. *KrV* B 372 / A 315, *GMS* 29_{10} = IV, 408_5) einer Handlung. Die Handlung wird vielleicht nicht notwendigerweise getan, aber sie ist notwendigerweise (aus Gründen der Vernunft) eine *zu tuende* Handlung. Falls unser Wille überhaupt durch Gründe reiner praktischer Vernunft bestimmbar ist (was wir in der Idee eines uns möglichen guten Willens denken oder voraussetzen), dann folgen wir diesen Gründen nicht zwangsläufig. Wie schon angesprochen, ist unser Wille dann als ein Entscheidungszentrum unserer Handlungsbestimmung zu verstehen, in dem wir uns zu den Gründen reiner praktischer Vernunft und zu den Gründen verhalten, die sich mit Blick auf den natürlichen Zweck unserer eigenen Glückseligkeit ergeben, und den einen oder anderen Gründen den Vorzug geben. Wir würden nicht einfach von der einen oder der anderen Art Gründe überwältigt, sondern würden uns frei entscheiden, welchen Gründen wir folgen wollen. Die »Funktionsweise« dieser Freiheit unseres Willens wäre uns vollkommen unergründlich. In ihr läge gewissermaßen das tiefste Geheimnis unserer Freiheit.

15_{26} – 18_{20} | 397_{11} – 399_{26} Kant will im Weiteren näher herausarbeiten, was es heißt, »aus Pflicht« zu handeln. Für dieses Anliegen sind klar pflichtwidrige Handlungen uninteressant, denn die können wir nicht »aus Pflicht« ausführen ($15_{26\text{-}30}$ | $397_{11\text{-}14}$). Uninteressant sind letztlich auch Handlungen, die jemand klar nur aus Klugheitsgründen, d. h. aus Gründen des wohlverstandenen Eigeninteresses ausführt. Eigentlich will man nicht pflichtgemäß (und deshalb auch nicht aus Pflicht) handeln, aber es wäre unter den gegebenen Umständen töricht, pflichtwidrig zu handeln, und deshalb tut man es auch nicht. Kants Beispiel ist ein Kaufmann, der einem Kind, das bei ihm einkauft, gerne mehr als den ausgewiesenen oder vorgesehenen Preis berechnen würde, dies aber nicht tut, um seine gute Reputation nicht zu riskieren (15_{30}–16_{15} | $397_{14\text{-}32}$).

Interessant sind dagegen Handlungen, zu denen man sowohl verpflichtet ist als auch normalerweise Neigung hat. Kants Beispiele sind, sein Leben zu erhalten ($16_{16\text{-}27}$ | 397_{33}–398_{7}), anderen Gutes zu tun (16_{28}–17_{26} | 398_{8}–399_{2}) und die Sicherung des eigenen Wohlergehens (17_{27}–18_{20} | $399_{3\text{-}26}$). Kant geht davon aus, dass man sich nicht das Leben nehmen darf, dass man andere im Rahmen seiner Möglichkeiten unterstützen muss und dass man sein Wohlergehen nicht einfach gefährden darf. Normalerweise wollen wir auch am Leben bleiben und sind auch daran interessiert, dass es uns dauerhaft gut geht. Und manche Menschen finden »ein inneres Vergnügen daran (…), Freude um sich zu verbreiten« ($16_{31\,\text{f.}}$ | $398_{10\,\text{f.}}$). In solchen Fällen ist man motiviert, das moralisch Richtige zu tun, pflichtgemäß zu handeln, aber es nicht klar, warum man so handelt, ob *aus* Neigung oder *aus* Pflicht.

Um zu sehen, was es heißt, *aus* Pflicht zu handeln, denkt sich Kant Umstände, in denen man, was die Beispielhandlungen anbelangt, nicht nur keine Neigung zu dem hat, das zu tun man verpflichtet ist, sondern die Neigungen oder die Grundstimmungen des Temperaments in die entgegengesetzte Richtung weisen. Entsprechend ist man abgeneigt, so zu handeln, wie man zu handeln verpflichtet ist, und hat man Anreize, pflichtwidrig zu handeln: Nichts hält einen mehr am Leben, und man wäre am liebsten tot. Die gefühlte Anteilnahme und die Sympathie für andere fallen entweder auf Grund widriger Lebensumstände aus oder weil man von seiner naturgegebenen charakterlichen Grunddisposition (»Temperament«) her nicht mit anderen mitfühlt. Man ist geneigt, in einer Weise zu handeln, die unmittelbare und sichere Freude verspricht, auch wenn absehbar ist, dass sich dies negativ auf das längerfristige eigene Wohlergehen auswirkt. Kants Beispiel ist, dass jemand eine strikte Diät einhalten muss, um akute Gichtbeschwerden am Fuß oder andere Gelenkschmerzen (Podagra) zu vermeiden. Angesichts verbotener Speisen oder Getränke ist er aber versucht, die unmittelbare Gratifikation zu suchen, die deren Genuss verspricht, und die Aussicht auf die starken Beschwerden zu ignorieren, die dieser Genuss voraussichtlich später nach sich ziehen wird.

In diesen Konstruktionen gilt es jeweils, das Pflichtgemäße zu tun, obwohl es den Neigungen entgegengesetzt ist, so zu handeln. Dabei wird deutlich, dass das, was verpflichtend ist, auf Gründen beruht, die von den Gesichtspunkten unseres eigenen Wohlergehens radikal verschieden sind. *Aus* Pflicht handelt, wer *aus* diesen Gründen handelt, diese Gründe also in seine Willensbestimmung aufnimmt. Dadurch erhält diese Willensbestimmung und das durch sie bestimmte Handeln einen ganz anderen, nämlich einen moralischen oder sittlichen Gehalt und eine ganz andere Wertigkeit, einen nicht zu überbietenden Wert (vgl. $16_{19\text{f.}}$ | 397_{36}–398_{1}, 16_{27} | 398_{7}, $17_{2\text{f.}}$ | $398_{18\text{f.}}$, $17_{24\text{f.}}$ | 398_{37}–$399_{1\text{f.}}$, $18_{19\text{f.}}$ | $399_{25\text{f.}}$).

Kants Vorgehen, die Neigungen dem Pflichtgemäßen so entgegenzusetzen, dass klar hervortritt, was es heißt, *aus Pflicht* zu handeln, kann aber zu dem Missverständnis Anlass geben, dass es die Neigungen geradezu auszurotten gelte. Das ist gar nicht möglich. Es ist auch gar nicht schlimm, es kann im Gegenteil etwas Gutes sein, das Richtige, etwa einem anderen zu helfen, *mit* Neigung zu tun. »*Mit* Neigung« zu handeln ist daher zu unterscheiden von »*aus* Neigung« zu handeln. Wenn wir jemandem (ggf. mit Neigung) aus Pflicht helfen, geht es uns um den, dem geholfen werden muss, wenn wir jemandem *aus Neigung* helfen, dann geht es uns beim Helfen letztlich um uns oder unser längerfristiges Wohlergehen.

Kant bezeichnet die Willensbestimmungen, aus denen jemand handelt, als *Maximen* (16_{19} | 397_{36}, 17_{3} | 398_{18}). *Maxime* ist, wie wir sehen werden, ein zentraler Begriff in Kants Moralphilosophie. In einer Maxime wollen wir etwas aus einem bestimmten Grund heraus (handelnd) erreichen oder tun. Eine Maxime ist also eine Handlungsintention eines konkreten Handelnden (ein Ziel zu erreichen oder etwas zu tun, um ein Ziel zu erreichen), verbunden mit dem diese Handlungsintention tragenden Grund. Dieser Grund kann in einer allgemeineren Maxime des Handelnden bestehen. Maximen sind praktische (handlungsbestimmende) Urteile.

Wichtig ist zu beachten, dass wir jeweils eine Vielzahl von Maximen von unterschiedlicher Allgemeinheit haben. Maximen können sehr konkret sein, wenn sie sich auf ganz konkrete Ziele und Handlungen beziehen. Sie können in übergreifenden Zielen und Plänen bestehen bis hin zu einem allgemeinsten unser Handeln bestimmenden Grundsatz. Übergreifende Maximen (wie die Zielsetzung, einmal einen interessanten Beruf auszuüben) leiten die Wahl konkreterer Maximen an, die nebeneinander bestehen können. Die Entscheidung, bestimmte Ziele nicht länger zu verfolgen (z. B. das Ziel aufzugeben, sich Kenntnisse in höherer Mathematik anzueignen), kann zur Revision übergreifender Ziele zwingen (z. B. des Ziels, Wirtschaftswissenschaften zu studieren, was es dann notwendig macht, ein anderes interessantes Berufsziel zu wählen). Es besteht also ein Geflecht von Über-, Unter- und Nebenordnungen von Maximen. Maximen können zu praktischen Normen (etwas zu tun oder zu lassen) Anlass geben und können der Gegenstand praktischer Normen sein. Praktische Normen oder Sollensansprüche (»Imperative« im Sprachgebrauch Kants) sind die zweite Art praktischer Urteile neben Maximen. Darauf werden wir im Zusammenhang des zweiten Teils der *Grundlegung* zurückkommen, in dem Kant seine Theorie praktischer Normen entwickelt.

Bevor wir im Text fortfahren, sollten wir uns noch Kants Ausführungen zur Glückseligkeit etwas näher ansehen, die er im Rahmen seiner Behandlung der Pflicht gibt, das eigene Wohlergehen zu erhalten bzw. nicht leichtfertig zu gefährden (16_{27}-17_{20} | $399_{3\text{-}26}$). Kant bezeichnet hier die eigene Glückseligkeit als eine Idee, in der wir uns unsere Neigungen insgesamt als erfüllt denken (17_{34} | $399_{9\text{f.}}$, $18_{3\text{f.}}$ | $399_{12\text{f.}}$). Deshalb handelt es sich einerseits um eine Idee, zu der wir die »mächtigste und innigste Neigung« haben ($17_{32\text{f.}}$ | 399_{8}), andererseits um eine Idee, die unvermeidlich unbestimmt und vage bleiben muss ($18_{4\text{f.}}$ | 399_{13}). Denn unter realen Bedingungen harmonieren unsere Neigungen nicht miteinander und läuft die Erfüllung bestimmter Neigungen der Erfüllung anderer Neigungen zuwider (vgl. $18_{1\text{f.}}$ | $399_{10\text{f.}}$). Die Erfüllung unserer Neigungen insgesamt ist deshalb auf eine bestmögliche Erfüllung unserer Neigungen zurückzunehmen, die sich aber selbst wiederum nicht genau bestimmen lässt, da sie unvermeidlich mit konkurrierenden Maximierungszielen (nach Qualität, Dauer, Intensität) verbunden ist. Sicher ist, dass das übergreifende Ziel eigenen Wohlergehens es erforderlich macht, bestimmten Neigungen nicht zu folgen. Dies führt zu der Art Konflikte, für die der von Kant angeführte Konflikt des Podagristen ein Beispiel ist. Das konkrete Versprechen der Befriedigung eines Bedürfnisses und der damit einhergehenden Lust überlagert in der Perspektive des Handelnden die weiter entfernt liegenden negativen Konsequenzen der betrachteten Handlungsoption. Die Gründe, diese Handlungsoption zu wählen, sind deshalb spürbarer von den diese Gründe tragenden Neigungen unterlegt, als die Gegengründe, die sich aus dem Gesichtspunkt des wohlverstandenen Eigeninteresses ergeben, von den Abneigungen gegenüber den zu erwarteten Konsequenzen unterlegt sind.

$18_{21\text{-}29}$ | $399_{27\text{-}34}$ Die Unterscheidung zwischen einem Handeln aus Pflicht und aus Neigung steht, so Kant, auch hinter den biblischen Geboten der Nächsten- und Feindesliebe. Da es nicht einfach von unserer Willensentscheidung abhängt, was wir empfinden und welche Gefühle wir anderen entgegenbringen, kann das Gebot, andere zu lieben, nicht einfach positive Gefühle für andere vorschreiben, aus denen heraus man anderen Gutes wünscht und auf ihr Wohl bedacht ist (Liebe als Gefühl, »pathologische Liebe«). Vielmehr sind wir angehalten, uns unabhängig von den eigenen Empfindungen und Neigungen und gegenläufigen Neigungen zum Trotz zum Ziel zu setzen, anderen Gutes zu tun (»praktische Liebe«) und unser Handeln durch die entsprechenden Grundsätze zu bestimmen.

Der folgende Absatz 18_{30}-19_{15} | 399_{35}-400_{16} hat die Interpreten der *Grundlegung* herausgefordert, weil er mit »Der zweite Satz ist:« beginnt, ohne dass Kant zuvor explizit den »ersten Satz« formuliert hat. Entsprechend wird die Frage diskutiert, wie der »erste Satz« lautet.[24] Es gibt fast so viele unterschiedliche Vorschläge, wie der »erste Satz« lautet, wie Interpreten, die sich mit dieser Frage beschäftigt haben. Nach meinem Dafürhalten lässt sich die Frage aber gut begründet aus dem weiteren Text beantworten (auch ich habe also eine weitere, neue Antwort). Kant führt zu Beginn des nächsten Abschnitts nämlich noch einen »dritten Satz« an, den er als »Folgerung« aus den beiden ersten Sätzen anbietet. Zwar erfüllt sich die Hoffnung nicht, man könne auf diese Weise den ersten Satz bestimmen, indem man den zweiten Satz als Untersatz und den dritten Satz als Konklusion eines Syllogismus nimmt. Der dritte Satz lässt sich nämlich nicht als Schlusssatz eines Syllogismus verstehen. Dies wird schon aus Kants vorsichtiger Formulierung deutlich, dass er vorschlägt, den dritten Satz in einer bestimmten Weise

[24] Siehe zum Folgenden auch ausführlicher Klaus Steigleder, »Der ›erste Satz‹ in Grundlegung I«, in: *Kant-Studien* 113,2 (2022), 179–191. Dort gebe ich (S. 179 f.) auch einen Überblick über neuere Bestimmungen des »ersten Satzes«.

auszudrücken. Ein Schlusssatz eines Syllogismus lässt solche Spielräume des Ausdrucks nicht zu. Vor allem aber werden in dem dritten Satz insbesondere mit dem Begriff der »Achtung vor dem Gesetz« völlig neue Gehalte eingeführt. Entsprechend müsste der Begriff der »Achtung« als Oberbegriff des »ersten Satzes« fungieren. Dann aber hätte der »erste Satz« keine Basis in den vorausgegangenen Ausführungen Kants.

Kant rekapituliert am Ende des Absatzes, der den »dritten Satz« einführt (19_{16}–20_{3} | 400_{17}–401_{2}), noch einmal, warum sich der dritte Satz als Folgerung ergibt. Die Zusammenfassung dieser Begründung sieht folgendermaßen also: »Nun soll eine Handlung aus Pflicht den Einfluß der Neigung, und mit ihr jeden Gegenstand des Willens ganz absondern, *also* bleibt nichts für den Willen übrig, was ihn bestimmen könne, als objektiv das *Gesetz* und subjektiv *reine Achtung* für dieses praktische Gesetz, (…).« (19_{30}–20_{1} | $400_{29\text{-}33}$, Hervorhebung von »also« dort nicht) Nach »also« wiederholt Kant im Wesentlichen den »dritten Satz«. Dem »also« gehen zwei Aussagen voraus: (1.) Eine Handlung aus Pflicht soll den Einfluss der Neigung ganz absondern. (2.) Eine Handlung aus Pflicht soll zudem jeden Gegenstand des Willens ganz absondern. Die Absonderung der Gegenstände des Willens ist, wie wir gleich näher sehen werden, ein Kerngehalt des »zweiten Satzes«. Entsprechend ist davon auszugehen, dass Kant in der Absonderung des Einflusses der Neigung den Kerngehalt des ersten Satzes erblickt hat. In kondensierter Form lautet dieser erste Satz daher: *Eine Handlung aus Pflicht sondert den Einfluss der Neigung ganz ab.* Dies fasst auch sehr gut Wesentliches der bisherigen Behandlung des Pflichtbegriffs zusammen, nimmt den zweiten Satz noch nicht vorweg, ist aber für die mit dem »zweiten« und »dritten Satz« entfaltete weitere Argumentation relevant und wird in dieser vorausgesetzt.

Wir sind es heute gewohnt, unter »Sätzen« syntaktisch wohlgeformte sprachliche Gebilde mit einem bestimmten semantischen Gehalt zu verstehen. Kant versteht aber unter »Sätzen« in erster Linie *Urteile* eines bestimmten Inhalts, die wir treffen müssen, wenn wir die Idee eines guten Willens bzw. eines Handelns aus Pflicht denken. Ein Urteil setzt immer ein urteilendes Subjekt voraus. Dies zu berücksichtigen, ist für das Verständnis der Argumentation Kants wichtig.

18_{30}-19_{15} | 399_{35}-400_{16} Da eine Handlung aus Pflicht aus einem Grund erfolgt, der von den Gründen der Neigung völlig verschieden ist (Kerngehalt des ersten »Satzes«), kann sich der unbedingte (»moralische«) Wert der Handlung nicht von *äußeren* Gegenständen herleiten, die durch die Handlung (als deren Absicht oder Zweck) realisiert werden sollen, sondern nur in einem inneren (im Willen selbst gelegenen) Prinzip liegen, das bei einem Handeln aus Pflicht die Maxime des Willens bestimmt (Gehalt des zweiten »Satzes«, 18_{30}-19_{1} | 399_{35}-400_{3}).

Kant begründet dies in einem Ausschlussverfahren. Unserem Willen äußerliche Handlungsgegenstände oder Zwecke wollen wir dann realisieren, wenn wir (direkt oder indirekt) durch Neigungen dazu motiviert werden. Die Vorstellung von der Wirklichkeit dieser Gegenstände oder Zwecke ist mit Neigungen verbunden, aus denen uns äußere Triebfedern unseres Handelns erwachsen (können), die wir ggf. in die Bestimmungsgründe unseres Handelns aufnehmen. Der Wert der Handlungsgegenstände sowie der Handlungen als Mittel, um diese Gegenstände zu realisieren, ist dann jeweils relativ zu der erwarteten Erfüllung unserer Neigungen (und zu deren erwartetem Beitrag zu unserem Wohlergehen).

Nun wird bei einer Handlung aus Pflicht von allen Neigungen abstrahiert. Deshalb können sich die Gründe, aus denen sich der Wille zum Handeln bestimmt, nicht von der beabsichtigten Verwirklichung äußerer Handlungsgegenstände oder Zwecke herleiten. Dann braucht es aber andere Gründe der Handlungsbestimmung. Da alle Hinsichten und Gründe ausscheiden, die dem Willen äußerlich sind, müssen diese anderen Gründe aus einem im Willen selbst gelegenen inneren Prinzip herrühren. Es ist ein Prinzip »a priori«, da es unabhängig ist von allen Bestimmungsgründen, die auf unsere Sinnlichkeit oder sinnliche Antriebsstruktur zurückgehen.

Kant charakterisiert das Prinzip zudem, ohne eine explizite weitere Begründung zu geben, als »formell«. Die Begründung für diese Charakterisierung ergibt sich einerseits aus dem Gegensatz zu den »materiellen« äußeren Bestimmungsgründen des Willens. Mit diesen ist eine Vielzahl möglicher Handlungsgegenstände gegeben, wobei zwischen den Handelnden große Unterschiede bestehen können. Dagegen ist das Prinzip a priori des Willens als ein in der Struktur oder Form des Willens gelegenes Prinzip zu denken, das für alle Handelnden gleich ist. Kant wird an dieser Form im Folgenden die Merkmale der Allgemeinheit und Notwendigkeit besonders herausheben. Aus der unbedingten praktischen Notwendigkeit des Handlungsgrundes ergibt sich auch der unbedingte oder moralische Wert der Willensbestimmung (Maxime), die diesen Handlungsgrund in sich aufnimmt bzw. sich von diesem Handlungsgrund bestimmen lässt. (Wie wir uns dieses »Aufnehmen« oder »Sich-Bestimmenlassen« näher zu denken haben, expliziert Kant im folgenden Absatz im »dritten Satz«.)

Der Gegensatz zwischen »formell« und »materiell«, den Kant hier herausstellt und der in der *Grundlegung* eine große Rolle spielt, darf aber nicht dazu verleiten, »formell« mit »gehaltlos« oder »leer« gleichzusetzen. Es ist Teil der Form des Willens (oder seines Vermögens reiner praktischer Vernunft), dass er bestimmter notwendiger Zwecksetzungen fähig ist.

Ich habe zuvor ausgeführt, dass Kant den Willen als ein Entscheidungszentrum versteht, in dem wir uns zu den Gründen reiner praktischer Vernunft und zu den Gründen verhalten können, die uns aus unserer sinnlichen Antriebsstruktur erwachsen. Diese Charakterisierung wird hier von Kant durch das Bild des Willens, der »gleichsam auf einem Scheidewege« ist, einerseits bestätigt. Andererseits wird aus Kants Ausführungen deutlich, dass wir uns dieses Entscheidungszentrum nicht einfach als etwas von der reinen praktischen Vernunft Separates vorstellen sollten. Zwar dürfen wir den Willen nicht mit reiner praktischer Vernunft gleichsetzen (denn dann würden wir selbstverständlich im emphatischen Sinne vernünftig handeln). Aber der

Wille *ist* praktische *Vernunft*, das Vermögen einer Handlungsbestimmung aus Gründen. Wenn wir davon ausgehen, dass wir aus Pflicht handeln können, dann müssen wir uns diese Vernunft als mit dem Vermögen reiner praktischer Vernunft *begabt* denken. Da der Wille praktische Vernunft ist, sind ihm die Triebfedern, die aus unserer Sinnlichkeit erwachsen, äußerlich. Man kann auch sagen, dass dem Willen als mit dem Vermögen reiner praktischer Vernunft begabte (oder anders ausgedrückt: als originärer Zwecksetzungen fähige) praktische Vernunft die eigenen, inneren Gründe »näher« sind als die äußeren, aus der Sinnlichkeit erwachsenden Gründe. Das oben angesprochene Geheimnis der Freiheit dieses Entscheidungsvermögens wird dadurch nicht kleiner.

19_{16}-20_{3} | 400_{17}-401_{2} Das innere Prinzip des Willens besagt, wie zu handeln notwendig ist. Es besteht also in einem Gesetz für alles Handeln. Für nicht selbstverständlich vernünftig handelnde Wesen, wie wir es sind, besteht Pflicht allgemein in dem unbedingten Sollensanspruch, stets so zu handeln, wie es aufgrund des Gesetzes für alles Handeln zu handeln notwendig ist. Dabei besteht der Anspruch der Pflicht darin, sich nicht nur äußerlich dem Gesetz gegenüber konform zu verhalten (pflichtgemäß zu handeln), sondern auch bereit zu sein, so zu handeln, wie es das Gesetz vorschreibt, weil dies das Gesetz für alles Handeln ist. Die Pflicht besteht also darin, notwendigerweise in bestimmter Weise »aus Achtung fürs Gesetz« (19_{17}f | $400_{18\,f.}$) zu handeln.

Was Kant mit dem Begriff der »Achtung« betont, ist die Möglichkeit und Notwendigkeit einer direkten Handlungsmotivation durch das in unserem Willen liegende Gesetz. Dazu expliziert Kant Achtung als Bewusstsein von einem Wert, das realisiert, dass dieser Wert den Wert des eigenen Glücks völlig übersteigt (und das deshalb eine Form höchster Wertschätzung beinhaltet). Dieses Bewusstsein kann gewissermaßen gefühlsmäßig bei uns ankommen und als Gefühl in unsere sinnliche Antriebsstruktur hineinwirken. Diese Bestimmungen der Achtung werden von Kant in der langen Anmerkung am Ende des nächsten Abschnitts ($20_{24\text{-}36}$ u. $21_{22\text{-}36}$ | $401_{17\text{-}40}$) ausdrücklich herausgestellt, sie leiten aber auch die nähere Explikation und Begründung des dritten Satzes.

So stellt Kant zunächst heraus, dass weder äußere Gegenstände des Handelns, die wir durch unser Handeln realisieren wollen (»Objekte als Wirkung meiner vorhabenden Handlung«, $19_{18\,\text{f.}}$ | $400_{19\,\text{f.}}$), noch Neigungen selbst ein Gegenstand der Achtung sein können. Er betont also die Diskrepanz zwischen den jeweils involvierten Werten bzw. Wertungen. Als Begründung für diese Diskrepanz führt Kant an, dass die äußeren Gegenstände lediglich Wirkungen des Willens sind, zu denen »ich (...) *Neigung* haben« kann. Beispiele wären, einen Kuchen zu backen, um ihn zu genießen oder um ihn zu verschenken, um die Zuneigung von jemand anderem zu gewinnen; zu lesen, um mir die Zeit zu vertreiben. Es geht also um Ziele, die dem Willen äußerlich sind und einer Handlungsmotivation bedürfen, die an den Willen seitens meiner sinnlichen Antriebsstruktur oder Bedürfnisnatur gewissermaßen von außen herangetragen wird (»Neigungen«). Ihre positive Bewertung ist deshalb nur zufällig (vielleicht mag jemand keinen Kuchen oder findet Lesen eine qualvolle Tätigkeit). Und sie sind nur relativ oder instrumentell gut, nämlich insofern sie »meiner Neigung dien[en]« ($19_{26\,\text{f.}}$ | 400_{26}f). Dies gilt auch für das übergreifende Ziel eigener Glückseligkeit, das ich unvermeidlich habe und das die Wahl äußerer Gegenstände des Handelns anleitet. Von den dem Willen äußerlichen Handlungsgegenständen ist dagegen das innere Prinzip oder Gesetz des Willens zu unterscheiden, das in der »Tätigkeit eines Willens« selbst liegt und das deshalb eine innere Notwendigkeit besitzt und eine unbedingte Tunlichkeit besagt.[25] Dass es dies ist, was Kant mit der Tätigkeit eines Willens im Blick

[25] Kants Unterscheidung zwischen den dem Willen äußerlichen Gegenständen und der eigenen Tätigkeit des Willens läuft also nicht einfach auf die aristotelische Unterscheidung hinaus zwischen einem Handeln, das äußere Ziele verfolgt, (poiesis, z. B. Kuchenbacken) und einem Handeln, dessen Ziele im Handeln selbst liegen, (praxis, z. B. Lesen).

hat, wird durch die nachfolgenden Entgegensetzungen deutlich ($19_{25\text{-}30}$ | $400_{25\text{-}29}$): nicht Wirkung, sondern Grund des Willens, nicht der Neigung dienend, sondern diese überwiegend und ganz ausschließend, also das »bloße Gesetz für sich«.

Aus den gleichen Gründen können auch Neigungen selbst nicht eine Wertigkeit besitzen, die sie zu einem Gegenstand der Achtung qualifizieren. Wir mögen unsere eigenen Neigungen billigen, Neigungen, die andere uns entgegenbringen, schätzen, aber wir können Neigungen nicht achten. Denn Neigungen sind zufällig und in ihnen können keine Gründe liegen, die den Willen notwendig bestimmen müssten. Stattdessen gibt es Gründe der Bestimmung unseres Handelns, die die Handlungsgründe, die auf unsere Neigungen zurückgehen, nicht nur überwiegen, sondern ganz ausschließen. Diese liegen im Prinzip oder Gesetz des Willens, das deshalb allein Gegenstand der Achtung sein kann.

Die Achtung »für das Gesetz« muss deshalb auch das sein, was ein Handeln »aus Pflicht« motiviert. Denn dieses Handeln abstrahiert von allen Neigungen (»erster Satz«), es bezieht seine Handlungsgründe nicht aus der Zielsetzung (und den mit einer solchen Zielsetzung einhergehenden Wertungen), äußere Handlungsgegenstände zu realisieren (»zweiter Satz«). Deshalb muss der Handlungsgrund in der unbedingten Wertschätzung, Achtung, des inneren Prinzips oder Gesetzes des Willens liegen, in der wir die objektive Notwendigkeit der Willensbestimmung (das Gesetz) subjektiv in unsere tatsächliche Willensbestimmung (Maxime) aufnehmen und vor allen anderen möglichen Handlungsgründen den Vorrang einräumen und zum Zuge kommen lassen wollen.

$20_{20\text{-}24}$ | $400_{34\text{-}37}$ [ANMERKUNG] Kant stellt den Unterschied zwischen einer *Maxime* und dem *praktischen Gesetz* heraus. Maxime ist ein »subjektives Prinzip des Wollens«. Maximen sind also die je eigenen Gründe und Grundsätze, etwas zu tun oder anzustreben, nach denen wir tatsächlich handeln. Sie können dem praktischen Gesetz entgegenstehen, das sich aus dem Vermögen reiner praktischer Vernunft ergibt, genauer gesagt, in der praktischen Vernunft liegt oder diese ausmacht und ein »objektives Prinzip« ist, das für alle handlungsfähigen Wesen gleich und gültig ist, die das Vermögen reiner praktischer Vernunft besitzen. Da, wie schon herausgestellt, die reine praktische Vernunft (wenn wir sie denn, was hier vorausgesetzt ist, überhaupt besitzen) nur ein Vermögen unseres Begehrungsvermögens ist, mit diesem aber nicht zusammenfällt, folgen wir nicht selbstverständlich dem praktischen Gesetz. Die Vernunft hat nicht »volle Gewalt« über unser Begehrungsvermögen.

$20_{4\text{-}19}$ | $401_{3\text{-}16}$ Der »moralische Wert der Handlung« liegt allein in der die Handlung leitenden Willensbestimmung. Der Grund einer moralisch guten Handlung ist die Vorstellung des in unserem Willen gelegenen Gesetzes, das die Handlung notwendig macht ($20_{13\text{-}17}$ | $401_{10\text{-}14}$). Der Wert liegt weder in dem, was die Handlung bewirken könnte, noch in Handlungsgründen, die sich von der Aussicht auf solche Resultate herleiten ($20_{4\text{-}7}$ | $401_{3\text{-}6}$).

Die von Kant angeführte Begründung, warum nicht in solchen Resultaten und den von diesen sich herleitenden Bestimmungsgründen des Handelns der unbedingte, moralische Wert von Handlungen liegen kann, lautet, dass solche Resultate (Kant nennt eigenes und fremdes Glück) auch anderweitig bewirkt werden könnten ($20_{7\text{-}13}$ | $401_{6\text{-}10}$). Das erinnert an die vorausgegangene naturteleologische Argumentation zur Aufgabe der praktischen Vernunft. Der gute Wille hat eine andere Aufgabe, als eigenes oder fremdes Glück hervorzubringen. Diese Begründung scheint hier aber nicht wirklich zu passen. Man könnte Kants Argumentation dahingehend zu verstehen versuchen, dass die Resultate kontingente und daher nur bedingt gute Güter sind. Entsprechend unterscheiden sich die bedingt guten Handlungsgründe von der unbedingten Gutheit eines Willens, der sich durch das in ihm gelegene praktische Gesetz bestimmen lässt. Dies ist jedenfalls der Gesichtspunkt, der für Kant am Ende des Absatzes klar im Vordergrund steht ($20_{15\text{-}19}$ | $401_{12\text{-}16}$).

$20_{24\text{-}36}$ u. $21_{22\text{-}36}$ | $401_{17\text{-}40}$ [ANMERKUNG] Kant ist sich bewusst, dass er den Begriff der *Achtung* in einer Weise verwendet, die vom herkömmlichen Verständnis abweicht. Deshalb hat er den »dritten Satz« vorsichtig eingeführt (»würde ich so ausdrücken«,

$19_{16\,\text{f.}}$ | $400_{17\,\text{f.}}$) und erklärt er den Begriff nun in einer ausführlichen Anmerkung:

Achtung ist ein Gefühl, aber ein »durch einen Vernunftbegriff *selbstgewirktes* Gefühl« und deshalb von den gewöhnlichen Gefühlen der Neigung und Abneigung (»Furcht«) und deren möglicher Rolle bei der Bestimmung unseres Willens zum Handeln streng zu unterscheiden. Das Gesetz des Willens besagt ein Selbstverhältnis. Es ist ein Gesetz unserer praktischen Vernunft, das zugleich für uns Gebotscharakter hat, dem wir also unterworfen sind. Die Achtung als das Bewusstsein und die Anerkenntnis dieses Gesetzes und Gebots und die damit verbundene Anerkenntnis des Vorrangs dieses Gebots vor allen auf unsere Neigungen und Abneigungen zurückgehenden Zielsetzungen hat eine gefühlsmäßige Wirkung. Über die in unserem Willen vollzogene Anerkenntnis des in unserem Willen gelegenen Gesetzes kommt dieses Gesetz spürbar in unserer sinnlichen Antriebsstruktur an, ohne dass diese Anerkenntnis auf unsere sinnliche Antriebsstruktur zurückginge. Die gewöhnlichen Gefühle der Neigung und Abneigung haben aber in der gefühlsmäßigen Wirkung der Achtung eine gewisse Analogie, insofern wir uns dem Gesetz als Gesetz unseres Willens verbunden (Analogie zur Neigung) und zugleich unterworfen fühlen (Analogie zur Abneigung/Furcht).

Kant betont, dass unter Voraussetzung des neuen, streng gefassten Begriffs der Achtung wir für Personen mit bestimmten positiven Eigenschaften nur in einem abgeleiteten Sinn Achtung haben können: Wir denken uns, dass die Eigenschaften aus der Befolgung des praktischen Gesetzes herrühren und eine bestimmte Person entsprechend ein Beispiel für die Befolgung dieses Gesetzes gibt. Die Achtung betrifft dann eigentlich dieses Gesetz. Kant dürfte bewusst sein, dass der Begriff der Achtung in weniger strengen Bedeutungen verwendet wurde und wird. Ich verstehe Kant hier so, dass er diese, wenn man so will, laxeren Verwendungen nicht ausschließen will. Was er betont, ist vielmehr, dass der streng gefasste Begriff eine nur sehr eingeschränkte Verwendung haben kann. Wenn wir den Begriff in einem weiteren oder schwächeren Sinn verwenden, dann meinen wir, trotz möglicher struktureller Gemeinsamkeiten oder Analogien, letztlich etwas anderes.

Als vernunftbegabte Sinnenwesen entwickeln wir handlungsrelevante Urteile, in denen wir etwas als erstrebenswert oder zu vermeiden beurteilen und die wir als potenzielle Handlungsgründe ggf. in unsere Willensbestimmungen (Maximen) aufnehmen. Solche potenziellen Handlungsgründe bezeichnet Kant als *Interessen* (vgl. 35_{36} u. $36_{20\text{-}36}$ | $413_{26\text{-}38}$ u. $414_{34\text{-}36}$; *KpV* 107_{28} – 108_{10} = V, $79_{19\text{-}34}$). Er unterscheidet zwischen pathologischen Interessen, die auf unsere Neigungen zurückgehen und die unsere Vernunft ordnen oder moderieren kann, und einem praktischen oder »moralischen« Interesse, das aus unserer Vernunft resultiert. Wichtig ist, dass wir uns dieses nicht über unsere Neigungen vermittelt denken dürfen. Auch hier hilft der Begriff der Achtung weiter. Wir nehmen in der Achtung des Gesetzes an diesem ein moralisches Interesse oder, wie Kant sagt: »Alles moralische sogenannte *Interesse* besteht lediglich in der *Achtung* fürs Gesetz.« ($21_{34\text{-}36}$ | 401_{40})

$21_{1\text{-}17}$ | $402_{1\text{-}15}$ Kant hat die unbedingte Gutheit des Willens darauf zurückgeführt, dass dieser sich von dem in ihm gelegenen Gesetz reiner praktischer Vernunft leiten lässt. Worin aber besteht nun dieses Gesetz und was verlangt dieses Gesetz von unserem Handeln? Kants Antwort ist, dass das Gesetz nur darin bestehen kann, unsere Willensbestimmungen auf die Form oder Struktur des Gesetzes, also Allgemeinheit und Notwendigkeit, festzulegen. Unser Wollen muss mit dem konform gehen, was sich allgemein oder notwendigerweise wollen lässt. (Dies schließt Gebote, Verbote und Erlaubtes, also Handlungen, die weder geboten noch verboten sind, ein.) Kant hat gezeigt, dass die Gutheit des guten Willens sich von der relativen Gutheit von Zielsetzungen unterscheidet, die uns aus unseren Neigungen oder sinnlichen Antrieben erwachsen. Da alle solche Antriebe ausgeschlossen sind (der gute Wille »aller Antriebe beraubt« ist), kann das Gesetz nicht in bedingten Normen bestehen, die vorschreiben, was in Bezug auf spezifische oder kontingente Handlungsziele spezifisch zu tun ist (»irgend ein auf gewisse Handlungen bestimmtes Gesetz zum Grunde zu legen«). Es bleibt deshalb nur die »allgemeine Gesetzmäßigkeit der Handlungen« als Prinzip der unbedingten Richtigkeit und Gutheit des Handelns, d.h. als Moralprinzip. »Gesetzmäßigkeit« ist als *Konformität* der Handlungen und der sie leitenden Willensbestimmungen (Maximen) *mit dem* Gesetz der praktischen Vernunft zu verstehen. Entsprechend schreibt das Moralprinzip vor, »dass ich niemals anders verfahren« (handeln) soll »als so, *daß ich auch wollen könne, meine Maxime solle ein allgemeines Gesetz werden*«. Nur unter der Voraussetzung dieses Prinzips und nur unter der Voraussetzung, dass wir in der Lage sind, unser Handeln an diesem Prinzip zu orientieren, kann es moralische Sollensansprüche geben, die für unser Handeln verbindlich sind. Andernfalls wäre Pflicht »ein leerer Wahn und ein chimärischer Begriff«. Tatsächlich entspricht, so Kant, das Moralprinzip unserem moralischen Alltagsverstand und dient uns auch als Richtschnur der moralischen Beurteilung. Dies versucht Kant im Folgenden anhand eines Beispiels zu verdeutlichen.

$21_{18\text{-}21}$ u. $22\text{-}23_4$ | $402_{16}\text{-}403_{17}$ Kants Beispiel ist, ein lügenhaftes Versprechen abzugeben, also ein Versprechen, von dem man weiß, dass man es nicht halten kann, um sich dadurch aus einer schwierigen Lage zu befreien. Wir können das Beispiel noch konkretisieren: sich für eine bestimmte Zeit Geld zu leihen, das man dringend braucht, obwohl man weiß, dass man es zur Fälligkeit nicht zurückzahlen kann. Kant stellt zunächst heraus, dass es einen großen Unterschied macht, ob es um die Fragen geht, ob es klug oder ob es moralisch richtig (pflichtmäßig) ist, ein solches lügenhaftes Versprechen abzugeben. Bei Fragen der Klugheit geht es darum, ob etwas in unserem wohlverstandenen Eigeninteresse ist. Und da kann es sehr wohl der Fall sein, dass ein lügenhaftes Versprechen kurzfristig ein Problem löst, uns aber dauerhaft nur mehr Probleme schafft, etwa weil wir unsere Reputation verspielen. Entsprechend kann die Maxime, nur Versprechen abzugeben, die man auch halten kann, eine sich bewährende Klugheitsregel sein. Allerdings lassen Klugheitsregeln

Ausnahmen zu, und es mag zuweilen sehr vorteilhaft sein, von ihr abzuweichen.

Ganz anders stellen sich die Dinge dar, wenn es nicht darum geht, was die fallweisen Folgen einer Handlung sind und ob diese voraussichtlich unserem längerfristigen Wohlergehen zuträglich sein werden, sondern darum, ob es eine Pflicht ist, in einer bestimmten Weise zu handeln. Denn dies betrifft die Frage, ob die Handlung bzw. die sie leitende Maxime nach dem Gesetz der praktischen Vernunft notwendig ist oder nicht (»der Begriff der Handlung an sich selbst schon ein Gesetz für mich enthält«). Dies ist nach Kants Einschätzung anhand des Moralprinzips leicht zu entscheiden. Ein lügenhaftes Versprechen etwa ist nicht gesetzeskonform, da wir es nicht wollen können, dass die Maxime des lügenhaften Versprechens ein allgemeines Gesetz werde. Warum ist das so?

Wenn wir auf Kants Begründung schauen, müssen wir wohl zwischen dem eigentlichen Kern des Arguments und seiner konkreten Durchführung unterscheiden. Der Kern ist, dass ein lügenhaftes Versprechen notwendig parasitär ist. Es ist der Schein einer Selbstverpflichtung, der nur unter der Voraussetzung der Verbindlichkeit von Selbstverpflichtungen möglich ist. Das zum Gesetz erhobene lügenhafte Versprechen würde die Möglichkeit einer nicht verpflichtenden Selbstverpflichtung zum Prinzip erheben und damit die Institution des Versprechens aufheben. Entsprechend könnte es »gar kein Versprechen geben«. Die Maxime des lügenhaften Versprechens würde so »sich selbst zerstören«. Die als Gesetz gedachte Maxime des lügenhaften Versprechens ist letztlich selbstwidersprüchlich und lässt sich *deshalb* auch nicht als allgemeines Gesetz wollen.

In der konkreten Durchführung schaut Kant aber auf die empirischen Folgen eines zur Allgemeinheit erhobenen lügenhaften Versprechens: Niemand wird einem mehr glauben und wer dennoch auf ein lügenhaftes Versprechen hineinfällt, wird es einem schon wieder heimzahlen, was man auch nicht wollen kann. Das alles ist durchaus plausibel, lenkt aber vom Kern des Arguments ab oder geht an diesem vorbei.

Es fragt sich, ob der Test der Maxime im konkreten Beispiel deshalb so gut funktioniert, weil es sich bei einem Versprechen um eine Institution handelt, deren allgemein gedachte Verletzung diese aufhebt. Führt der Test, ob ich wollen kann, dass meine Maxime ein allgemeines Gesetz werden soll, auch bei offenkundig pflichtwidrigen Maximen, die keine Institution ausnützen, zu einem eindeutigen Ergebnis? Diese Frage wird uns im Rahmen von Kants Diskussion der Beispiele pflichtwidriger Handlungen im zweiten Teil der *Grundlegung* beschäftigen müssen.

$23_{5\text{-}22}$ | $403_{18\text{-}33}$ Im Unterschied zu der Frage, ob etwas zu tun klug ist (was die möglichen Handlungsfolgen sind und wie sich diese auf mein längerfristiges Wohlergehen auswirken), verlangt die Beantwortung der Frage, ob eine Handlung bzw. die sie leitende Maxime moralisch richtig ist, Kant zufolge keine Erfahrung oder Weltkenntnis. Für ihn hat das Beispiel deutlich gezeigt, dass jeder beurteilen kann, ob sich eine Maxime als allgemeines Gesetz wollen lässt oder nicht. Die dazu erforderlichen Überlegungen lassen sich, zumindest implizit, von jedem leicht anstellen.

Bei der anzustellenden Prüfung hat die Pflichtwidrigkeit gewissermaßen eine erkenntnisleitende Funktion. Die konkrete Pflicht erschließt sich von der konkreten Pflichtwidrigkeit, das moralisch Gebotene vom moralisch Verbotenen her. Die Prüfung, ob sich eine Maxime als allgemeines Gesetz wollen lässt, kann nämlich nur zwei Ergebnisse haben: Entweder kann die Maxime als allgemeines Gesetz gewollt werden, dann sind die Maxime und die mit ihr verbundene Handlung *nicht* pflichtwidrig oder *moralisch erlaubt*, oder die Maxime kann nicht als allgemeines Gesetz gewollt werden, dann sind die Maxime und die mit ihr verbundene Handlung *pflichtwidrig* oder *moralisch verboten*. Pflichtwidrig und nicht pflichtwidrig bilden einen kontradiktorischen Gegensatz, der als solcher alles abdeckt. Das Gebotene ist ein bestimmter Teil dessen, was nicht pflichtwidrig oder erlaubt ist. Gebot und Verbot sind einander diametral oder konträr entgegengesetzt. (Ihr Gegensatz deckt hier nicht alles ab, da er das Erlaubte, das nicht geboten ist, nicht erfasst.) Wenn wir wissen, was verboten ist, können wir auch wissen, dass das dem Verbotenen diametral Entgegengesetzte geboten ist (und umgekehrt). Es gilt aber genau zu beachten, worin das Verbotene besteht. Wenn wir beim Beispiel bleiben: Da man keine lügenhaften Versprechen abgeben darf, besteht zugleich ein Gebot, nur wahrhafte Versprechen abzugeben. (Die Verbote oder Gebote bestehen jeweils unter der Bedingung, dass man ein Versprechen abgibt, es besteht aber weder schlechthin ein Verbot, überhaupt etwas zu versprechen, noch schlechthin ein Gebot, etwas zu versprechen).

Die pflichtwidrige Handlung wird also dadurch erkannt, dass sie Handlungsgründen folgt, die mit dem Gesetz des Willens *nicht* konform sind. Es ist aber dieses Gesetz, das einen unbedingten Wert darstellt, der alle bedingten, von unseren Neigungen herrührenden Wertungen übersteigt und von uns Achtung fordert. Die Anerkenntnis, Achtung, des Gesetzes führt also zur Erkenntnis und zum konkreten Verbot pflichtwidriger Maximen und der sie leitenden Handlungen. Die von Kant angesprochene tiefere Einsicht in die Grundlage der Achtung, die von der Philosophie zu leisten ist und über unseren moralischen Alltagsverstand hinausgeht, bezieht sich wohl zunächst auf die über die bloßen Strukturmerkmale des Gesetzes (Allgemeinheit und Notwendigkeit) hinausgehende Einsicht in die Bestimmungsgründe reiner praktischer Vernunft (Autonomie, der in der reinen praktischen Vernunft gelegene unbedingt notwendige Zweck). Diese erlaubt dann auch in direkterer Weise eine Bestimmung von positiven Handlungsgeboten. Entsprechend verweist Kant mit seiner Bemerkung auf den zweiten Teil der *Grundlegung*. Möglicherweise zielt sie aber auch schon auf die Gründe, weshalb wir davon ausgehen müssen, dass wir das Vermögen reiner praktischer Vernunft besitzen. Dann verweist Kant an dieser Stelle auch schon auf den dritten Teil der *Grundlegung*.

Unser moralischer Alltagsverstand kann aber erfassen, dass die Achtung sich auf einen Wert bezieht und diesen zur Geltung zu bringen versucht, der von das eigene Wohlergehen betreffenden Klugheitsüberlegungen völlig verschieden ist und Handlungen ohne Rücksicht auf unsere Neigungen als unbedingt zu unterlassen oder zu tun verpflichtend macht. Denn nur dann und so kann es einen unbedingt oder an sich guten Willen geben. Und das, so verstehe ich den argumentativen Bogen, den Kant schlägt, ist eine für uns handlungsrelevante Idee. Zumindest implizit ist uns klar, dass es moralische Ansprüche gibt, die etwas ganz anderes darstellen und ganz andere Handlungsgründe involvieren als die Ansprüche, die auf unsere Neigungen zurückgehen, und dass wir die Möglichkeit haben, uns in unserem Willen von den moralischen Ansprüchen leiten zu lassen.

23_{23}-24_{32} | 403_{34}-404_{36} Wir verfügen also über einen zumindest impliziten Maßstab der moralischen Beurteilung und können wissen, was zu tun ist, um die Ansprüche der Moral in unserem Leben vollkommen umzusetzen (»weise und tugendhaft zu sein«).[26] Diesen muss uns die Philosophie nicht erst beibringen. Was diesen Maßstab betrifft, so kann die Philosophie uns lediglich nach Art der »Hebammenkunst« des Sokrates zeigen, was immer schon in uns steckt, und uns dazu verhelfen, diesen Maßstab explizit zu erfassen und tiefer zu verstehen.

Es wäre merkwürdig, wenn Moralbegründung darauf hinauslaufen würde, eine gänzlich neue Erkenntnis oder einen gänzlich neuen Maßstab des moralisch Richtigen zu Tage zu fördern. Denn dann hätten die Menschen bis zu dem Ereignis der Moralbegründung gar keine Chance gehabt, sich moralisch richtig zu verhalten. Entsprechend steht, wer sich um Moralbegründung bemüht, vor dem Problem, einerseits bestehende Überzeugungen bestätigen zu müssen, andererseits aber herauszustellen, warum die Begründung dennoch wichtig ist. Kant geht mit diesem Problem so um, dass er es zunächst zuspitzt: Er erkennt an, dass jeder über moralisches Urteilsvermögen verfügt, und wirft dann die Frage auf, ob die Philosophie in moralischen Fragen nicht

26 Zum Begriff der menschlichen »Weisheit« siehe die Erklärungen zum nächsten Absatz des Textes der *Grundlegung*.

zumindest überflüssig, wenn nicht gar irreführend oder kontraproduktiv ist.

Was das allgemeine moralische Urteilsvermögen anbelangt, so stellt Kant zunächst heraus, dass es sich in der praktischen Erkenntnis genau umgekehrt verhält wie in der theoretischen. In der theoretischen Erkenntnis besteht die Tendenz, das, was uns in der Erfahrung zugänglich ist, zu verlassen und über Gegenstände jenseits der Erfahrung zu spekulieren (z. B. über Gott, Freiheit und Unsterblichkeit). Dabei geraten wir aber unvermeidlich in Fehlschlüsse und Widersprüche, was anzeigt, dass wir unsere Kompetenzen überschreiten. Es ist daher die Aufgabe der Philosophie zu überprüfen, was die Vernunft überhaupt unabhängig von Erfahrung (theoretisch) zu erkennen vermag. Eine solche Überprüfung bezeichnet Kant als »Kritik«. Es galt also eine Kritik der reinen (erfahrungsunabhängigen) Vernunft zu leisten. In der genuin praktischen, d. h. moralischen Erkenntnis geht es umgekehrt gerade darum, den Einfluss der sinnlichen Bestrebungen abzusondern, und darum, dass die reine praktische Vernunft gerade zum Zuge kommt. Und wir Menschen, sagt Kant, sind sehr gut dazu in der Lage, zwischen einem Handeln aus Klugheit und einem Handeln aus moralischen Gründen, zwischen einem selbstbezogenen und einem wirklich guten Handeln zu unterscheiden. (Diese Kompetenz können wir wiederum entweder gut einsetzen oder dazu, andere zu schikanieren.) Und in der moralischen Erkenntnis sind wir nicht weniger kompetent als ein Philosoph, dem auch kein anderes Moralprinzip zur Verfügung steht. Im Gegenteil, der Philosoph mag durch allerlei Spezialdiskussionen sich ablenken lassen und in die Irre geführt werden. Daher fragt Kant, ob man es, was die moralische Erkenntnis anbelangt, nicht besser beim moralischen Alltagsverstand belassen und entweder gar keine Moralphilosophie betreiben oder die Aufgabe der Philosophie allein darauf beschränken sollte, die Einsichten des moralischen Alltagsverstands zu ordnen und verfügbar zu machen.

24_{33} – 25_{20} | 404_{37} – 405_{19} Kant stellt aber heraus (und das ist auch seine Antwort auf das oben angesprochene Begründungsproblem der Moralphilosophie), dass wir die Philosophie brauchen, da es auf das moralisch gute Handeln ankommt, wir als Handelnde in diesem Zusammenhang aber die »Unschuld« kaum bewahren können. »Unschuld« ist hier doppeldeutig. Aus dem Vorherigen ist man geneigt, sie zunächst primär in einem intellektuell-kognitiven Sinne zu verstehen, etwa als »von aller Theorie oder Philosophie unverdorben«. Dies würde an Kants Rede von der »glücklichen Einfalt« des »gemeinen Menschenverstand[s]« am Ende des vorigen Abschnitts ($24_{30\,f.}$ | 404_{34}) anknüpfen. »Unschuld« hat aber auch eine moralische Bedeutung im Sinne von »Freiheit von moralischer Schuld oder moralischem Fehlverhalten«. Letztlich scheint es diese moralische Bedeutung zu sein, die für Kant im Vordergrund steht. Dies drückt sich in seiner Bewertung des Verlusts der Unschuld als »sehr schlimm« aus, aber auch in der anschließenden Bezugnahme auf die »Weisheit«. Die menschliche Weisheit meint den moralisch richtigen Gebrauch der Freiheit oder des Willens, »*die Angemessenheit des Willens zum höchsten Gute*«.[27] Die Doppeldeutigkeit der »Unschuld« ist hier aber durchaus passend, weil im Praktischen Erkennen und Handeln eigentümlich ineinandergreifen. Die Ansprüche unseres Glücksstrebens sind unentrinnbar und sie stehen oftmals den Ansprüchen unserer Vernunft gegenüber. Entsprechend besteht eine »natürliche Dialektik«, d.h. eine in unserer Natur angelegte Fehlleitung unseres Denkens, in der die aus der praktischen Vernunft und aus der Sinnlichkeit herrührenden Bestimmungsgründe unseres Handelns vermischt werden oder der Versuch gemacht wird, die moralischen Ansprüche unserer Vernunft sinnlich zu unterfüttern. Damit wird aber unser praktisches Denken und Handeln verdorben. Dies zu verhindern und das praktische Denken und Handeln in der richtigen Weise anzuleiten, ist deshalb die unverzichtbare Aufgabe einer wissenschaftlichen Anleitung der Weisheit, von Moralphilosophie. Oder, wie Kant es am Ende der *Kritik der praktischen Ver-*

[27] *KpV* $176_{6\,f.}$ = V, 130_{37}–131_{1}; siehe auch *Ende* 72 = VIII, 336_{5-9}; *Verkündigung* 82 f. = VIII, 418_{4-7}; *Anthr.* $103_{33\,f.}$ = VII, $200_{31\,f.}$.

nunft formuliert hat: »Wissenschaft (...) ist die enge Pforte, die zur *Weisheitslehre* führt«.[28]

25_{21}–26_{3} | $405_{20\text{-}35}$ Es sind also nicht Bedürfnisse philosophischer Spekulation, sondern genuin praktische, auf das gute und richtige Handeln abzielende Gründe, die uns veranlassen (und veranlassen sollten), Moralphilosophie zu betreiben und die Eigenart und das Prinzip moralischen Sollens genau zu verstehen. Dieses gilt es von den aus unserer Sinnlichkeit erwachsenden mächtigen und unentrinnbaren, auf unser Wohlergehen abzielenden Ansprüchen unserer Klugheit genau zu unterscheiden. Die aus diesen Ansprüchen resultierenden Fehlleitungen unseres Denkens (»Dialektik«) gilt es von unserem Handeln abzuhalten. Wie auch in der theoretischen Philosophie bedarf es auch in der praktischen Philosophie einer genaueren Untersuchung und kritischen Prüfung (einer »Kritik«) unseres Vernunftvermögens. Der über die Grenzen der Erfahrung hinausgehende Vernunftgebrauch führt zu Fehlschlüssen und Widersprüchen, zu einer »Dialektik«. Ähnlich, aber wie zuvor schon angesprochen in gegenläufiger Richtung, führt der Einfluss der aus unserer Sinnlichkeit herrührenden Handlungsgründe zu Irrungen (»Dialektik«) hinsichtlich einer moralisch richtigen und guten Handlungsbestimmung. Kant ist offensichtlich von dieser Parallelität der Probleme im theoretischen und praktischen Vernunftgebrauch beeindruckt. Er würde aber die Unterschiede hinsichtlich der jeweiligen »Dialektik« im theoretischen und praktischen Vernunftgebrauch nicht bestreiten.

[28] *KpV* $217_{21\text{-}23}$ = V, $163_{27\,\text{f.}}$

III. »ZWEITER ABSCHNITT
Übergang von der populären sittlichen Weltweisheit zur Metaphysik der Sitten«

$27_{4\text{-}27}$ | $406_{5\text{-}25}$ Dass der Begriff der Pflicht bislang vom moralischen Alltagsverstand ausgehend bestimmt wurde, heißt nicht, dass es sich um einen der Erfahrung entnommenen Begriff handelt. Der Erfahrung können wir allenfalls entnehmen, dass äußerlich moralisch richtig (pflichtgemäß) gehandelt wird, nicht aber, dass mit moralisch guter Absicht (aus Pflicht) gehandelt wird. Zu allen Zeiten haben Philosophen vermutet, dass die scheinbar moralisch guten Handlungen von Menschen in Wahrheit immer durch eigeninteressierte Motive angeleitet werden (z. B. um bewundert zu werden oder aus einer verborgenen Furcht vor Strafe) und wir Menschen niemals dem Gebot unserer praktischen Vernunft entsprechend handeln. Nach dieser Auffassung nehmen wir unsere praktische Vernunft nur für die aus unseren Neigungen herrührenden Interessen in Dienst, sei es, um die Mittel zur Verwirklichung konkreter Interessen zu bestimmen, sei es, um die Interessen mit Blick auf das übergreifende Interesse unseres eigenen Wohlergehens zu ordnen.
27_{28} – 28_{15} | $407_{1\text{-}16}$ Nicht nur sind unserer Erfahrung die möglichen moralischen Beweggründe des Handelns anderer Personen unzugänglich, auch unsere eigenen möglichen moralischen Beweggründe sind unserer Selbsterfahrung entzogen. Es mag uns klar sein, dass wir aus Eigennutz gehandelt haben, aber wir können uns einer im Letzten moralischen Handlungsbestimmung auch bei genauester Selbstprüfung und trotz des scheinbaren Fehlens jedes eigennützigen Handlungsmotivs niemals sicher sein. Hier fehlt uns die Einsicht in die letzten Gründe und in das uns tatsächlich leitende innere Prinzip unseres Handelns.
28_{16} – 29_{17} | 407_{17} – 408_{11} Wollten wir Pflicht auf Erfahrung zurückführen (so wie Denkfaulheit einen dazu verleiten kann anzunehmen, dass alle Begriffe auf Erfahrung zurückzufüh-

ren sind), dann verhilft man denen zum Sieg, die die Idee der Sittlichkeit für ein haltloses Gedankenkonstrukt halten und nur den Handlungsmaßstab des wohlverstandenen Eigeninteresses anzuerkennen bereit sind. Denn in der Tat scheint fortgeschrittene Lebenserfahrung nur zu bestätigen, dass es den Menschen in ihrem Denken und Streben (»Tichten/Dichten und Trachten«) nur um sich geht, selbst wenn sie äußerlich moralisch richtig handeln sollten. In moralischen Ansprüchen wird aber nicht beschrieben, wie tatsächlich gehandelt wird, sondern die Vernunft schreibt hier »für sich« vor, wie gehandelt werden soll. Diese Vorschriften sind auch dann gültig, falls sie noch niemals wirklich befolgt wurden. Der Anspruch »reine[r] Redlichkeit in der Freundschaft« würde nicht dadurch hinfällig, dass es noch nie einen redlichen Freund gab. Pflicht ist ein Gebot der Vernunft, das unabhängig von Erfahrung und den Ansprüchen der Sinnlichkeit, also »a priori«, gilt. Es entstammt der Vernunft selbst, die »für sich« praktisch ist und bestimmt, was zu tun (»tunlich«) ist, und deren eigentliche Leistung eben nicht darin besteht, »das Interesse der Neigungen (…) zu besorgen« ($27_{25\text{-}27}$ | $406_{23\text{-}25}$).

29_{18}–30_{2} | $408_{12\text{-}27}$ Der Begriff der Sittlichkeit kann nur einen eigentümlichen (von Klugheit unterschiedenen) Gegenstand haben, wenn er sich auf reine praktische Vernunft bezieht. Entsprechend geht es um ein Gesetz, das »für vernünftige Wesen überhaupt« schlechterdings notwendig (apodiktisch) gilt. Und es gilt für uns Menschen, insofern wir vernünftige, mit dem Vermögen reiner praktischer Vernunft begabte Wesen sind. Schon deshalb können die Ansprüche der Sittlichkeit nicht auf Erfahrung zurückgehen und sich auf Besonderheiten stützen, die für unsere Gattung (»Menschheit« wird hier von Kant als Kollektivbegriff für uns Menschen insgesamt verwendet) kennzeichnend sind.

$30_{3\text{-}23}$ | 408_{28}–409_{8} Da das moralisch Richtige nicht aus der Erfahrung erkannt werden kann, kann es auch nicht Beispielen des Richtigen und Guten entnommen werden. Wir benötigen die Einsicht in das Moralprinzip, um beurteilen zu können, ob eine Handlung oder ein Handelnder überhaupt als Kandidat in Frage kommt, dieses zu exemplifizieren. (Kant hat zuvor herausgestellt, dass wir keine Einsicht in die letzten Beweggründe des Handelns eines Handelnden haben können. Wir müssen also unterstellen, dass diese durch das moralische Gesetz bestimmt sind.) Auch Jesus (den »Heilige[n] des Evangelii«) können wir nur als Beispiel für vollendete Sittlichkeit verstehen, wenn wir zuvor die Idee eines moralisch vollkommenen Menschen gebildet haben.[1] Und wir können uns nur einen Begriff von der höchsten Gutheit Gottes machen, wenn wir zuvor die Idee der in reiner praktischer Vernunft gelegenen unbedingten Gutheit gebildet haben. Beispiele können das praktische Gesetz der Vernunft anschaulich machen und zu seiner Befolgung aufmuntern, sie können die in der Vernunft gelegene Einsicht in dasselbe aber nicht ersetzen.

30_{24} - 31_{2} | $409_{9\text{-}19}$ Es bedarf also einer Metaphysik der Sitten, in der die Begriffe und Prinzipien der Moral zunächst einmal abstrakt, in allgemeiner Form entwickelt und herausgestellt werden. Dies ist die Aufgabe einer mit dem Sittlichen befassten philosophischen Erkenntnis. Zu dieser gibt es keine Alternative, da das Prinzip der Moral ganz in der Vernunft und nicht auf Erfahrung gründet. Dem trägt aber die zeitgenössische Popularphilosophie nicht ausreichend Rechnung. Und Kant holt nun zum Schlag gegen die Popularphilosophie aus. Diesen hat er durch die genaue Abgrenzung der Bestimmungsgründe des moralisch Richtigen und Guten von Erfahrung sorgfältig vorbereitet.

$31_{3\text{-}23}$ | 409_{20} - 410_{2} Die Popularphilosophie war eine uneinheitliche, vielgestaltige Bewegung mit einer aufklärerischen Zielsetzung. Es ging u.a. darum, philosophische Erkenntnis breiteren Schichten (dem »Volk«) zu vermitteln, aber auch darum, sich von vornherein mit für diese Schichten relevanten Themen zu befassen. Das sind Anliegen, die Kant durchaus zu schätzen

[1] Kant gebraucht und interpretiert ein Zitat aus dem Neuen Testament (Markus 10, 18: »Was nennst du mich gut …«), um herauszustellen, dass Jesus selbst nichts anderes gesagt hat.

weiß. Da aber im hier allein interessierenden Bereich des Sittlichen an einer Metaphysik der Sitten kein Weg vorbeiführt, käme es zunächst darauf an, das Moralprinzip aus der reinen Vernunfterkenntnis heraus aufzuzeigen und erst in einem zweiten Schritt die entsprechenden philosophischen Erkenntnisse zu übersetzen und einem weiteren Kreis zugänglich zu machen zu versuchen. Kant unterscheidet also klar zwischen Erkenntnis und Begründung einerseits und Vermittlung andererseits. Er wirft (Teilen) der Popularphilosophie vor, dass sie zu vermitteln anfängt, bevor das Geschäft der Erkenntnis erledigt ist (und dabei auch die von jeglicher Gründung auf Erfahrung abgetrennte Eigenart moralischen Sollens verfehlt). Dies führt zu einem »ekelhaften Mischmasch von zusammengestoppelten Beobachtungen und halbvernünftelnden Prinzipien« und zu »Geschwätz«. Und es schafft ein Klima, in dem es diejenigen schwer haben, Gehör zu finden, die zunächst die Aufgabe moralphilosophischer Erkenntnis und Begründung angehen.

31_{24}–32_{9} | $410_{3\text{-}18}$ Kant kritisiert an den popularphilosophischen Entwürfen zur Sittlichkeit, dass sie das Prinzip der Moral nicht genau klären. Es wird eine Mischung unterschiedlicher Orientierungen angeboten, die vor allem der Eigenart der menschlichen Natur entlehnt sind und sich dann allesamt auf Erfahrung stützen (da die menschliche Natur ein Erfahrungsgegenstand ist). Dazu gehören die Prinzipien der eigenen Vollkommenheit, der Glückseligkeit und des moralischen Gefühls. Das Prinzip der Gottesfurcht, das moralische Normen als Gebote Gottes versteht, rekurriert dagegen auf »die Idee von einer vernünftigen Natur überhaupt«. (Insofern uns aber die Hoffnung auf Lohn und die Furcht vor Strafe motivieren, die Gebote Gottes zu befolgen, geht es doch um unsere eigene Glückseligkeit.)[2]

[2] Glückseligkeit, moralisches Gefühl, Vollkommenheit und Wille Gottes sind genau die (verfehlten) moralischen Prinzipien, die Kant am Ende des zweiten Teils der *Grundlegung* behandelt (»Einteilung aller möglichen Prinzipien der Sittlichkeit aus dem angenommenen Grundbegriffe der Heteronomie«, *GMS* 70_{1}–74_{16} = IV, 441_{25}–445_{15}). Für genauere Informationen zu den entsprechenden Moralprinzipien siehe dort

Wenn aber die Prinzipien der Sittlichkeit gänzlich unabhängig von Erfahrung in der reinen Vernunft aufzusuchen sind, dann bedarf es zuallererst einer anderen Art von Untersuchung, einer reinen praktischen Philosophie (»Weltweisheit«) oder Metaphysik der Sitten.[3] Wie Kant in der Anmerkung ($32_{23\text{-}31}$ | $410_{30\text{-}37}$) herausstellt, lässt sich auch in der Moralphilosophie zwischen einem reinen und einem angewandten Teil unterscheiden. Aufgabe der reinen Moralphilosophie ist die Einsicht in die Prinzipien der Sittlichkeit, während sich die angewandte Moralphilosophie damit befasst, was mit Blick auf die Eigenheiten des Menschen und seiner Natur aus dem moralischen Sollen konkret folgt. Die angewandte Moralphilosophie setzt aber voraus, dass zunächst das Geschäft der Metaphysik der Sitten erledigt wird.

32_{10}–33_8 | 410_{19}–411_7 Die sich allein auf die vernünftigen Bestimmungsgründe des Handelns konzentrierende Metaphysik der Sitten, die alle anderen Bestimmungsgründe und Gesichtspunkte beiseitesetzt, ist nicht nur theoretisch für die Erkenntnis des sittlich Richtigen, sondern auch praktisch für die Gründung eines guten Willens in uns relevant. Denn dadurch erschließt sich uns die Eigenart von Handlungsgründen, die in der Vernunft selbst liegen, erfassen wir ihr Gewicht und lernen, diesen den Vorrang vor Handlungsgründen einzuräumen, die sich aus unserer Sinnlichkeit ergeben. Dagegen erlaubt die Verbindung disparater Bestimmungsgründe des Handelns in einer »vermischten Sittenlehre« weder eine Einsicht in das Prinzip der Moral noch stellt sie sicher, dass wir auch tatsächlich moralisch richtig oder gut handeln. – Das »menschliche Herz« meint die

und unten S. 170–177 meinen Kommentar zu diesem Schlusskapitel des zweiten Teils.

[3] »Man darf nur« (*GMS* 31_{24} = IV, 410_3) = »Man braucht nur«. »Anschlag« hat auch die Bedeutungen »Plan, Absicht, Vorhaben«, »den Anschlag fassen« (*GMS* $32_{3\,\text{f.}}$ = IV, 410_{14}) meint hier »sich vornehmen«, siehe Grimm, Deutsches Wörterbuch, Art. anschlag, Bd. 1, Sp. 440; siehe auch Adelung, Wörterbuch der Hochdeutschen Mundart, Art. Anschlag, Bd. 1, Sp. 357 (2, 2).

Willensbestimmungen, vor allem die grundlegenden Willensbestimmungen oder Gesinnungen eines Menschen.[4]

32_{32-38} u. 33_{25-34} | 411_{24-38} (ANMERKUNG) Das Gleiche, aber anschaulicher, sagt Kant auch in der Anmerkung, die eine verspätete Antwort auf eine Frage des inzwischen verstorbenen (»seligen«) Philosophen Johann Georg Sulzer (1720–1779) gibt. Die Tugend, so Kant, findet deshalb nicht Eingang in die Herzen der Menschen, weil sie nicht richtig gelehrt wird. Selbst Kinder erkennen den Wert einer Handlung, die das moralisch Richtige allein deshalb tut, weil es das moralisch Richtige ist, ohne dass man auf sein eigenes irdisches Glück oder auf göttliche Belohnung schaut, und an der man trotz aller Anfechtungen festhält. Das weckt den Wunsch, ebenso handeln zu können. Pflicht muss deshalb aus ihren eigentlichen Bestimmungsgründen ohne sachfremde Beweggründe vorgestellt werden.

33_9 – 34_{18} | 411_8 – 412_{14} In einem langen, zunächst vor allem aufzählenden Satz rekapituliert Kant die wesentlichen Ergebnisse der vorausgegangenen Argumentation: (1) Die moralischen Grundbegriffe und Prinzipien entstammen allein der Vernunft und finden sich unterschiedslos in der Vernunft jedes Menschen (33_{9-12} | 411_{8-11}). (2) Sie lassen sich nicht aus der Erfahrung ableiten und haben deshalb auch nichts Zufälliges oder situativ Bedingtes an sich (33_{12-14} | $411_{11\,f.}$). (3) Im alleinigen Ursprung in der Vernunft liegt ihr herausragender Wert (»Würde«) und ihre Tauglichkeit, alle Willensbestimmungen und alles Handeln anzuleiten ($33_{14f.}$ | 411_{12-14}). (4) Jede Vermischung mit Gesichtspunkten und Handlungsgründen, die aus unserer Sinnlichkeit entstammen, berauben sie ihres Wertes und ihrer Wirksamkeit in Bezug auf die Herzen der Menschen (33_{16-18} | 411_{14-16}). (5.1) Deshalb ist es nicht nur theoretisch, sondern auch praktisch äu-

[4] Für die Gleichsetzung von »Herz« und »Willensbestimmungen« siehe *Gemeinspruch* 15_{25-27} = VIII, 285_{15-17}; für das Verständnis des »Herzens« im Sinne der grundlegenden Willensbestimmungen, der Gesinnung oder der »Denkungsart« siehe z. B. *Rel.* 46_{25}–47_{17} = VI, 37_{18-37}; *Rel.* 66_{27}–67_{12} = VI, 51_{7-21}; *Rel.* 232_{11-23} = VI, 172_{20-30}.

ßerst wichtig, dass die »Begriffe und Gesetze« der Sittlichkeit[5] allein der Vernunft entnommen und entsprechend gelehrt werden ($33_{18\text{-}22}$ | $411_{16\text{-}20}$). (5.2) Dazu bedarf es einer vollständigen Untersuchung und Ausmessung dessen, was die Grundsätze und Begriffe der reinen praktischen Vernunft sind und was reine praktische Vernunft vermag (33_{22}-34_1 | $411_{20\text{-}22}$). (5.3) Dabei ist aber zu beachten, dass hier ein signifikanter Unterschied zur Kritik der reinen (theoretischen) Vernunft besteht. Diese hat ergeben, dass reine, erfahrungsunabhängige Begriffe zwar unsere Erfahrungserkenntnis ermöglichen, wir sie aber nicht unabhängig oder losgelöst von unserer Erfahrung verwenden können. Demgegenüber ist, was das Vermögen reiner praktischer Vernunft anbelangt, gerade von allen vernunftfremden Hinsichten und Bestimmungsgründen des Handelns zu abstrahieren. Entsprechend betrifft die zu leistende Untersuchung nicht nur das Vernunftvermögen von Menschen, sondern aller vernünftiger handlungsfähiger Wesen ($34_{1\text{-}6}$ | 411_{22}-412_4). (5.4) Es bedarf daher einer reinen Moralphilosophie oder Metaphysik der Sitten, die von der besonderen Beschaffenheit und den besonderen Umständen des Menschen völlig absieht. Eine *Anthropologie*, die diese menschlichen Besonderheiten und Umstände zum Gegenstand hat, kann erst in einem zweiten Schritt relevant sein. In diesem zweiten Schritt ist zu bestimmen, welche konkreten Pflichten sich aus dem Moralgesetz mit Blick auf die besondere Beschaffenheit des Menschen ergeben ($34_{6\text{-}11}$ | $412_{4\text{-}8}$). (5.5) Kant betont erneut, dass die erforderliche reine Moralphilosophie nicht nur von theoretischer, sondern auch von größter praktischer Bedeutung ist, indem sie dazu beitragen kann, dass Menschen ihr Handeln tatsächlich an den wahren Prinzipien der Moral auszurichten versuchen. Dadurch hat sie sogar das Potenzial, »zum höchsten Weltbesten« beizutragen ($34_{11\text{-}18}$ | $412_{8\text{-}14}$).

[5] Während sich die Bestimmungen der Aufzählung bislang auf »alle sittlichen Begriffe« (*GMS* 33_9 = IV, 411_8) bezogen haben, bezieht sich das »ihre« in »ihre Begriffe und Gesetze« (*GMS* 33_{21} = IV, $411_{18\text{f.}}$) nun offenbar auf das Sittliche oder die Sittlichkeit selbst.

34_{19-30} | 412_{15-25} Daher will Kant nun weiter gehen als im ersten Teil seiner Abhandlung,[6] in dem er wichtige Einsichten des moralischen Alltagsverstands aufgegriffen und philosophisch expliziert hat. In Abgrenzung von der Popularphilosophie, die die Prinzipien der Sittlichkeit Beispielen zu entnehmen versucht, will Kant nun die Aufgabe der Metaphysik der Sitten in Angriff nehmen, die losgelöst von aller Erfahrung das reine praktische Vernunftvermögen ausmisst und bereit ist, Vernunftbegriffe zu entwickeln, für die sich vielleicht (»allenfalls«) kein Beispiel angeben lässt. Kant spielt hier auf das an, was er zu Beginn des zweiten Teils der *Grundlegung* schon herausgestellt hat, nämlich dass die Gültigkeit des Anspruchs unbedingten Sollens ganz unabhängig davon ist, ob diesem Anspruch bislang jemals wirklich Rechnung getragen wurde. Methodisch will Kant so vorgehen, dass er von den »allgemeinen Bestimmungsregeln« des »praktischen Vernunftvermögens« ausgeht und sie bis in den Anspruch unbedingten Sollens hinein (zum »Begriff der Pflicht«) verfolgt und genau expliziert. Diese »allgemeinen Bestimmungsregeln« sind die Gründe, warum und inwiefern es praktisch notwendig (tunlich) ist, in einer bestimmten Weise zu handeln, sowie die sich aus diesen Gründen ergebenden Sollensansprüche. Kant wird das Programm einer Metaphysik der Sitten über eine Theorie der Handlungsnormen (»Imperative« in der Terminologie Kants) verfolgen. Durch die Untersuchung, die Kant nun im zweiten Teil der *Grundlegung* unternimmt, werden die Ergebnisse und Einsichten des ersten Teils nicht aufgehoben oder überflüssig. Sie werden aber, wie wir sehen werden, ganz wesentlich vertieft.

34_{31}–35_{17} | 412_{26}–413_{8} Die Natur ist im Verständnis Kants ein strenger Zusammenhang von Ursache und Wirkung, in dem sich jeder Gegenstand der Erfahrung den Kausalgesetzen ge-

[6] »wie sonst geschehen ist« hat hier die Bedeutung von »wie an anderer Stelle/oben (bereits) geschehen«. Zur Bedeutung von »sonst« im Sinne von »anderswo« siehe Grimm, Deutsches Wörterbuch, Art. sonst, Bd. 16, Sp. 1744, II, 2e.

mäß verhält. Es ist dieser Zusammenhang, dem vernünftige handlungsfähige Wesen in ihrem Handeln (möglicherweise) entzogen sind. Sie besitzen nämlich das Vermögen, sich zum Handeln zu bestimmen oder, anders gesagt, Handlungen zu wählen, weil sie *zu tun notwendig* sind oder *gut* sind – und nicht die »Handlung« auszuführen, weil sie kausal (prä-)determiniert ist. Dieses Vermögen, »nach der Vorstellung von Gesetzen«, aus Prinzipien oder Gründen, zu handeln, bezeichnet Kant als *Wille* oder *praktische Vernunft*.

Durch die Entgegenstellung der vernünftigen Handlungsbestimmung gegen die Notwendigkeit der Bestimmung durch Naturgesetze berührt Kant das Problem der Freiheit. Dieses wird aber von ihm an dieser Stelle nicht ausdrücklich thematisiert. Sein Anliegen ist hier vielmehr im Anschluss an die allgemeine und grundlegende Bestimmung des Willens eine Differenzierung im Begriff des Willens oder, wenn man so will, zwei Typen des Willens vernünftiger Wesen zu unterscheiden.

Im ersten Fall sind reine praktische Vernunft und Wille identisch oder wird der Wille von der reinen praktischen Vernunft, wie Kant es formuliert, »unausbleiblich« bestimmt. In diesem Fall (eines göttlichen oder eines heiligen Willens) gibt es keine Differenz zwischen objektiver und subjektiver Handlungsbestimmung. Das vernünftige Wesen wird selbstverständlich das tun, was zu tun objektiv notwendig oder gut ist.

Im zweiten Fall (von vernunftbegabten Sinnenwesen, wie wir Menschen es sind) ist die reine praktische Vernunft lediglich (oder bestenfalls) ein Vermögen des Willens. Der Wille ist ein Vermögen, aus Gründen zu handeln, und deshalb praktische Vernunft, aber nicht mit *reiner* praktischer Vernunft identisch oder von dieser »unausbleiblich« bestimmt. Er kennt auch andere Bestimmungsgründe oder Triebfedern des Handelns, die in Konkurrenz zu dem treten, was die praktische Vernunft als zu tun notwendig oder gut vorstellt. In diesem Fall folgt der Wille nicht selbstverständlich dem, was zu tun notwendig ist. Und da der Wille nicht selbstverständlich das tut, was zu tun gut ist, ist der Wille auch nicht selbstverständlich, oder wie Kant sagt,

»durchaus« gut. Entsprechend tritt vernunftbegabten Sinnenwesen wie uns die praktische Notwendigkeit als Anspruch gegenüber und nimmt den Charakter einer das Handeln betreffenden »Nötigung«, eines Sollens oder einer Norm an.

$35_{18\text{-}20}$ | $413_{9\text{-}11}$ Das Gesetz des Handelns wird für nicht selbstverständlich vernünftig handelnde Wesen zum *Gebot*, dessen auf den Punkt gebrachte Formulierung (»Formel«)[7] Kant als *Imperativ* bezeichnet. Kant spricht von dem Gesetz oder Gebot des Handelns als »Vorstellung eines objektiven Prinzips« des Handelns. Damit thematisiert er das Handlungsgesetz/-gebot als einen Bewusstseinsinhalt. Dies macht uns darauf aufmerksam, was für Kant völlig selbstverständlich ist, dass wir stets die Innenperspektive von Handelnden einnehmen müssen, letztlich die Perspektive der ersten Person. Mir ist/wird bewusst, dass für mich die praktische Notwendigkeit besteht, in einer bestimmten Weise zu handeln. Da ich nicht selbstverständlich so handele, wie für mich zu handeln notwendig ist, tritt mir dieses Handlungsprinzip als Gebot gegenüber, das sich als für mich (und alle anderen nicht selbstverständlich vernünftig handelnden Personen) geltender *Imperativ* (wir würden heute sagen praktischer Sollensanspruch oder Norm) auf den Punkt bringen lässt. *Kants Theorie der Imperative (Handlungsnormen) ist eine Theorie praktischer Urteile, die die Innenperspektive von Handelnden entfaltet.*

Kant nimmt in seinen voranstehenden Ausführungen das Vermögen reiner praktischer Vernunft als gegeben an. Ob wir aber davon ausgehen können, dass wir tatsächlich das Vermögen reiner praktischer Vernunft besitzen, wird noch zu klären sein. (Dies ist die Aufgabe des dritten Teils der *Grundlegung*.) Wegen der Gegenüberstellung der zwei Typen von Willen steht in Kants Ausführungen das *Gesetz* reiner praktischer Vernunft im Vordergrund und leitet seine Erklärung von Sollensansprüchen. Wir werden aber sehen, dass Kant zwischen bedingter und unbe-

[7] Zu Kants Verständnis von »Formel« siehe vor allem *KpV* $9_{32\text{-}35}$ u. $10_{24\text{-}32}$ = V, $8_{28\text{-}37}$; siehe aber z. B. auch *KrV* B 192 f. / A 151–153.

dingter praktischer Notwendigkeit und sich davon herleitenden bedingten und unbedingten Sollensansprüchen unterscheidet. Entsprechend gebraucht er hier im Zusammenhang der allgemeinen Erklärung von Sollensansprüchen oder Imperativen *Gesetz* und *Gebot* in einem weiteren Sinne, der praktische Notwendigkeit und Nötigung insgesamt umfasst. Im engeren Sinne wird Kant *Gesetz* nur für »unbedingte praktische Notwendigkeit« und *Gebot* für die der unbedingten praktischen Notwendigkeit korrespondierenden »unbedingten Sollensansprüche« (kategorische Imperative, Pflicht) gebrauchen.

$35_{21\text{-}35}$ | $413_{12\text{-}25}$ Der für Imperative charakteristische Sollensanspruch weist immer auf Adressaten hin, deren Wille nicht selbstverständlich gut ist, die also möglicherweise nicht das tun, was zu tun notwendig und gut wäre. *Praktische Notwendigkeit* und *Gutheit* sind etwas Objektives, etwas, das für jede handlungsfähige Person schlechthin oder, im Falle der (von Kant noch nicht erwähnten) bedingten praktischen Notwendigkeit, insofern gilt, als für sie bestimmte Voraussetzungen zutreffen. Kant unterscheidet das praktisch Gute ausdrücklich vom *Angenehmen*. Dieses versteht er im Sinne subjektiver Lustempfindungen. Hier kann es große Unterschiede zwischen den handelnden Personen geben. Die eine mag Heringssalat köstlich finden, während einem anderen schon der bloße Gedanke an Heringssalat Übelkeit verursachen kann. Wie es sich im Einzelnen verhält, kann nur die Erfahrung lehren. Allerdings lässt sich fragen, ob Kant die Unterschiede, die hier mit Blick auf uns Menschen bestehen, nicht aufs Ganze gesehen übertreibt. In anderen Bereichen, in denen Grundbedürfnisse tangiert sind, bestehen größere Gemeinsamkeiten in dem, was wir als angenehm und vor allem als unangenehm empfinden, was uns Lust und Unlust bereitet. Kant will objektive, vernunftbasierte Wertungen streng von subjektiven Wertungen unterscheiden, die auf unsere sinnlichen Empfindungen zurückgehen, und das Wertungsprädikat *gut* allein im Sinne von *praktisch gut* (praktisch notwendig) verstehen und allein für objektive Wertungen reservieren. Die Kriterien unbedingter praktischer Notwendigkeit (moralischer Gutheit) sind Kant zufolge allein der praktischen Vernunft selbst zu entnehmen.

35_{36} u. $36_{20\text{-}36}$ | $413_{26\text{-}38}$ u. $414_{34\text{-}36}$ (ANMERKUNG) Bei einem für Empfindungen empfänglichen Begehrungsvermögen sind die aus der Bedürfnisnatur entspringenden Neigungen unvermeidliche Einflussgrößen. Das heißt nicht, dass das Begehrungsvermögen durch Neigungen determiniert wird. Vielmehr kann und muss es sich zu seinen Neigungen verhalten. Es ist zugleich als Wille zu verstehen, der aus Gründen oder Prinzipien handelt, also auch von der Vernunft abhängig ist. Da ein solcher Wille aus ganz unterschiedlichen Gründen handeln kann, handelt er nicht notwendig vernünftig. In sein Handeln sind, im Unterschied zu einem rein vernünftigen Willen, unvermeidlich *Interessen* involviert. Interessen zeigen stets ein Zusammenspiel von Vernunft und Sinnlichkeit an. Dabei kann die Vernunft aber zwei gänzlich verschiedene Rollen spielen.

Interessen können einerseits potenzielle, auf unsere Neigungen zurückgehende Handlungsgründe sein. Vorstellungen von außerhalb unserer Vernunft liegenden Gegenständen (beispielsweise von einem Stück Kuchen, einer geräumigeren Wohnung, einem neuen Haarschnitt oder einem mit allen Raffinessen versehenen Notebook) affizieren uns in unseren Neigungen und wecken unser Interesse. Die Vernunft kann nun unsere diesbezüglichen möglichen Handlungsgründe ordnen, entsprechende Handlungsentscheidungen vermitteln und Wege weisen, wie sich die gewählten Handlungsziele realisieren lassen (sie gibt dann »nur die praktischen Regeln« an, »wie dem Bedürfnisse der Neigung abgeholfen werde«). In solchen Fällen handeln wir »aus Interesse«. Da die entsprechenden Interessen auf sinnlichen Einflüssen basieren, von denen wir affiziert werden (griechisch: pathos – u.a. Gemütsbewegung, Affekt) bezeichnet Kant sie als patho-logische Interessen, also als Interessen, in denen sich Pathos und Logos, sinnliches Affiziertsein und praktische Vernunft, eigentümlich verbinden.

Eine ganz andere, originäre Rolle kommt dagegen der Vernunft zu, wenn sie aus sich heraus Handlungen als notwendig vorschreibt und sich die genuin vernünftigen Handlungsgründe in unsere sinnliche Antriebsstruktur hinein übersetzen. Falls wir uns von diesen Gründen in unserem Handeln leiten lassen, dann nehmen wir ein *praktisches Interesse* an der Handlung.

Die Pflicht hat also Handlungen zum Gegenstand, die aus genuin vernünftigen Gründen notwendig sind. Im Unterschied dazu haben wir unser Wohlergehen im Blick, wenn wir aus Neigung bestimmte Gegenstände zu erreichen oder zu realisieren versuchen.

36_{1-12} | 414_{1-11} Kant stellt noch einmal den Unterschied zwischen einem vollkommen guten (göttlichen oder heiligen) und nicht selbstverständlich guten Willen heraus. In der Idee eines vollkommen guten Willens lässt sich nicht zwischen der reinen praktischen Vernunft und dem Willen differenzieren. Entsprechend will ein solcher Wille selbstverständlich das, was zu wollen notwendig ist. Das Gesetz stellt deshalb nicht einen (unbedingten) Sollensanspruch an den Willen dar, sondern *ist* dessen selbstverständliche Form. Ein unvollkommener Wille, wie wir Menschen ihn haben, folgt nicht selbstverständlich den »objektiven Gesetzen« praktischer Vernunft. Entsprechend konfrontieren diese Gesetze uns in unserem Willen als Imperative, die diese Gesetze als Sollensansprüche an unser Handeln formulieren.

Ein vollkommen guter (göttlicher oder heiliger) Wille ist eine *Idee*, also etwas, das wir uns denken. Zumindest an dieser Stelle muss aber offenbleiben, ob wir uns dabei etwas Reales denken (ob es einen vollkommen guten Willen wirklich gibt). Dem verleiht Kant in dem den Absatz einleitenden Satz durch »würde« (»würde unter objektiven Gesetzen [des Guten] stehen«) und »vorgestellt werden können« Ausdruck.

36_{13-19} | 414_{12-17} Kant stellt an den Beginn seiner Theorie praktischer Normen (»Imperative«) die Unterscheidung zwischen den zwei grundlegenden Arten von praktischen Normen, nämlich solchen, die *bedingte* (»hypothetische«), und solchen, die *unbedingte* (»kategorische«) Sollensansprüche formulieren.

Im ersten Fall geht es um Sollensansprüche, die unter der Voraussetzung gelten, dass oder falls ich ein bestimmtes Handlungsziel erreichen will. Ich will beispielsweise die für mich wichtige Prüfung bestehen. Nehmen wir an, das Mittel, dies zu erreichen, besteht darin, über Wochen konsequent ein tägliches Lernpensum zu absolvieren. Dann erwächst mir aus meinem Ziel die (durch das Ziel bedingte) praktische Notwendigkeit, das Mittel anzuwenden, also bis zur Prüfung konsequent zu lernen. Da ich aber nicht selbstverständlich tue, was für mich zu tun notwendig ist, tritt mir die bedingte praktische Notwendigkeit als ein bedingter Sollensanspruch (als bedingter, »hypothetischer« Imperativ) gegenüber.

Im zweiten Fall besteht die praktische Notwendigkeit nicht bedingt, in Anhängigkeit von bestimmten vorausgesetzten Zielen, sondern für sich genommen, unbedingt. Diesmal tritt sie mir als unbedingter Sollensanspruch (als unbedingter, »kategorischer« Imperativ) gegenüber. Auch hier zeigt Kant an, dass ein kategorischer Imperativ zunächst einmal eine Idee darstellt, deren Realität noch nicht als gesichert gelten kann (»Der kategorische Imperativ *würde* der sein, welcher ...«).

$37_{1\text{-}9}$ | $414_{18\text{-}25}$ Kant gebraucht *gut* und *praktisch notwendig* als Wechselbegriffe, was (zu tun) gut ist, ist notwendig zu tun oder praktisch notwendig, was notwendig zu tun oder praktisch notwendig ist, ist (zu tun) gut. Der bedingten praktischen Notwendigkeit entspricht daher bedingte Gutheit. Was zu tun notwendig ist, um ein Ziel zu erreichen, ist als Mittel *gut für* die Erreichung des Ziels. Was demgegenüber unabhängig von irgendwelchen Voraussetzungen zu tun notwendig ist, ist *an sich* oder *unbedingt* gut. Jenes ist der Gegenstand eines hypothetischen, dieses der Gegenstand eines kategorischen Imperativs.

Kant bringt die Gutheit der Handlung mit der Gutheit des Willens direkt zusammen. Ein bedingt guter (»in irgend einer Art gute[r]«) Wille ist ein Wille, der bedingt gut handelt und entsprechend das tut, was bedingt gut ist. Ein unbedingt guter (»der Vernunft gemäßer«) Wille tut das, was unbedingt gut ist.

$37_{10\text{-}16}$ | $414_{26\text{-}31}$ Kant wertet seine vorausgegangenen Ausführungen aus und nimmt dabei ausdrücklich die Perspektive der ersten Person ein: Die praktische Norm (»Imperativ«) hat einen informativen Gehalt, der als Sollensanspruch formuliert ist. Sie sagt, dass eine bestimmte Handlung, die ich ausführen kann, für mich zu tun praktisch notwendig oder gut ist. Dafür, dass diese praktische Notwendigkeit mir als Sollensanspruch gegenübertritt, führt Kant an dieser Stelle zwei Gründe an. Zum einen kann es sein, dass ich um den Gehalt der Norm (um das, was zu tun ist) nicht weiß. Dies kann nicht zuletzt bei bedingten Normen (»hypothetischen Imperativen«) der Fall sein. Man denke nur an Gebrauchsanweisungen, etwa wie Küchenmöbel zusammenzubauen und einzubauen oder ein neues Betriebssystem zu installieren ist. Und weil ich nicht selbstverständlich vernünftig handele, kann es zum anderen sein, dass ich subjektiv nicht tun will, was objektiv für mich zu tun notwendig ist, dass ein Widerspruch zwischen meinen Maximen und den »objektiven Prinzipien einer praktischen Vernunft« besteht.

Kant beginnt seine Erklärung aus der Perspektive der ersten Person (»ich«) und wechselt dann zu »das Subjekt« des Willens oder des Handelns. Dadurch wird klar, dass die Perspektive und die praktischen Urteile eines jeden handlungsfähigen Subjekts involviert sind. – Es fällt auf, dass Kant von den »objektiven Prinzipien *einer* praktischen Vernunft« spricht, obwohl man eher »*der* praktischen Vernunft« erwarten würde. Eine Erklärung könnte sein, dass Kant hier im Blick auf hypothetische Imperative und die Vielzahl möglicher Handlungsziele speziell die Perspektive der jeweiligen handelnden Subjekte betont. Diese müssen jeweils bestimmen, was sie tun sollen, um ihre Ziele zu erreichen.

$37_{17\text{-}23}$ | 414_{32}-415_{5} Es gibt zwei Arten von *bedingten Handlungsnormen* (»hypothetischen Imperativen«), solche, die von *möglichen* Handlungszielen, und solche, die von *wirklichen* Handlungszielen abhängen. Insofern ein Handelnder ein Handlungsziel Z erreichen will, entsteht für ihn daraus die Notwendigkeit, eine bestimmte Handlung H (oder eine Reihe von Handlungen $H_1, H_2, \ldots H_n$) auszuführen, die ein notwendiges Mittel ist (sind), um Z zu erreichen.

Im ersten Fall ist es bloß möglich, dass ein Handelnder ein bestimmtes *Z* hat und erreichen will, und entsprechend gilt nur möglicherweise, dass er *H* tun soll. Die bedingte Norm, der hypothetische Imperativ, ist dann ein *mögliches* oder, in der Terminologie Kants, »*problematisch*«-praktisches Prinzip. Es lässt sich in dem praktischen Urteil ausdrücken: »Falls ich *Z* erreichen will, dann soll ich insofern *H* tun.« Der Urteilende (das Subjekt des Urteils) muss aber nicht der Handelnde sein. Im Falle bloß möglicher bedingter Normen ist es vielleicht sogar natürlicher, sie als adressierte Urteile zu verstehen: »Falls Du *Z* erreichen willst, dann sollst Du insofern *H* tun.« Die Urteilenden müssen dann aber die Perspektive des Handelnden einnehmen, den sie in dem Urteil adressieren.

Im zweiten Fall verhält es sich so, dass ein Handelnder ein bestimmtes *Z* tatsächlich hat und erreichen will, und entsprechend ist es wirklich so, dass er insofern *H* tun soll. Die bedingte Norm, der hypothetische Imperativ, ist dann ein wirkliches, einen Sollensanspruch als tatsächlich bestehend behauptendes oder, in der Terminologie Kants, »assertorisch«-praktisches Prinzip. Wieder findet es seinen Ausdruck in Urteilen wie: »Weil ich *Z* erreichen will, soll ich insofern *H* tun.« »Weil Du *Z* erreichen willst, sollst Du insofern *H* tun.«

Von den beiden Arten bedingter Handlungsnormen oder hypothetischer Imperative sind *unbedingte Handlungsnormen* (»kategorische Imperative«) zu unterscheiden. Diese sind nicht von vorausgesetzten Absichten oder Zielen, die ein Handelnder realisieren wollen könnte oder tatsächlich realisieren will, abhängig, sondern schreiben Handlungen als objektiv oder unbedingt notwendig (»apodiktisch«) vor. Eine unbedingte Handlungsnorm oder ein kategorischer Imperativ gilt deshalb als ein »*apodiktisch*«-praktisches Prinzip. Wir werden später sehen, dass der Ausschluss von *vorausgesetzten* Zwecken nicht bedeutet, dass in unbedingten Handlungsnormen Ziele oder Zwecke keine Rolle spielen. Doch handelt es sich dabei um unbedingt notwendige Zwecke, die nicht als allererst zu realisieren, sondern als existierend zu denken sind.

Die Begriffe *problematisch*, *assertorisch* und *apodiktisch* entstammen der Urteilslehre und betreffen die Modalität von Urteilen. In Bezug auf theoretische, Sachverhalte betreffende Urteile hat Kant in der *Kritik der reinen Vernunft* (mit Blick auf den jeweils Urteilenden) ausgeführt: »*Problematische* Urteile sind solche, wo man das Bejahen oder Verneinen als bloß *möglich* (beliebig) annimmt. *Assertorische*, da es als *wirklich* (wahr) betrachtet wird. *Apodiktische*, in denen man es als *notwendig* ansieht.« (*KrV* B 100 / A 74 f.)

37_{24} – 38_{15} | 415_{6-27} Was die erste Art bedingter Normen anbelangt, welche mögliche Sollensansprüche in Abhängigkeit von möglichen Zwecken formulieren, so gibt es unzählig viele solcher Normen. Was auch immer sich als Ziel realisieren lässt, kann die Grundlage für mögliche Normen sein, die den Gebrauch der Mittel vorschreiben, die geeignet sind, die jeweiligen Ziele zu erreichen. (Kant sagt, dass es Aufgabe der anwendungsbezogenen Teile von Wissenschaften ist zu erfassen und zu lehren, mit welchen Mitteln sich bestimmte Ziele erreichen lassen.) Kant bezeichnet diese (erste) Art bedingter Normen deshalb als »Imperative der *Geschicklichkeit*« (in der Anwendung der geeigneten Mittel). Es ist auffällig, dass für Kant hier der Gehalt der Normen im Vordergrund steht. Es geht nicht um eine Beurteilung der Ziele, sondern um die Frage, welches Mittel geeignet ist, ein Ziel (sei es nun die Heilung oder die Tötung eines Menschen) sicher zu erreichen. Eltern wollen ihre Kinder geschickt machen, die Ziele zu erreichen, die sie in Zukunft vielleicht einmal haben mögen. Deshalb sehen sie darauf, dass ihren Kindern, gewissermaßen auf Vorrat, die vielfältigsten Kenntnisse vermittelt werden. Dabei werde vernachlässigt, sie beurteilen zu lehren, welche Ziele es wirklich wert sind, verfolgt zu werden, und welche nicht. Durch diese Betonung der Gehaltsseite der Imperative der Geschicklichkeit gerät aber etwas aus dem Blick, dass die Imperative oder Normen letztlich praktische und nicht theoretische Urteile sind. Herauszufinden, wie sich ein Ziel erreichen lässt, und die dazu geeigneten Mittel zu bestimmen, ist eine theoretische Aufgabe und involviert theoretische Urteile.

Die praktische Seite der Norm besteht aber in der Aufforderung, das geeignete Mittel anwenden zu *wollen*, sofern man ein Ziel erreichen will.

38_{16}–39_{4} | 415_{28}–416_{6} Von den vielfältigen Zielsetzungen, die man haben oder auch nicht haben mag, unterscheidet sich das Ziel des *eigenen Wohlergehens* oder der *eigenen Glückseligkeit*, das vernunftbegabte Sinnenwesen zwangsläufig »nach einer Naturnotwendigkeit« tatsächlich haben. (Deshalb bezeichnet Kant, wie oben bereits herausgestellt, das Ziel eigener Glückseligkeit auch als »natürlichen Zweck«). Dass wir Menschen glücklich werden wollen, gehört zu unserem Wesen und kann deshalb »von vornherein« (»a priori«) vorausgesetzt werden. Entsprechend erwächst uns aus diesem Ziel die praktische Notwendigkeit, klug zu handeln, also so zu handeln, dass wir das Ziel unseres eigenen Wohlergehens möglichst gut erreichen bzw. verwirklichen. Die Imperative oder Vorschriften der Klugheit stellen die zweite Art bedingter Handlungsnormen oder hypothetischer Imperative dar. Sie haben, da sie von einem tatsächlichen Zweck abhängen, einen *assertorischen* Charakter. Da aber auch sie von einem vorausgesetzten Zweck abhängen, haben die Normen oder Imperative gleichwohl einen bedingten oder hypothetischen Charakter: Sie gelten (nur) unter Bedingung und in Bezug auf den vorausgesetzten Zweck.

38_{30-32} u. 39_{28-33} | 416_{30-37} (ANMERKUNG) Die grundlegende Bedeutung von Klugheit ist ein Handeln im wohlverstandenen Eigeninteresse, das folglich so gewählt wird, dass es zum eigenen, langfristigen Wohlergehen beiträgt und dieses erhält. Dies bezeichnet Kant als »Privatklugheit«, von der er die »Weltklugheit« als das Geschick unterscheidet, andere Menschen für seine Zwecke zu gebrauchen. Da die Weltklugheit ein Fall der Privatklugheit ist (denn der Gebrauch anderer Menschen für eigene Zwecke dient der Beförderung des eigenen Wohlergehens), lässt sich dieser der eigentliche Sinn von Klugheit entnehmen und ist es gerechtfertigt, die zweite Art der hypothetischen Imperative als Imperative oder Vorschriften der Klugheit zu bezeichnen.

39_{5-13} | 416_{7-14} Während hypothetische Imperative bestimmte Handlungen gebieten, weil und insofern sie geeignete Mittel sind, um bestimmte vorausgesetzte Zwecke zu erreichen, gebieten unbedingte Handlungsnormen oder kategorische Imperative Handlungen als »unmittelbar«, nicht durch eine Voraussetzung vermittelt, notwendig. Handlungen sind aufgrund einer der Vernunft selbst entstammenden Willensbestimmung zu tun. Sie sind daher nicht wie in hypothetischen Imperativen als inhaltlich je unterschiedliche Mittel vorzuschreiben, mit denen sich vorausgesetzte Ziele erreichen lassen. Statt einer solchen variablen »Materie der Handlung« fordert der kategorische Imperativ eine bestimmte notwendige Form der Handlungen und der sie leitenden Willensbestimmung. An die Stelle der relativen oder bedingten Gutheit der Handlungen hat die wesentliche Gutheit der Willensbestimmung zu treten, die unabhängig vom Handlungserfolg ist. Ein kategorischer Imperativ kann deshalb als *moralische Norm* oder *Imperativ der Sittlichkeit* bezeichnet werden.

39_{14}–40_{5} | 416_{15}–417_{2} Die Imperative unterscheiden sich nach der Art der Sollensansprüche oder, wie Kant es ausdrückt, durch Unterschiede darin, wie der Wille jeweils genötigt wird. Diese Unterschiede lassen sich nach Kant dadurch anzeigen, dass man die erste Art hypothetischer Imperative als »*Regeln* der Geschicklichkeit«, die zweite Art als »*Ratschläge* der Klugheit« und die kategorischen Imperative als »*Gebote* (Gesetze) der Sittlichkeit« bezeichnet. Kant hält nur die beiden letzten Benennungen für erläuterungsbedürftig. Im Unterschied zu seinen früheren Ausführungen fasst er nun den Gesetzesbegriff enger und strenger. *Gesetze* besagen eine unbedingte praktische Notwendigkeit, die objektiv und allgemein für alle vernünftigen handlungsfähigen Wesen gilt. Sie werden für handlungsfähige Wesen, die wie wir Menschen nicht selbstverständlich vernünftig handeln, zu *Geboten*. In Geboten übersetzt sich also die unbedingte praktische Notwendigkeit von Gesetzen in eine unbedingte Nötigung. *Ratschläge* beziehen sich demgegenüber auf einzelne Handelnde. Die Erklärung, die Kant an dieser Stelle gibt (eine sehr viel ausführlichere Erklärung gibt er im übernächsten Absatz), ist, dass wir Menschen zwar alle glücklich werden wollen, aber das, was für uns zum Glück gehört, je unterschiedlich bestimmen. Schon von diesen kontingenten Ausgangspunkten her unterscheiden sich die in Ratschlägen ausgedrückten Aufforderungen an das Handeln von der absoluten Notwendigkeit des sich in einem kategorischen Imperativ aussprechenden Sollens. Andere, mehr den unterschiedlichen *Gehalt* der Imperative in den Vordergrund stellende Bezeichnungen bietet die Unterscheidung zwischen *technischen*, *pragmatischen* und *moralischen* Imperativen oder Normen. Wie Kant in einer Anmerkung darlegt ($40_{28\text{-}34}$ | $416_{30\text{-}37}$) hält er *pragmatisch* für eine sehr geeignete Bezeichnung, um auszudrücken, dass es in einem pragmatischen Imperativ um die Beförderung des Wohlergehens eines Handelnden geht.

$40_{6\text{-}10}$ | $417_{3\text{-}6}$ Nach der Einteilung, Charakterisierung und Benennung der Arten von Handlungsnormen oder Imperativen (zwei Arten bedingter Handlungsnormen, eine Art unbedingter Handlungsnormen) wirft Kant die Frage auf: »wie sind alle diese Imperative möglich?« Diese Frage führt nun in die Tiefe der Theorie der Handlungsnormen. In dieser Frage geht es nämlich darum, woher (wenn überhaupt) diese Imperative ihre für einen Handelnden nötigende Kraft beziehen. Steht ein Handelnder tatsächlich unter dem Anspruch, den die Imperative formulieren? In der Frage nach der Möglichkeit der Imperative geht es also um die Frage, ob und inwiefern die in bestimmten Arten von Handlungsnormen sich ausdrückenden Sollensansprüche für einen Handelnden *Realität* besitzen. Es geht, wie Kant klarstellt, nicht darum, wie bestimmte Handlungen, die eine Norm vorschreibt, zu vollziehen sind, sondern darum, ob und inwiefern die Norm den Willen des Handelnden zu nötigen vermag.

Diese Unterscheidung ist aus zwei Gründen wichtig. Zum einen ist die Frage, wie etwas handelnd zu bewerkstelligen ist, letztlich eine theoretische Frage (eine Frage nach den angemessenen Mitteln), während die Frage, ob und warum ich etwas handelnd bewerkstelligen *soll*, eine praktische Frage ist. Zum anderen können die gleichen Handlungen aus unterschiedlichen Gründen ausgeführt werden. Wir können, wie Kant im ersten Teil der *Grundlegung* gezeigt hat, die Unterscheidung treffen, ob eine pflichtgemäße Handlung (beispielsweise, sein Wohlergehen nicht einfach zu gefährden) aus Neigung oder aus Pflicht ausgeführt wird. Sein Wohlergehen nicht zu gefährden, kann, wie wir jetzt vor dem Hintergrund von Kants Unterscheidung von Handlungsnormen sagen können, Gegenstand eines pragmatischen Imperativs und Gegenstand eines moralischen Imperativs sein. Die Frage ist, ob und ggf. warum solche Imperative unseren Willen überhaupt nötigen können.

40_{10} - 41_4 | $417_{7\text{-}26}$ Kant geht nun im Weiteren unter der Frage nach ihrer Möglichkeit bzw. Realität die von ihm unterschiedenen Arten von Imperativen der Reihe nach durch. Er beginnt mit *Imperativen der Geschicklichkeit* bzw. *technischen Imperativen*. Dass und warum es technische Imperative gibt, versteht sich Kant zufolge eigentlich von selbst. Sie erwachsen aus dem, was jemand will, der ein Ziel *Z* tatsächlich erreichen will. Als Beispiel will ich hier das Ziel abzunehmen betrachten. Wenn ich ein *Z* tatsächlich erreichen will (also mir nicht nur wünsche, *Z* zu erreichen, oder nicht einfach nur vage vorhabe, in Zukunft *Z* einmal in Angriff zu nehmen), dann muss ich bereit sein, das notwendige Mittel *M* anzuwenden, mit dem ich *Z* erreichen kann. Andernfalls will ich *Z* nicht wirklich erreichen. (Nehmen wir an, das für die Realisierung des Ziels abzunehmen notwendige Mittel besteht für mich darin, ersatzlos auf Kuchen, Kekse und Schokolade zu verzichten.) Das Wollen der Anwendung von *M* gehört also zum Wollen des Erreichens von *Z*. Mein Wollen von Z macht es für mich praktisch notwendig, *M* anwenden zu wollen. Und hätte die Vernunft entscheidenden Einfluss auf mein Handeln, dann würde ich selbstverständlich *M* anwenden wollen und anwenden, *wenn* und *solange* ich *Z* erreichen will. Tatsächlich will ich aber nicht selbstverständlich das, was aufgrund meines Wollens von *Z* für mich zu wollen praktisch notwendig ist. (Ich verspüre immer wieder die starke Neigung, Kuchen, Kekse und Schokolade zu essen.) Deshalb tritt die praktische Notwendigkeit, *M* anwenden zu wollen, mir als Anspruch gegenüber, wird zu einem (technischen) Sollensanspruch (wird zum Anspruch, ein *M* anzuwenden, insofern ich ein *Z* habe, zu dessen Erreichung das Anwenden von *M* notwendig ist).

Kant bezeichnet »Wer den Zweck will, will (sofern die Vernunft auf seine Handlungen entscheidenden Einfluß hat) auch das dazu unentbehrlich notwendige Mittel, das in seiner Gewalt ist« (was das Wollen, nicht was die Bestimmung der Mittel anbelangt) als *analytischen Satz. Satz* meint im Verständnis Kants ein *Urteil*, in diesem Fall ein *praktisches Urteil.* Die Unterscheidung zwischen analytischen und synthetischen Urteilen entstammt der *Kritik der reinen Vernunft.* Kant hat dort die Unterscheidung als Unterscheidung zwischen Erläuterungs- und Erweiterungsurteilen expliziert. Es fällt uns heutigen Interpreten offensichtlich schwer, die Unterscheidung im Sinne Kants zu verstehen, weil wir Sätze heute nicht als Urteile, sondern als syntaktisch wohlgeformte semantische Gebilde behandeln. Als Modellbeispiel für ein Erläuterungsurteil gilt uns heute ein Satz wie »Alle Junggesellen sind unverheiratet«. Junggeselle bedeutet, so wird erklärt, unverheirateter Mann. Deshalb mache der Satz nur explizit, was Junggeselle semantisch bedeutet, und erläutere, was Junggesellen sind. Kant dagegen versteht Sätze als *Urteile*, d.h. als mentale Tätigkeiten eines denkenden oder entscheidenden Subjekts. In einem analytischen Urteil (Kants eigenes Modellurteil ist »Alle Körper sind ausgedehnt«) subsumiere ich als Urteilender den Subjektbegriff »Körper« aufgrund eines im Subjektbegriff zumindest schon irgendwie mitgedachten Merkmals (Ausdehnung) unter das entsprechende Merkmal, das ich im Prädikatbegriff denke. Dagegen ist für Kant das Urteil »Alle Körper sind schwer« ein synthetisches Urteil, weil ich hier den Subjektbegriff im Prädikatbegriff unter ein Merkmal subsumiere, das ich im Subjektbegriff noch nicht mitgedacht habe. Dies wirft die Frage auf, was mich dazu berechtigt. Und die Antwort lautet hier: Erfahrung. Da Kant aber davon ausgeht, dass es auch synthetische Urteile *a priori* gibt, also Erweiterungsurteile, die nicht auf Erfahrung beruhen, stellt sich hier wiederum und mit einer besonderen Dringlichkeit die Frage, was uns zu diesen Urteilen berechtigt. »Wie sind synthetische Urteile a priori möglich?« ist deshalb die Leitfrage der *Kritik der reinen Vernunft*, die etwas grob gesagt untersucht, ob die metaphysischen Urteile, die wir etwa über Gott, Freiheit und Unsterblichkeit treffen, noch durch die Grundlage berechtigter synthetischer Urteile a priori gedeckt sind (und zu dem Ergebnis kommt, dass sie es nicht sind).

Kant setzt die Unterscheidung zwischen analytischen und synthetischen Urteilen im Weiteren voraus. An dieser Stelle geht es aber zunächst darum, zu erfassen, was Kant unter einem *analytisch-praktischen Satz* oder *Urteil* versteht. Und das ist offensichtlich das Folgende: So wie wir im einfachsten Fall eines analytisch-theoretischen Urteils explizit den Subjektbegriff aufgrund eines im Subjektbegriff zumindest implizit bereits mitgedachten Merkmals unter das Merkmal des Prädikatbegriffs bringen (subsumieren), so macht ein analytisch-praktisches Urteil ein Wollen explizit, das im Wollen eines Zieles immer schon, wenn vielleicht auch erst implizit, mitgewollt ist. Auch wenn die Bestimmung, mit welchem *M* sich ein *Z* erreichen lässt, ein synthetisches Urteil darstellt, so ist das Wollen der Anwendung des *M*, das für die Erreichung des *Z* notwendig ist, in dem Wollen von *Z* zumindest implizit schon mitgewollt.

Kant nimmt, indem er von dem »unentbehrlich notwendige[n] Mittel, das in (…) der Gewalt« des Handelnden ist, spricht, eine Vereinfachung vor, die hilft, sich auf den entscheidenden Punkt des Arguments zu konzentrieren. Die Vereinfachung besteht darin vorauszusetzen, dass es für den Handelnden nur genau ein *M* gibt, mit dem er *Z* erreichen kann. Dies ist oftmals nicht der Fall. Es mag andere Mittel geben, mit denen ich abnehmen kann. Ich kann meine Universität zu Fuß, mit dem Fahrrad, mit der Bahn oder mit dem Auto erreichen. Wenn ich zu einem bestimmten Zeitpunkt an der Universität sein will, dann muss ich mich rechtzeitig für eines dieser Mittel entscheiden. In die Wahl der Mittel kann eine Vielzahl von Gesichtspunkten involviert sein, die Kant hier ausblendet.

Wenn mir klar wird, dass ich, um abzunehmen, ersatzlos auf Kuchen, Kekse und Schokolade verzichten muss, dann kann es sein, dass ich das Ziel abzunehmen aufgebe oder es gar nicht erst in Angriff nehmen will. Es kann auch sein, dass ich dem Sollensanspruch, ersatzlos auf Kuchen, Kekse und Schokolade zu verzichten, immer wieder nicht Folge leiste und deshalb das Ziel aufgebe, weil ich zu der Überzeugung gelange, dass ich es zumindest gegenwärtig nicht realisieren kann. Das ändert aber nichts daran, dass mit dem Wollen eines Zieles der Gebrauch eines Mittels, das notwendig ist, um dieses Ziel zu erreichen, zumindest implizit mitgewollt ist.

Vermutlich lässt sich kein weniger aufregendes Beispiel für einen technischen Imperativ und dafür, dass ein solcher Imperativ, was das Wollen anbelangt, ein analytisch-praktisches Urteil darstellt, finden als das Beispiel, das Kant anführt. In dem Beispiel besteht das Ziel darin, eine gezeichnete Linie in zwei gleiche Hälften zu teilen. Das notwendige Mittel dazu, das in meiner Gewalt ist, besteht darin, an den beiden Enden der Linie mit einem Zirkel jeweils einen Bogen mit gleichem Radius so zu schlagen, dass sich die Bögen zweimal schneiden, und schließlich zu markieren, an welcher Stelle eine die beiden Schnittpunkte der Bögen verbindende Linie meine ursprüngliche Linie schneidet. Wenn ich um dieses Mittel weiß (was Kant zufolge synthetische Urteile involviert), dann will ich dieses mir zur Verfügung stehende Mittel anwenden, wenn ich das Ziel wirklich erreichen will.

Technische Imperative sind also Sollensansprüche, die auf das mögliche Wollen eines handlungsfähigen Subjekts zurückgehen und deshalb letztlich als praktische Urteile aus der Perspektive eines Handelnden in der ersten Person (»ich«) zu verstehen sind. (Man achte darauf, dass Kant sie auch so expliziert.) Wenn der Handelnde ein bestimmtes *Z* tatsächlich erreichen will, dann besteht für ihn die (durch sein Wollen von *Z* bedingte) praktische Notwendigkeit, ein *M* anwenden zu wollen, das notwendig ist, um *Z* zu erreichen. Weil der Handelnde aber nicht selbstverständlich das tut, was für ihn zu tun notwendig ist, tritt ihm die praktische Notwendigkeit als ein Anspruch gegenüber, wird für ihn zum (technischen) Sollen. Der Imperativ hat deshalb als Urteil eines Handelnden die Form: »Ich soll_T *M* anwenden, das ich anwenden kann und das notwendig ist, um *Z* zu erreichen, *wenn* und *solange* ich *Z* erreichen will.«

Der technische Imperativ hat eine theoretische und eine praktische Seite. Er sagt, was ich tun muss, um ein Ziel zu erreichen, und dass ich es tun soll_T, wenn oder weil ich das Ziel habe. Wir hätten den Imperativ (und die Frage nach seiner Möglichkeit) noch nicht ausreichend verstanden, wenn wir seinen Sollensanspruch nur gewissermaßen »informativ« verstehen würden. Wenn ich ein bestimmtes Ziel habe, dann ergibt sich für mich aus meiner Absicht, dieses Ziel zu erreichen, eine nötigende Kraft, die mir vorschreibt oder mich zu veranlassen versucht, das Mittel anzuwenden. Wenn ich mir im Anschluss an meinen Mensabesuch trotz meines Ziels abzunehmen dennoch ein Stück Kuchen in der Cafeteria besorge, dann muss ich mich dabei über den durch mein Wollen des Zieles generierten (technischen) Sollensanspruch hinwegsetzen (was mir leider nicht allzu schwerfällt).

Kants Theorie technischer Imperative, so einfach sie uns auch scheinen mag, beantwortet (nach meinem Dafürhalten sehr überzeugend) die wichtige Frage, wie Sollensansprüche überhaupt in unsere Welt kommen und woher sie ihre nötigende Kraft oder Verbindlichkeit beziehen. Kants Antwort lautet: durch uns, durch unser Wollen von Zielen, aber wir erzeugen sie nicht direkt, sondern sie bauen sich in Abhängigkeit von unserem Wollen gewissermaßen hinter unserem Rücken auf.

41_5–42_{30} | 417_{27}–419_{11} Eigentlich würden *Imperative der Klugheit* genauso funktionieren wie Imperative der Geschicklichkeit (siehe zum Folgenden zunächst $42_{20\text{-}30}$ | $419_{3\text{-}11}$). Der Unterschied bestünde nur darin, dass Imperative der Klugheit von unserem Wollen eines Ziels abhängen, das wir notwendig immer schon haben (glücklich zu sein), während Imperative der Geschicklichkeit vom Wollen von Zielen abhängen, sofern wir diese wählen und solange wir an diesen festhalten. Auch bei Imperativen der Klugheit besteht im Grundsatz deren Struktur darin, dass im Wollen des Ziels das Wollen der Mittel, um dieses Ziel zu erreichen, mitgewollt ist, sie also analytisch-praktische Sätze oder Urteile sind. Das Wollen des Ziels macht es praktisch notwendig, die Mittel anwenden zu wollen. Da wir aber nicht selbstverständlich das tun wollen, was tun zu wollen für uns praktisch notwendig ist, tritt uns die durch das Wollen unseres Ziels bedingte praktische Notwendigkeit als ein (klugheitsbegründeter) Anspruch gegenüber, wird zum Sollen_{K}. Hier wie dort beruht die nötigende Kraft des Imperativs oder der Norm auf dem Wollen des Zieles, von dem der Imperativ (die Norm) abhängt. »Es ist also in Ansehung der Möglichkeit eines solchen Imperativs auch keine Schwierigkeit.« ($42_{28\text{-}30}$ | $419_{10\text{f.}}$)

Mit Blick auf diese, wie ich sagen möchte, grundsätzliche Struktur sind aber ein paar Dinge zu beachten. Bei den Mitteln, um glücklich zu werden, handelt es sich in erster Linie um *übergreifende Zielsetzungen*, von denen wir annehmen, dass sie zu unserem Glück beitragen oder zu diesem gehören, z. B. (um an Kants Beispiele anzuknüpfen, vgl. $41_{23\text{-}32}$ | $418_{11\text{-}19}$) Reichtum, eine Fülle von Erkenntnis und Einsicht, Gesundheit, ein langes Leben. Diese übergreifenden Ziele werden vermutlich über Teilziele zu erreichen sein, die selbst wieder mittels untergeordneter Teilziele und darauf bezogener Mittel realisiert werden müssen. Wer beispielsweise reich werden will, muss vielleicht das Philosophiestudium schleunigst aufgeben und etwa ein Studium der Zahnheilkunde oder eine Ausbildung zum Investmentbanker beginnen. Wer gesund bleiben will, muss vielleicht abnehmen, die Ernährung dauerhaft umstellen und sich mehr bewegen. Klugheitsnormen sind vielfältig und gewissermaßen vernetzt und weisen grundsätzlich Strukturen der Neben- und Unterordnung auf.

Wichtig zu beachten ist auch, dass wir, wie oben schon ausgeführt, das Ziel des eigenen Glücks immer schon haben. Auch wenn Kant das hier nicht ausdrücklich sagt, setzt er dies klar voraus. Die Imperative der Klugheit beziehen sich immer auf die *Mittel*, das Ziel des eigenen Glücks zu erreichen (vgl. z. B.

$41_{8\text{-}11}$ | 417_{30}-418_{1}, $42_{20\text{-}23}$ | $419_{3\text{-}5}$). Weil wir das Ziel der eigenen Glückseligkeit immer schon haben, kann keine praktische Notwendigkeit bestehen, es allererst zu wählen. Die Frage, warum wir es wählen sollen, kann gar nicht aufkommen. Dadurch sind bedingte Normen nicht durch einen infiniten Regress belastet, der entstehen würde, wenn wir in einer tatsächlich offenen Weise nach der Bedingung der Bedingung einer bedingten Norm fragen müssten. Bei hypothetischen Imperativen gibt es nur zwei Möglichkeiten: Entweder betrachten wir isoliert die Wahl eines möglichen Ziels und das durch diese Wahl mitgewollte Mittel (technische Imperative) oder wir fragen nach der Begründung für die Wahl eines Zwecks und diese ist (im Rahmen hypothetischer Imperative) letztlich immer das bestehende Ziel eigener Glückseligkeit. Dieses fungiert, wie oben schon gesagt, als eine Art Fluchtpunkt. Es leitet immer schon alles Nachdenken, wie es näher zu fassen oder zu erreichen ist.

Innerhalb der hypothetischen Imperative besteht eine Hierarchie des Sollens: Das klugheitsbegründete Sollen hat im Falle eines Widerspruchs Vorrang vor dem technischen Sollen. Das heißt nicht, dass ich nicht ein notwendiges Mittel, um ein Ziel zu erreichen, anwenden soll_T, wenn ich das Ziel erreichen will. Es heißt vielmehr, dass ich das fragliche Ziel ggf. nicht erreichen wollen soll_K. Unter dem Gesichtspunkt des klugheitsbegründeten Sollens ist das technische Sollen dann *nicht einschlägig.* Es mag richtig sein, dass ich in einer bestimmten Weise vorgehen soll_T, wenn ich eine in meinem Collegeblock gezeichnete Linie nach einem sicheren Prinzip in zwei genau gleiche Teile teilen will. Aber ich soll_K dieses Ziel während eines Seminars in Angewandter Ethik unter den gestrengen Augen eines nachtragenden Dozenten nicht verfolgen wollen.

Im Zusammenhang mit dieser grundsätzlichen Struktur von Imperativen der Klugheit besteht aber das Problem, dass wir nicht wissen und nicht wissen können, wie sich die Vorstellung von einem Maximum eines Zustands dauerhafter Annehmlichkeit in unser konkretes Leben übersetzt: welche übergreifenden Ziele, sowohl als einzelne als auch in ihrem Zusammenspiel, geeignete Mittel sind, uns dauerhaft glücklich zu machen. Dies liegt an drei eng miteinander zusammenhängenden Dingen: Zum einen besteht eine für uns unaufhebbare Diskrepanz oder Kluft zwischen den endlichen und begrenzten Mitteln unserer Erfahrungswelt und der Vorstellung eines Maximums von Erfüllung, die unser Ziel, glücklich zu sein, kennzeichnet (vgl. $41_{15\text{-}20}$ | $418_{4\text{-}9}$). Des Weiteren können wir die Vielzahl der Folgen und des Zusammenspiels von Folgen von Handlungen, die unser Glück bewerkstelligen sollen, nicht überblicken (vgl. $42_{11\text{-}14}$ | $418_{32\text{-}34}$ u. $42_{17\text{-}20}$ | 418_{37}–419_{2}). Schließlich handelt es sich bei unserer Vorstellung von Glück nicht um einen als erfüllt gedachten, klar bestimmten Vernunftbegriff (um ein »Ideal der Vernunft«), sondern um ein unbestimmtes Ideal unserer Einbildungskraft, zu dem unsere Vernunft nur die Vorstellung von einem Maximum beiträgt (vgl. $42_{16\,\text{f.}}$ | $418_{36\,\text{f.}}$)

Wir bräuchten Allwissenheit (42_{2} | $418_{23\,\text{f.}}$), über die wir aber nicht verfügen. Deshalb können wir nicht sicher wissen, dass Ziele, von denen wir erwarten, dass sie zu unserem Glück beitragen, dies auch tatsächlich tun ($41_{23\text{-}34}$ | $418_{11\text{-}21}$). (Dies gilt auch für die Mittel, um die übergreifenden Teilziele zu erreichen. Der eine führt ein ausnehmend gesundes Leben und stirbt früh, während ein anderer sein Leben lang stark raucht und steinalt wird.) Deshalb gibt es keine strenge Notwendigkeitsbeziehung zwischen Ziel und Mittel (siehe, auch zum Folgenden, $42_{3\text{-}11}$ | $418_{24\text{-}32}$). Man kann sich nur an dem orientieren, was sich nach allem, was man weiß, als in der Regel und aufs Ganze gesehen glücksförderlich erwiesen hat, beispielsweise gesund zu leben, fürs Alter vorzusorgen etc. So gesehen sind die Imperative der Klugheit gar nicht im strengen Sinne Imperative oder Normen (»Gebote«, wie Kant wieder in einer weiten Verwendung des Begriffs sagt), sondern Ratschläge oder Anratungen.

Es sei noch bemerkt, dass sich in der Perspektive eines Handelnden die Spannung zwischen der grundsätzlichen Struktur eines Imperativs der Klugheit und des faktischen Fehlens einer strengen Notwendigkeitsbeziehung zwischen Ziel und Mittel mildert. Zwar besteht die Notwendigkeitsbeziehung nicht, und dies ist eine Tatsache, zu der ein Handelnder stets zurückkehren kann. Solange ein Handelnder aber davon ausgeht, dass ein übergreifendes Ziel zu seinem Glück beträgt oder dass er bestimmte Mittel anwenden muss, um das fragliche übergreifende Ziel zu erreichen, macht sein Wollen des Ziels, glücklich zu werden, es für ihn praktisch notwendig, das übergreifende Ziel erreichen und die dazu erforderlichen Mittel anwenden zu wollen. Diese praktischen Notwendigkeiten treten ihm dann als Ansprüche gegenüber, als (klugheitsbegründete) Sollensansprüche.

42_{31} - 43_{21} | $419_{12\text{-}35}$ Die Realität hypothetischer Imperative steht also außer Frage, und es macht keine Schwierigkeit zu zeigen, wie diese Normen zustande kommen und woher sie ihre nötigende Kraft beziehen. Dagegen verhält es sich bei *Imperativen der Sittlichkeit* völlig anders. Denn von diesen wird angenommen, dass sie ein *unbedingtes* Sollen darstellen. In diesem würde den Adressaten des Sollens die *unbedingte* praktische Notwendigkeit, in bestimmter Weise handeln zu wollen, als Anspruch gegenübertreten. Wie aber lässt sich zeigen, dass diese unbedingte praktische Notwendigkeit für Handelnde tatsächlich besteht, wenn sie nicht auf eine für die Adressaten fraglos zutreffende Bedingung zurückgeführt werden kann? Dies ist das Problem der Möglichkeit oder Realität von Imperativen der Sittlichkeit.

Kant stellt zunächst heraus, dass es nicht unter Berufung auf Erfahrung gelöst werden kann, indem man Beispiele dafür anzuführen versucht, dass jemand dem Anspruch unbedingten Sollens Folge leistet. Denn es kann immer sein, dass das vermeintlich moralische Handeln aus verborgenen Klugheitsgründen erfolgt, beispielsweise aus der Furcht vor nachteiligen Folgen oder der Hoffnung auf irgendwelche Vorteile. Die Tatsache, dass wir solche Gründe des Handelns nicht wahrnehmen, heißt nicht, dass sie nicht vorhanden sind. Mittels Erfahrung können wir also nicht ausschließen, dass alles Handeln, das sich vermeintlich von einem moralischen Sollen (Sollen$_M$) leiten lässt, in Wirklichkeit klugheitsbegründeten Sollensansprüchen (Sollen$_K$) folgt.

43_{22}–44_{2} | 419_{36}–420_{11} Dass es *hypothetische* Imperative gibt, lässt sich der Erfahrung entnehmen. Die hinter der Frage nach der Möglichkeit dieser Imperative stehende Aufgabe ist daher nicht, die Realität dieser Imperative allererst zu sichern oder »festzustellen«. Stattdessen gilt es allein die Funktionsweise der Imperative näher zu verstehen oder zu erklären, d.h. herauszustellen, woher die Imperative ihre nötigende Kraft beziehen. Bei einem *kategorischen* Imperativ muss dagegen beides (Realität und Funktionsweise) unabhängig von Erfahrung, also »a priori«, geklärt werden. Kant wird aber zeigen, dass sich schon dem Begriff (der Idee) von einem kategorischen Imperativ einiges hinsichtlich seiner Eigenschaften und Funktionsweise für den Fall entnehmen lässt, dass es ihn tatsächlich gibt. Eine erste Bestimmung ist, dass allein der kategorische Imperativ als ein im strengen Sinne »praktisches *Gesetz*« bezeichnet werden kann, wenn wir uns unter dem Begriff eines Gesetzes eine unbedingte praktische Notwendigkeit zu denken haben. Hypothetische Imperative beruhen dagegen auf einer bedingten praktischen Notwendigkeit und sind abhängig von den kontingenten Zielen, die ein Handelnder hat. Gibt ein Handelnder ein Ziel auf, steht er auch nicht mehr unter dem Anspruch des sich von dem Ziel herleitenden Sollens. Dies gilt auch für Imperative der Klugheit. Zwar hat ein Handelnder immer schon das unbestimmte Ziel, glücklich zu sein. Aber er kann die Bestimmungen ändern, von welchen übergreifenden Zielsetzungen er sich sein Glück erwartet. Dagegen ist (wäre) die sich in einem praktischen Gesetz ausdrückende unbedingte praktische Notwendigkeit für jeden Handelnden völlig unabänderlich.

44_{3-9} | 420_{12-17} Die Schwierigkeit, die Möglichkeit eines kategorischen Imperativs oder praktischen Gesetzes darzutun oder abzusichern, besteht darin, dass es sich hier nicht wie im Falle eines hypothetischen Imperativs um ein analytisch-praktisches Urteil handelt, sondern um ein synthetisch-praktisches Urteil a priori. Im Text betont Kant die hier bestehende Schwierigkeit durch den Vergleich mit synthetisch-theoretischen Urteilen a priori. Deren Möglichkeit darzutun und deren Reichweite zu vermessen, ist, wie die *Kritik der reinen Vernunft* gezeigt hat, ein schwieriges Unterfangen. Und so kann man sich leicht vorstellen, dass es ebenfalls schwierig ist, die Möglichkeit synthetisch-*praktischer* Urteile a priori zu klären.

$44_{23\text{-}30}$ | $420_{29\text{-}35}$ (ANMERKUNG) In der Anmerkung geht Kant näher auf das Problem ein, die Möglichkeit synthetisch-praktischer Urteile aufzuzeigen. Ich als handelndes Subjekt kann im Falle eines synthetisch-praktischen Urteils a priori die Notwendigkeit der Handlung nicht einfach aus einem vorausgesetzten Wollen von etwas (als »mitgewollt«) ableiten. Vielmehr muss ich in dem synthetisch-praktischen Urteil a priori die unbedingte praktische Notwendigkeit der Handlung objektiv mit meinem Willen verbunden sehen, obwohl sie sich aus diesem nicht einfach ergibt. Die Frage ist, wodurch, wenn überhaupt, diese objektive Verbindung geleistet wird, sodass mich dann (subjektiv) die unbedingte praktische Notwendigkeit als unbedingter Sollensanspruch konfrontieren kann. Das Problem kann nicht dadurch vermieden werden, dass ich meinen Willen von vornherein als reine praktische Vernunft verstehe. Dann wäre mein Wollen zwar gesetzesförmig und würde durchgängig in unbedingt notwendigen Willensbestimmungen bestehen, ich würde aber meinem Willen eine Vollkommenheit zuschreiben, die dieser nicht besitzt. (Es deutet sich aber an, woran sich die Möglichkeit synthetisch-praktischer Urteile für uns entscheidet, nämlich an der Frage, ob und inwiefern wir unseren Willen mit dem Vermögen reiner praktischer Vernunft verbunden sehen müssen.)

$44_{10\text{-}16}$ | $420_{18\text{-}23}$ Kant verschiebt die dornige Aufgabe, die Möglichkeit eines kategorischen Imperativs zu sichern, auf den dritten und letzten Teil der *Grundlegung*. Stattdessen will er sich zunächst darauf beschränken zu klären, ob sich durch Analyse des Begriffs eines kategorischen Imperativs, also durch die Explikation dessen, was wir uns denken, wenn wir die Idee unbedingter praktischer Notwendigkeit bzw. unbedingten praktischen Sollens bilden, dessen grundlegender Gehalt (»Formel«) bestimmen lässt. Kant will also untersuchen, ob sich schon allein der Idee unbedingter praktischer Notwendigkeit bzw. unbedingten Sollens das oberste Prinzip der Moral entnehmen lässt, unabhängig von der Frage, ob es sich dabei lediglich um eine bloße Idee handelt oder ob dieses Prinzip für uns wirklich (unbedingt) verbindlich ist. Eine solche Explikation des Gehalts des Moralprinzips kann, wie Kant im Weiteren zu zeigen versucht, tatsächlich geleistet werden.

44_{17}–45_{5} | 420_{24}–421_{5} Denken wir uns einen hypothetischen Imperativ in seiner allgemeinen Form oder Struktur, so stellt er keinen inhaltlich bestimmten Sollensanspruch dar. Dazu bedarf es eines konkreten (möglichen oder wirklichen) Ziels als der Bedingung, die den Sollensanspruch allererst als die Aufforderung generiert, das Ziel durch die Anwendung des oder der geeigneten Mittel zu realisieren. Demgegenüber denken wir uns mit einem kategorischen Imperativ einen *unbedingten* Sollensanspruch, also einen Anspruch, der von keinerlei Bedingungen abhängt und daher auch nicht von subjektiven, nur für konkrete Handelnde zutreffenden Voraussetzungen. Deshalb lässt er sich in allgemeiner Form als inhaltlicher Anspruch an alle möglichen Adressaten dieses Imperativs denken. Denn positiv gewendet müssen wir uns einen unbedingten Sollensanspruch als ein allgemeines und notwendiges Gesetz für den Willen jedes Handlungsfähigen denken. Daher müssen wir uns den Sollensanspruch oder Imperativ als den unbedingten Anspruch an jeden (nicht selbstverständlich vernünftig handelnden) Handlungsfähigen denken, stets so zu handeln, dass die jeweiligen Willensbestimmungen des Handelns (Maximen) mit der Allgemeinheit des Gesetzes für seinen Willen übereinstimmen.

In der Frage nach dem Gehalt des Anspruchs moralischen Sollens messen wir also unsere (möglichen) Handlungsintentionen und die sie leitenden Gründe an der Form des praktischen Gesetzes. Wir denken also *von unseren (möglichen) Willensbestimmungen her* und denken uns das moralische Sollen als einen Anspruch, dem wir in unserem Handeln stets genügen müssen. Umgekehrt nötigt uns nichts, den Anspruch moralischen Sollens so zu verstehen, dass wir unseren Willen in das Vermögen reiner praktischer Vernunft gewissermaßen von vornherein einzugemeinden hätten, wir also ausschließlich unbedingt notwendige Zwecke verfolgen und unbedingt notwendige Handlungen ausführen müssten. Dass wir uns das Prinzip unbedingten Sollens als Anforderung zu denken haben, nur nach Maximen zu handeln, die mit dem praktischen Gesetz *übereinstimmen* oder *kompatibel* sind, hat zwei wichtige Implikationen: Zum einen eröffnet es das weite Feld *moralisch erlaubter* Maximen und Handlungen, also von Maximen und Handlungen, die weder moralisch geboten noch moralisch verboten sind. Zum anderen bringen wir mit unseren (möglichen) Maximen *Inhalte* in das moralische Nachdenken und in die moralische Beurteilung ein, die unserer Lebenswirklichkeit entstammen. Solche Inhalte sind aber streng von unserer Sinnlichkeit oder allgemein unserer spezifisch menschlichen Natur entstammenden *Bestimmungsgründen* unseres Handelns zu unterscheiden, die im moralischen Sollen keinen Platz haben.

$44_{31\text{-}34}$ u. $45_{26\text{-}29}$ | $420_{36f.}$ u. $421_{26\text{-}30}$ (ANMERKUNG) In einer weiteren Anmerkung (für die erste Anmerkung siehe oben $20_{20\text{-}24}$ | $400_{34\text{-}37}$) erläutert Kant durch Gegenüberstellung die Begriffe »Maxime« und »praktisches Gesetz«. In der ersten Anmerkung hat Kant eine Maxime als »das subjektive Prinzip des Wollens« bestimmt, hier bestimmt er sie als »das subjektive Prinzip des Handelns«. Gemeint ist jeweils das Gleiche, nämlich die dem Handeln tatsächlich zugrundeliegende oder dieses Handeln leitende Willensbestimmung. Die Grundstruktur einer Maxime ist, wie oben schon herausgestellt, dass ein Handelnder aus einem bestimmten Grund ein Ziel erreichen will oder eine Handlung ausführen will, um ein Ziel zu erreichen. Diese Verbindung zwischen Grund und Ziel bzw. Grund, Ziel und Handlung ist durch die Vernunft vermittelt, wobei die jeweiligen Regeln der Vernunft, denen ein Handelnder in seinen Maximen tatsächlich folgt, rein instrumenteller Natur sein und von den durch Unwissenheit gekennzeichneten Annahmen und den Neigungen des Handelnden abhängen können.

Für das Verständnis mag es hilfreich sein, sich klar zu machen, dass Maximen zum einen Bedingungen von (hypothetischen) Imperativen sein können. Sie generieren die sich in hypothetischen Imperativen aussprechenden praktischen Notwendigkeiten. Zum anderen können Maximen die Willensbestimmungen sein, mit denen wir auf (hypothetische und, wenn es sie denn wirklich gibt, kategorische) Imperative antworten, also tatsächlich auf den Imperativ reagieren oder uns zu diesem verhalten. Die jeweilige Antwort kann darin bestehen, dass wir dem Imperativ (aus bestimmten Gründen) Folge leisten oder nicht Folge leisten. In jedem Fall stellen Maximen die tatsächlichen Gründe oder Prinzipien dar, in einer bestimmten Weise zu handeln. Demgegenüber besagt das *praktische Gesetz* eine praktische Notwendigkeit, die für jedes vernünftige handlungsfähige Wesen gilt und einem nicht selbstverständlich vernünftig handelnden Wesen als Sollensanspruch, Imperativ, gegenübertritt. Sie fordern eine bestimmte Antwort, aber ein Handelnder kann sich in seiner Maxime oder seinen Maximen dieser Forderung verweigern.

Wir haben gesehen, dass Kant von (praktischen) *Gesetzen* in einem strengen Sinn, als Gesetzen reiner praktischer Vernunft, und in einem weiteren Sinn sprechen kann, der auch die Regeln instrumenteller Vernunft einschließt. Der Kontext (die Explikation des Gehalts eines kategorischen Imperativs und die Rede von »das Gesetz« im Text und in der Anmerkung) legt es nahe, dass Kant in der Anmerkung den strengen und engen Gesetzesbegriff im Sinn hat.

45$_{6\text{-}8}$ | 421$_{6\text{-}8}$ Im Unterschied zur Pluralität hypothetischer Imperative lässt sich also *ein* gehaltvolles Moralprinzip, ein oberster kategorischer Imperativ, denken. Dessen grundlegende Forderung besteht darin, dass die unser Handeln leitende Willensbestimmung stets so beschaffen sein muss, dass wir sie zugleich als ein allgemeines Gesetz wollen können. Diese Forderung setzt gewissermaßen in allgemeiner Form die Idee unbedingten Sollens um, die in der unbedingten praktischen Notwendigkeit besteht, dass die Willensbestimmungen unseres Handelns mit der Allgemeinheit des Gesetzes übereinstimmen, also mit dem, was für jeden vernünftigen Handelnden zu tun unbedingt notwendig ist. Kant hält offensichtlich in der Idee unbedingten Sollens die *Form* des Gesetzes vernünftigen Handelns, also Allgemeinheit und Notwendigkeit, für basal. Entsprechend wählt er als grundlegende Formulierung des kategorischen Imperativs: »*handle nur nach derjenigen Maxime, durch die du zugleich wollen kannst, daß sie ein allgemeines Gesetz werde.*« Wenn wir die Idee unbedingten Sollens denken, dann können wir, wie wir sehen werden, dabei bestimmte Aspekte dieser Idee besonders akzentuieren oder vertiefen. Daher lässt sich die konkrete Hinsicht auf das Prinzip unbedingten Sollens variieren oder, wie Kant es ausdrückt, lässt sich das Prinzip in unterschiedliche *Formeln* fassen.

45_{9-14} | 421_{9-13} Es geht vorerst nur darum, den Gehalt moralischen Sollens auszuweisen, indem wir uns den Begriff unbedingten Sollens denken. Dies ist dann erreicht, wenn das Moralprinzip als Prinzip aller Pflichten gelten kann, aus dem sich entsprechend alle moralischen Normen (»Imperative der Pflicht«) ableiten lassen. »Ableiten« ist aber nicht *semantisch-deduktiv* zu verstehen. Vielmehr gilt es, unsere möglichen Intentionen und Handlungsgründe mit Blick auf den Anspruch des praktischen Gesetzes zu *reflektieren* oder zu *beurteilen*. Von der Frage des Gehalts moralischen Sollens ist die Frage zu unterscheiden, ob dieses für uns tatsächlich Verbindlichkeit besitzt. Auch wenn wir uns in der Idee unbedingten Sollens einen unbeliebigen Gehalt des Prinzips der Moral denken, könnte es sich dabei um eine bloße Idee, also ausschließlich um ein Gedankending oder um einen in seiner Relevanz für unser Handeln leeren Begriff handeln.

45_{15-21} | 421_{14-20} Die Form des praktischen Gesetzes (Allgemeinheit und Notwendigkeit; Kant hebt hier die Allgemeinheit hervor) wird gewissermaßen durch die Form der *Natur* als dem durchgängigen streng gesetzmäßigen (Ursache-Wirkungs-)Zusammenhang der Gegenstände der Erfahrung bzw. durch die Form eines Naturgesetzes symbolisiert. In dieser uns vertrauten

Form haben wir also ein Muster der Form des praktischen Gesetzes. Es kann uns deshalb helfen und anleiten, zu beurteilen, ob Maximen mit dem praktischen Gesetz übereinstimmen oder nicht. Dazu lässt sich der kategorische Imperativ in der folgenden Weise formulieren: »*handle so, als ob die Maxime deiner Handlung durch deinen Willen zum* allgemeinen Naturgesetze *werden sollte.*«

Ich lese Kants Ausführungen hier im Lichte des Unterkapitels »Von der Typik der reinen praktischen Urteilskraft« der *Kritik der praktischen Vernunft* (91_{31}–97_{11} | V, 67_{24}–71_{25}). In diesem stellt Kant heraus, dass ein Naturgesetz als »*Typus*«, also Muster, »des Sittengesetzes« bezeichnet werden kann (*KpV* $94_{9\text{-}12}$ | V, $69_{17\text{-}19}$) und dass die Orientierung an diesem Muster die moralische Beurteilung unterstützt. Kants Ausführungen im Lichte dieses Unterkapitels zu lesen, liegt auch deshalb nahe, als sich Teile davon (*KpV* 94_{13}–95_{9} | V, 69_{20}–70_{9}) wie ein Kommentar Kants zu seiner nun (in der *Grundlegung*) folgenden Darlegung von Pflichten bzw. möglichen Pflichtverletzungen lesen lässt, die er anhand der »Naturgesetzformel« des kategorischen Imperativs vornimmt.

Das Unterkapitel der *Kritik der praktischen Vernunft* ist aber voraussetzungsreicher als unser Textabschnitt in der *Grundlegung*, weil Kant in der *Kritik der praktischen Vernunft* immer wieder auf die Ausführungen und Ergebnisse in der *Kritik der reinen Vernunft* Bezug nimmt und mit diesen vergleicht. So behandelt er den *Typus* des Sittengesetzes in Analogie zu den Schemata der reinen Verstandesbegriffe, bei denen es, grob gesagt, darum geht, wie wir in unseren Urteilen die reinen Verstandesbegriffe auf Erscheinungen anwenden können. Dies muss uns hier aber nicht weiter kümmern.

$45_{22\text{-}25}$ | $421_{21\text{-}23}$ Kant will im Folgenden anhand der Naturgesetzformel verdeutlichen, dass der kategorische Imperativ dazu tauglich ist, konkrete Pflichten abzuleiten. Dazu folgt er der, wie er sagt, üblichen Einteilung der Pflichten nach dem möglichen Bezug und der Weise der Pflichten. Ein Handelnder kann Pflichten sich selbst und anderen gegenüber haben, und die Pflichten können negative Pflichten sein, d.h. Pflichten, bestimmte Handlungen zu unterlassen (Verbote), oder sie können positive Pflichten sein, d.h. Pflichten, bestimmte Handlungen auszuführen (Gebote).

PFLICHTEN	gegen sich selbst	gegen andere
vollkommene	Beispiel: Verbot, sich aus Selbstliebe zu töten	Beispiel: Verbot, lügenhafte Versprechen zu machen
unvollkommene	Beispiel: Gebot, die eigenen Talente zu entwickeln	Beispiel: Gebot, Bedürftigen zu helfen

Negative Pflichten bezeichnet Kant als vollkommene Pflichten, aber auch als strenge, enge, unnachlassliche Pflichten (siehe 49_3 | $424_{10\,f.}$). Sie geben genau an, was man nicht tun darf, und lassen sich, dadurch dass man die verbotene Handlung unterlässt, vollkommen erfüllen. Positive Pflichten bezeichnet Kant als unvollkommene, aber auch als weite(re), verdienstliche Pflichten (siehe 49_4 | 424_{11}). Sie bestehen in bestimmten Aufgaben, derer man sich annehmen muss, derer man sich aber in unterschiedlichem Maße annehmen kann. Sie lassen sich daher in einem unterschiedlichen Ausmaß oder Grad erfüllen.

»Herzählen« hat die Bedeutung »aufzählen«, »durchgehen«. Während wir heute vielleicht geneigt sind, »herzählen« im Sinne von »etwas in zufälliger, ungeordneter oder unsystematischer Weise anführen« zu verstehen, müssen wir uns für ein angemessenes Verständnis des Textes von solchen Assoziationen frei machen. Die Auswahl der Pflichten erfolgt hier in einer genauen Ordnung.

$45_{30\text{-}34}$ u. $46_{30\text{-}35}$ | $421_{31\text{-}38}$ (ANMERKUNG) Kant stellt in der Anmerkung heraus, dass die von ihm verwendete Einteilung der Pflichten als vorläufig zu verstehen ist. Sie diene der Ordnung der angeführten Beispiele für Pflichten. Die endgültige Einteilung sei Aufgabe der noch zu verfassenden *Metaphysik der Sitten*. Allerdings macht die Einteilung für sich genommen einen durchaus geschlossenen und vollständigen Eindruck. Und Kant wird im Anschluss an seine Behandlung der Beispiele sagen, dass »so alle Pflichten, was die Art der Verbindlichkeit (nicht das Objekt ihrer Handlung) betrifft, durch diese Beispiele in ihrer Abhängigkeit von dem einigen Prinzip vollständig aufgestellt worden« sind ($49_{4\text{-}7}$ | $424_{12\text{-}14}$). »Art der Verbindlichkeit« umfasst hier, was ich oben als Bezug und Weise der Pflichten bezeichnet habe. Sie ist zu unterscheiden von den vielfältigen konkreten Inhalten oder Gegenständen der Pflicht.

Wenn wir auf die von Kant 1797 gelieferte *Metaphysik der Sitten* schauen, fällt auf, dass seine Einteilung der Moralphilosophie und damit zusammenhängend der Pflichten komplexer ausfällt, ohne dass die Arten der Verbindlichkeit davon berührt werden. Die Moralphilosophie hat zwei Teile, nämlich *Rechts-* und *Tugendlehre*. Diese beiden Teile sind jeweils durch ein leitendes Prinzip bestimmt,[8] von denen jedes noch einmal in verschiedene Teilprinzipien unterteilt wird. Kant führt neben der Perspektive der durch das Moralprinzip verpflichteten Personen die Perspektive der durch das Moralprinzip berechtigten Personen ein. Dies führt zu einer Anreicherung der Verpflichtungsperspektiven und Verpflichtungsgründe und zu einer Präzisierung, aus welchen Gründen ich genau zu was verpflichtet bin. Auch werden die konkreten Pflichten nicht direkt aus dem Moralprinzip abgeleitet, sondern sie ergeben sich über Zwischenschritte aus verschiedenen durch das Moralprinzip begründeten normativ relevanten Gesichtspunkten. So gesehen lässt sich sagen, dass beides zutrifft: Die Einteilung der Pflichten ist noch nicht

[8] Die Frage, ob oder inwiefern sich die beiden übergreifenden Prinzipien durch das Moralprinzip begründen lassen, wird kontrovers diskutiert. Für den Versuch zu zeigen, dass sie sich durch das Moralprinzip begründen lassen und dass es eine der zentralen Thesen von Kants Moralphilosophie ist, dass die Moralphilosophie aus zwei Teilen besteht, nämlich Rechts- und Tugendlehre, siehe Klaus Steigleder, *Kants Moralphilosophie. Die Selbstbezüglichkeit reiner praktischer Vernunft*, Stuttgart/Weimar 2002, Kap. 4.

als endgültig zu verstehen und doch hinsichtlich der Arten der Verpflichtung vollständig. Dadurch erhält Art der Verbindlichkeit eine strenge Bedeutung, die von den Üblichkeiten in der Moralphilosophie oder Naturrechtslehre seiner Zeit, auf die sich Kant bezieht, abweichen. So ist es beispielsweise nach verbreiteter Auffassung zur Zeit Kants ein Kennzeichen »vollkommener« Pflichten, dass sie äußerlich erzwingbar sind. Dies ist nicht Teil von Kants strengerem Verständnis. Entsprechend kann er auch abweichend von den Üblichkeiten »innere vollkommene Pflichten«, also vollkommene Pflichten gegen bzw. gegenüber sich selbst, annehmen. Kant will an dieser Stelle seinen eigenen strengeren Gebrauch nicht näher begründen und betont, dass es an dieser Stelle gleichgültig ist, ob man ihm beipflichtet, dass es vollkommene Pflichten gegen sich selbst gibt oder nicht.

46_1–48_{22} | 421_{24}–423_{35} (ÜBERBLICK) Kants Bemerkung am Schluss der Anmerkung ist auch insofern wichtig, als sie Licht auf den Status der folgenden »Herzählung« der Pflichten wirft. Kant unterwirft den Kategorischen Imperativ gewissermaßen einem Schnelltest, indem er nach der Einteilung der vier Arten der Verbindlichkeit je eine Pflicht nimmt, die nach seinem Dafürhalten unbestreitbar besteht, und zeigt, dass sie sich aus dem Kategorischen Imperativ klar ableiten lässt. Das Vorgehen, das Kant dazu wählt, besteht jeweils darin, eine der Pflicht widersprechende Maxime zu wählen und zu zeigen, dass sie der Anforderung der »Naturgesetzformel« nicht standhält.

Das Problem ist, dass dies nicht (immer) so offenkundig ist, wie Kant annimmt, und dass Kants konkretes Vorgehen gelegentlich fragwürdig zu sein scheint. Gelingt der konkrete Nachweis? Kann er überhaupt gelingen? Kants versuchte Ableitung der Pflichten an dieser Stelle der *Grundlegung* gehört zu den am meisten behandelten und diskutierten Passagen im Werk Kants überhaupt. Zahlreiche Interpreten versuchen Kants Vorgehen jeweils eine Deutung zu geben, die zeigen soll, dass Kants Ableitungen gelingen oder nicht offenkundig scheitern oder zumindest durchaus respektabel sind. Natürlich fehlt es auch nicht an Interpretationen, die Kant ein klares Scheitern attestieren.

Offenbar scheinen nicht wenige Interpreten anzunehmen, dass von dem Gelingen oder Misslingen der Ableitungen das Gelingen oder Scheitern von Kants Moralphilosophie abhängt. Dies ist aber gar nicht der Fall. Die Ableitung der Pflichten mag bei einer bestimmten Formel des Kategorischen Imperativ besser oder leichter gelingen als bei einer anderen. Und es mag sich insgesamt empfehlen, seine Handlungen eher anhand von aus dem Moralprinzip abgeleiteten normativen Teilprinzipien oder Maßstäben zu beurteilen statt direkt mittels des Kategorischen Imperativs.

In diesem Kommentar möchte ich deshalb versuchen, einen gelassenen Umgang mit Kants »Herzählung« der Pflichten zu finden. Es kann hier nicht der Ort sein, die Fülle der unterschiedlichen Interpretationen oder auch nur einen Teil davon vorzustellen und zu diskutieren. Stattdessen will ich versuchen, eine knappe und möglichst textnahe Erklärung von Kants Argumentation zu geben und auf Probleme der Argumentation hinzuweisen.

46_{1-18} | 421_{24}–422_{14} Kants erstes Beispiel betrifft eine vollkommene Pflicht gegen sich selbst, nämlich die Pflicht, sich nicht aus Selbstliebe das Leben zu nehmen. Es kann andere Gründe geben, sich das Leben zu nehmen, etwa um andere zu schützen. In der *Metaphysik der Sitten* wirft Kant die Frage auf, ob man sich unter bestimmten Umständen das Leben nehmen darf.[9] Wie ist es beispielsweise zu bewerten, wenn ein Herrscher für den Fall, dass er in die Hände eines befeindeten Nachbarlandes gerät, ein Giftfläschchen bei sich trägt, um sich das Leben nehmen zu können mit dem Ziel, sein eigenes Land nicht erpressbar zu machen? Darf jemand, der sich mit Tollwut angesteckt hat, sich bei Ausbruch der Krankheit das Leben nehmen, um andere dadurch vor sich und der Krankheit zu schützen? Kant wirft diese Fragen nur auf und scheint darauf zu vertrauen, dass seine Leser diese Fragen schon richtig beantworten können. Es ist keineswegs klar, dass die richtige Antwort nach Auffassung

[9] Siehe zum Folgenden *MST* 60_{22}–61_{22} = VI, 423_{17}–424_{8}.

Kants darin besteht, dass man sich (auch) unter solchen Umständen nicht das Leben nehmen darf. Wichtig ist aber zu sehen, dass die in der *Metaphysik der Sitten* angeführten Beispiele eine Konkurrenz von unterschiedlichen Verpflichtungsgründen involvieren. Wozu man konkret verpflichtet ist, hängt davon ab, wie diese abzuwägen sind.

In dem vorliegenden Beispiel (wie auch in den drei nachfolgenden) der *Grundlegung* sind dagegen keine einander widerstreitenden Verpflichtungsgründe gegeneinander abzuwägen. Und es geht um Selbsttötung »aus Selbstliebe«. Das heißt, dass die Selbsttötung mit Blick auf das eigene Wohlergehen erwogen wird und im Horizont der Frage steht, ob unter den gegebenen Umständen die Selbsttötung nicht das Klügste ist, was man tun kann.

Man könnte versucht sein, diese Situationseinschätzung zu kritisieren, zum Abwarten raten etc. In der gegenwärtigen Beurteilung geht es aber nicht um eine Beurteilung der Klugheitsgründe, aus denen jemand handeln mag, sondern um die moralische Beurteilung einer Selbsttötung aus Gründen der Klugheit oder des eigenen Wohlergehens. Dazu unterzieht Kant die das Handeln leitende Maxime einem Test. Der Vergleich mit den Fällen der *Metaphysik der Sitten* zeigt, dass die gleiche äußere Handlung aus unterschiedlichen Gründen ausgeführt werden kann und dann auch mit Blick auf diese Gründe eine andere Handlung darstellen kann (die Tötung eines Menschen kann ein Akt der Selbstverteidigung gegenüber einem Angreifer oder Mord sein, um an das Vermögen des Getöteten zu gelangen). Es ist deshalb nicht ohne Weiteres klar, aus welchen Maximen jemand handelt. Kant hat aber die Umstände so weit beschrieben, dass sich die Maxime zumindest grundsätzlich angeben lässt.

An Kants konkreter Formulierung der Maxime fallen drei Dinge auf. Zum einen wirkt das »aus Selbstliebe« künstlich. In dieser Form dürfte, vorsichtig formuliert, kaum ein Handelnder denken. Zum anderen lässt sich auf der gleichen Linie fragen, ob oder inwiefern sich der Handelnde den von Kant genannten Inhalt der Maxime »zum Prinzip machen« machen muss. Befindet sich der Handelnde nicht *konkret* in einer verzweifelten Situation, in der er mit Blick auf sein Wohlergehen seinem Leben ein Ende setzen möchte? Dem Handelnden scheint es also gar nicht um ein übergreifendes Prinzip für die weiteren Eventualitäten seines Lebens zu gehen, sondern um eine konkrete Willensbestimmung in einer konkreten Situation. Schließlich wirkt der Inhalt der Maxime schwächer als die von Kant angedeutete Ausgangssituation. Mehr Übel als Annehmlichkeit ist etwas anderes als nur noch Übel und keinerlei Annehmlichkeit.

Beginnen wir mit dem zweiten Punkt, dem Prinzipiencharakter einer Maxime. Eine Maxime ist eine aus einem Grund oder aus Gründen gewählte tatsächliche Intention oder Handlungsabsicht. Maximen können unterschiedliche Allgemeinheitsgrade haben, von sehr konkreten Handlungsabsichten über übergreifende und unter Umständen weitreichende Pläne bis hin zu fundamentalen Grundentscheidungen. Der die Maxime leitende Grund kann in einer allgemeineren Maxime bestehen. Wir haben entsprechend der Vielfältigkeit unserer Handlungsabsichten in der Regel mehrere Maximen nebeneinander. Aber auch eine sehr konkrete Maxime hat durch den sie leitenden Grund den Charakter eines Prinzips des Handelns. Der Grund weist nämlich über die konkrete Situation hinaus, denn er stellt sich einem Handelnden als angemessen oder ausreichend für eine Handlungssituation oder mit Blick auf Handlungsziele einer bestimmten Art dar. Wenn ich der Meinung bin, dass es ein guter und ausreichender Grund ist, mir mit Blick auf mein Wohlergehen das Leben zu nehmen, dann folge ich einem bestimmten Handlungsprinzip. Es kann sein, dass ich dieses Handlungsprinzip latent schon hatte. Möglicherweise wähle ich es aber erst in den konkreten Umständen. Vielleicht handele ich aber zunächst nicht nach dem Prinzip, weil sich ein Hoffnungsschimmer einstellt, der vorübergehend die Einschätzung meiner Lebenssituation ändert. Nachdem sich die Hoffnung aber wieder zerschlagen hat, bin ich wieder geneigt, dem Prinzip entsprechend zu handeln.

Bestimmend für den möglichen Handlungsgrund, mir unter bestimmten Umständen das Leben zu nehmen, ist im vorliegenden Beispiel mein Wohlergehen. Auch wenn ich meine mögliche Maxime nicht in der expliziten Form, wie Kant es tut, formulieren würde, wäre das »Ich mache es mir aus Selbstliebe zum Prinzip« durchaus adäquat. Kant argumentiert nun, dass die Maxime nicht »ein allgemeines Naturgesetz werden könne«. Sein Grund scheint zu sein, dass die als Naturgesetz gedachte Maxime zu einem Widerspruch in der (Zweck-)Bestimmung der Selbstliebe führen würde. Deren Bestimmung ist eigentlich die Beförderung des Lebens und müsste zugleich die ihr in der Maxime angesonnene Beförderung des Todes sein. Da sich dies miteinander nicht verträgt, lässt sich die Maxime nicht als Naturgesetz denken und verletzt sie und ein von ihr geleitetes Handeln die strenge Pflicht gegen sich selbst, sich nicht das Leben zu nehmen.

Dies ist eine problematische Argumentation. Kant nutzt das Naturgesetz nicht nur als Veranschaulichung der Form von Gesetzmäßigkeit, sondern argumentiert direkt mit Naturzwecken. Gegen den behaupteten Naturzweck der Selbstliebe kann eine abweichende Maxime von vornherein nicht bestehen. Es ist aber nicht wirklich gezeigt, dass sich die Maxime nicht als Gesetz denken lässt. Hier wird wohl der oben angeführte dritte Punkt relevant, also die Frage, worin die Maxime genau besteht. In der ursprünglichen Exposition des Beispiels ist die Situation als ein Grenzfall exponiert, als ein Zustand völliger Hoffnungslosigkeit. Auch wenn es unsere Aufgabe ist, Schwierigkeiten zu bewältigen zu versuchen und diesen standzuhalten, ist es möglicherweise nicht mehr unsere Pflicht, einer Situation standzuhalten, die nur noch durch Übel gekennzeichnet ist. Man kann natürlich die Realistik eines solchen Grenzfalls in Frage stellen. Grenzfall und Normalfall scheinen aber nebeneinander bestehen zu können. Entsprechend sind Fälle denkbar, in denen eine Selbsttötung »aus Selbstliebe« moralisch erlaubt wäre. Dies muss nicht gegen den Kategorischen Imperativ sprechen. Es könnte lediglich zeigen, dass sein direkter Gebrauch zur Beurteilung konkreter Handlungen durch Vorurteile beeinflusst sein kann.

46_{19} - 47_{14} | 422_{15-36} Im zweiten Beispiel geht es um ein falsches Versprechen. Jemand braucht dringend Geld und will sich welches leihen, obwohl er weiß, dass er es nicht zum versprochenen Zeitpunkt zurückzahlen kann. Kant bietet zwei Formulierungen der Maxime, die ein solches Handeln leiten würde, eine konkretere und eine allgemeinere, wobei er die allgemeinere Formulierung der Prüfung unterzieht. Seine Argumentation ist die Folgende: Wenn allgemein falsche Versprechen als Notlöser angewandt werden, dann kann man nicht mehr ein falsches Versprechen abgeben, um eine Notlage zu überwinden. Denn das allgemeine Vorgehen würde das Vertrauen in Versprechen überhaupt untergraben. Deshalb könnte die konkrete Maxime neben der als Gesetz gedachten Maxime nicht bestehen, denn man wäre nicht mehr in der Lage, ein Versprechen abzugeben, dem geglaubt werden kann. Es besteht also ein Widerspruch zwischen der Maxime und der als Gesetz gedachten Maxime. Und das ist genau die Art von Widerspruch, um die es Kant bei der Prüfung der Maximen geht.

Man mag kritisch einwenden wollen, dass Kant mit den zwar plausiblen, aber letztlich doch kontingenten Folgen (allgemeiner Vertrauensverlust) der als Naturgesetz gedachten Maxime argumentiert. Der Widerspruch scheint deshalb nicht zwischen dem Gesetz selbst und der Maxime, sondern zwischen den kontingenten Folgen des Gesetzes und der Maxime zu bestehen. Dieser Einwand trifft aber, trotz der etwas ungenauen Formulierungen Kants, nicht zu. Denn die als Naturgesetz gedachte Maxime führt zu »Versprechen«, denen nicht geglaubt werden *kann* oder, allgemeiner gesprochen, zur Aufhebung der konstitutiven Bestandteile der Institution des Versprechens und damit zur Aufhebung der Institution selbst. Deshalb lässt sich die konkrete Maxime mit der als Naturgesetz gedachten Maxime nicht vereinbaren. Das gedachte Naturgesetz hebt notwendigerweise die Institution auf, derer sich die Maxime zu bedienen versucht.

Bei der Überprüfung der Maxime stellt Kant nicht die Frage, ob das die Handlung leitende Prinzip (moralisch) richtig ist, sondern »ob es recht« ist (47_3 | 422_{26}). Damit deutet Kant an, dass es bei der Handlung auch um die Frage geht, ob die Handlung mit den Rechten der Betroffenen vereinbar ist. Das »rechte«, die Rechte der Betroffenen wahrende Handeln, ist gewissermaßen ein zugespitzter Fall des moralisch richtigen Handelns (zur Bestimmung von »recht«, siehe *MSR* $39_{3\text{-}5}$ | VI, $230_{29\text{-}31}$) – Dass Kant beim falschen Versprechen (auch) Rechte im Blick hat, zeigt sich auch im Zusammenhang seiner späteren Diskussion des Beispiels anhand der zweiten Formel des kategorischen Imperativs, wo Kant von einem »Übertreter der Rechte des Menschen« spricht (55_{34} | $430_{4\text{f.}}$).

$47_{15\text{-}33}$ | 422_{37} – 423_{16} Ging es in den ersten beiden Beispielen um Unterlassungspflichten, die Pflicht, sich nicht aus Selbstliebe das Leben zu nehmen, und die Pflicht, kein falsches Versprechen abzugeben, so geht es in den nächsten beiden Beispielen um positive Pflichten, d.h. um Pflichten, etwas aktiv zu tun. Das dritte Beispiel hat die Pflicht zum Gegenstand, seine Naturanlagen oder Talente aktiv zu entwickeln. Um zu zeigen, dass sich diese Pflicht aus dem Kategorischen Imperativ ergibt, setzt Kant wiederum bei einer gegenteiligen Maxime an, nämlich bei der Maxime, um unmittelbaren Genuss zu erreichen, alle (größeren) Anstrengungen zu vermeiden und entsprechend nichts zu lernen und keine körperlichen Fertigkeiten zu erwerben. Um sich die Maxime als Naturgesetz zu denken, stelle man sich vor, dass die alle größeren Anstrengungen vermeidende Ausrichtung auf unmittelbaren Genuss im Menschen als Instinkt angelegt ist. Ein solcher allgemeiner Antrieb oder ein vergleichbares Naturgesetz wäre mit der fraglichen Maxime durchaus kompatibel. Die Absicht, die sich in der Maxime ausdrückt, und das Naturgesetz lassen sich also widerspruchslos zusammendenken. Als ein vernünftiges, handlungsfähiges Wesen kann man aber ein solches Naturgesetz bzw. einen solchen Instinkt nicht *wollen*. Denn als ein solches Wesen hat man notwendig Zielsetzungen und Pläne, die über den unmittelbaren Genuss hinausgehen. Um erreichen zu können, was man will, muss man bereit sein, grundsätzlich *alle Arten* von Vermögen (körperliche wie geistige) zu entwickeln.

48$_{1\text{-}22}$ **| 423**$_{17\text{-}35}$ Im vierten Beispiel geht es um die positive Pflicht zur Hilfeleistung. Um diese aufzuzeigen, befasst sich Kant mit einer dieser Pflicht entgegengesetzten Maxime. Man könnte von der Maxime eines, modern gesprochen, extremen Liberalisten sprechen. Dieser will niemandem schaden, aber auch niemandem helfen. Helfen will er nicht, weil er die entsprechenden Mühen nicht auf sich nehmen will, er »keine Lust« dazu hat und es auch nicht als seine Aufgabe sieht. Eingebettet ist die Maxime in moralische Überlegungen. Anzuerkennen ist, dass man niemandem schaden darf und die negativen Rechte der Menschen zu achten sind. Wenn man sich daran hält, dann brauchen einen die konkreten Umstände, in denen sich andere Menschen befinden, ihre gegebenenfalls ungünstigen körperlichen, geistigen und sozialen Ausgangspunkte, nichts anzugehen.

Kant stellt heraus, dass ein Gesetz, dem zufolge die (negativen) Rechte der Menschen geachtet werden, aber niemandem, der sich in einer Notlage befindet, geholfen wird, widerspruchsfrei denken lässt. Das Miteinander der Menschen könnte so funktionieren. (Negative) Rechte sind Rechte auf Nichtschädigung in den grundlegenden Belangen, also nicht getötet, verletzt, der Freiheit beraubt, bestohlen oder betrogen zu werden. Und Kant ist der Meinung, dass ein solches Gesetz zu besseren Verhältnissen führen würde, als wenn zwar ab und an geholfen wird, aber im Übrigen die Rechte der Menschen mit Füßen getreten werden.

Dennoch handelt es sich um ein Gesetz, das man, was den Ausschluss jeglicher Hilfeleistung anbelangt, nicht wollen kann. Wenn man nämlich selbst dringend auf Hilfe angewiesen ist, dann muss man wollen, dass einem geholfen wird. Genau dies würde aber das fragliche Gesetz ausschließen. Es ist wichtig zu sehen, dass es nicht einfach um eine Prognose geht, was man unter bestimmten Umständen faktisch will. Dem könnte man unter Verweis auf starke oder stolze Kerle begegnen wollen, für die es auf keinen Fall in Frage kommt, sich von anderen helfen zu lassen. Es gibt aber notwendige Voraussetzungen dafür, um überhaupt handeln und überhaupt erfolgreich handeln zu können. Dazu gehören etwa unser Leben und die notwendigen Bedingungen, um dieses zu erhalten, wie Nahrung, Kleidung und Obdach. Was auch immer wir erreichen wollen, wir können deshalb gar nicht umhin zu wollen, dass uns diese Voraussetzungen zur Verfügung stehen und gegebenenfalls zur Verfügung gestellt werden. Entsprechend können wir auch kein Gesetz wollen, das solches Zurverfügungstellen von vornherein ausschließt. Wir erkennen also, dass die fragliche Maxime sich nicht als (Natur) Gesetz wollen lässt und wir entsprechend bereit sein müssen, anderen zu helfen, und entsprechend verpflichtet sind.

48_{23}–49_{7} | 423_{36}–424_{14} Als Ergebnis seiner Diskussion der Beispiele hält Kant fest, dass sich die zuvor herausgestellten Pflichten klar aus dem Moralprinzip ergeben. Er spricht von »wirklichen oder wenigstens von uns dafür gehaltenen Pflichten«, weil der Status des Moralprinzips noch unklar ist. Noch ist offen, ob das Moralprinzip nur eine bloße Idee ist, die wir uns denken, wenn wir uns das Prinzip unbedingten, moralischen Sollens denken, oder ein Prinzip, das für uns Realität hat, also für uns tatsächlich eine nötigende Kraft oder Verbindlichkeit besitzt. Solange dies noch offen ist, steht auch noch nicht fest, ob es sich bei den angeführten Pflichten um »wirkliche« oder bloß angenommene Pflichten handelt.

Dies hindert aber nicht daran, die Forderungen des gedachten Moralprinzips näher zu charakterisieren (und sie dazu, der Einfachheit halber, wie wirkliche Pflichten zu behandeln). Das Moralprinzip verlangt die Übereinstimmung unserer Maximen mit dem Gesetz der Vernunft. Der Maßstab oder die Richtschnur (»Kanon«), dies zu beurteilen, ist die Möglichkeit, die Maxime des Handelns als Gesetz des Handelns eines jeden Handlungsfähigen *wollen* zu können. Wie die Beispieldiskussion gezeigt hat, können bestimmte Maximen ohne Widerspruch als Naturgesetz nicht einmal gedacht werden. Andere Maximen können zwar als Naturgesetz gedacht, aber ohne Widerspruch nicht gewollt werden. Im ersten Fall widersprechen die Maximen strikten Handlungsverboten oder Unterlassungspflichten. Im zweiten Fall widersprechen die Maximen Handlungsgeboten oder positiven Pflichten. Die Unterlassungspflichten sind vollkommene oder, wie Kant sie hier bezeichnet, »strenge« oder »engere« (»unnachlassliche«) Pflichten. Kant gebraucht im Text aber die Einzahl: Die einzelnen Pflichten sind Teil dessen, was als vollkommene oder strenge Pflicht besteht. Die positiven Pflichten sind unvollkommene oder »weitere«, »verdienstliche« Pflichten.

Während der Gehalt der Unterlassungspflichten genau feststeht oder »vollkommen« bestimmt ist, sind die Inhalte der positiven Pflichten nur »unvollkommen« bestimmt. Sie geben eine Richtung vor, ihnen kann aber in unterschiedlichem Maße entsprochen werden. Dies betrifft sowohl die Breite als auch die jeweilige Ausfüllung der Pflicht. Nehmen wir als Beispiel das von Kant verschiedentlich angeführte Almosengeben, die finanzielle und ggf. weitere materielle Unterstützung von Menschen, die auf solche Unterstützung angewiesen sind. Der einzelne Handelnde hat die Möglichkeit, nur wenige Menschen oder eine ganze Reihe von Menschen zu unterstützen, und kann jeweils wenig oder viel geben. Er mag dabei an den Rand seiner Möglichkeiten gehen oder sich problemlos im Rahmen seiner Möglichkeiten bewegen. Was genau zu tun ist, wie weit die Pflicht zu erfüllen ist, liegt nicht genau fest. Je weiter jemand (gemessen an seinen Möglichkeiten) geht, desto »verdienstlicher« ist die Erfüllung der Pflicht. Dagegen lassen sich durch die Erfüllung von Verbotspflichten keine Verdienste erwerben, da es immer nur um ein strikt zu erfüllendes Minimum geht. Auch bei einer positiven Pflicht lässt sich ein, allerdings nicht exakt bestimmbares Minimum unterschreiten. Es wäre auf jeden Fall unterschritten, wenn man, wie im Beispiel, gar nicht bereit ist, anderen zu helfen.

Kant weist, wie oben schon angeführt, darauf hin, dass die vier Beispiele die vier Grundarten von Pflichten repräsentieren.
49_{8-34} | 424_{15-37} Kant stellt heraus, dass wir bei der Übertretung von Pflichten das moralische Gebot nicht wirklich leugnen oder durch unsere unmoralische Maxime ersetzen wollen (beispielsweise halten wir es eigentlich schon für richtig, dass Versprechen Verbindlichkeit haben), sondern uns nur fallweise mit Blick auf unser Wohlergehen über das Gebot hinwegsetzen wollen. Moraltheoretisch, vom Standpunkt der Vernunft her

gesehen, können wir erkennen, dass dies moralisch falsch ist. Denn wir versuchen dadurch, den universellen Anspruch der Vernunft auf einen lediglich im Großen und Ganzen (generell), für uns aber (jetzt) nicht geltenden Anspruch herunterstimmen. Zugleich können wir aber moralpsychologisch verstehen, was hier vor sich geht. Unsere Neigungen und das auf diesen aufruhende Glücksstreben befinden sich mit dem Gesetz der Vernunft in Konflikt. Deshalb suchen wir nach einer Rechtfertigung, diesem Gesetz zugunsten unserer Neigungen fallweise nicht zu folgen. Eine typische Rechtfertigung eines solchen Vorgehens besteht darin, uns (fälschlicherweise) die fallweise Nichtbefolgung des moralischen Gebots als undramatisch oder unerheblich vorzustellen, als Ausnahme ohne großes Gewicht.

$50_{1\text{-}12}$ | $425_{1\text{-}11}$ Als Zwischenergebnis der bisherigen Argumentation hält Kant zwei Dinge fest: Erstens ist Pflicht als ein unbedingt notwendiges Sollen zu verstehen und muss daher Gegenstand kategorischer und nicht hypothetischer Imperative sein. Zweitens kann das Prinzip aller Pflichten inhaltlich bestimmt und als Beurteilungsmaßstab der konkreten Pflichten verwendet werden. So wichtig diese Ergebnisse sind, so stellen sie vorerst aber nur Notwendigkeiten des Denkens dar: etwas, das wir uns denken müssen, wenn wir uns moralische Sollensansprüche denken. Noch ist nicht gezeigt, dass das Gesetz moralischen Sollens tatsächlich existiert und tatsächlich das Handeln eines vernünftigen Sinnenwesens allein bestimmen kann, ohne Rückgriff auf der Sinnlichkeit entlehnte Handlungsgründe. Dies müsste, wie Kant sagt, »a priori«, d.h. ohne Rekurs auf Erfahrung, gezeigt werden.

Für das Verständnis der weiteren Ausführungen Kants im zweiten Teil (»Abschnitt«) der *Grundlegung* ist es hilfreich zu beachten, dass Kant hier den noch fehlenden und entscheidenden Schritt vorbereitet, die Realität (die tatsächliche Verbindlichkeit) des Moralgesetzes und dadurch auch von bestimmten Pflichten zu erweisen, er wiederholt geradezu Anstalten trifft, den Schritt zu tun, ihn aber letztlich noch nicht geht. Dies bleibt dem dritten und letzten Teil der *Grundlegung* vorbehalten. Die

Vorbereitung besteht in einer Strukturanalyse reiner praktischer Vernunft. Deren Gesetz ergibt sich aus einem oder, genauer gesagt, besteht in einem Selbstverhältnis praktischer Vernunft, das Kant als eine Selbstgesetzgebung, *Autonomie* (griechisch: autos – selbst, nomos – Gesetz), charakterisieren wird. Dieses Selbstverhältnis bzw. diese Selbstgesetzgebung ist die spezifische Form von Freiheit. Der Nachweis der Realität unbedingten Sollens für uns wird dann letztlich darin bestehen, dass diese spezifische Form von Freiheit, die Autonomie reiner praktischer Vernunft, für unser Handeln relevant sein kann und muss.

$50_{13\text{-}35}$ | $425_{12\text{-}31}$ Kant stellt (noch einmal) klar, dass die Realität des moralischen Gesetzes nicht aus bestimmten Eigentümlichkeiten der menschlichen Natur, insbesondere nicht aus der sinnlichen Antriebsstruktur des Menschen, aber auch nicht aus einer vermeintlichen Eigentümlichkeit oder eigentümlichen Aufgabe der menschlichen Vernunft gewonnen werden kann. Denn das moralische Gesetz kann nicht nur spezifisch für uns Menschen, sondern muss in gleicher Weise für alle vernünftigen handlungsfähigen Wesen gelten, und es hat für sie Gebots- oder Pflichtcharakter, sofern sie nicht selbstverständlich vernünftig handeln. Der Rekurs auf alle vernünftigen handlungsfähigen Wesen ist aber in erster Linie eine veranschaulichende Weise zu sagen, dass die Realität des Moralgesetzes allein unter Bezugnahme auf die praktische *Vernunft* (und ihren universellen Charakter) selbst erwiesen werden muss.

Kant betont den Unterschied zwischen Handlungsabsichten aus subjektiven, auf die spezifische Natur des Menschen zurückgehenden Bestimmungsgründen des Handelns (»Maximen«) und einer Handlungsbestimmung durch das Gesetz der Vernunft. Deren besonderer Wert (»Erhabenheit«, »innere Würde«) zeigt sich besonders im Kontrast zu den und im Widerstand gegen die aus der sinnlichen Natur des Menschen erwachsenden Wertungen und darauf beruhenden möglichen Handlungsgründen.

Kant gebraucht in diesem Abschnitt den Begriff »Menschheit« als Kollektivbegriff für die Menschen insgesamt oder für den

Menschen als Gattung. Wir werden sehen, dass Kant den Begriff der »Menschheit« auch ganz anders verwenden kann.

50_{36}–51_{12} | 425_{32}–426_{6} Die Schwierigkeit besteht darin, für den Nachweis der Realität des moralischen Gesetzes ein Fundament in der Vernunft selbst zu gewinnen, ohne Rückgriff auf ein der Vernunft äußerliches Gebot Gottes (»Himmel«) oder auf die sinnliche Natur des Menschen (»Erde«). Die Philosophie steht hier vor einer schwierigen Aufgabe (»misslicher Standpunkt«). Zugleich ist diese Aufgabe aber, wie Kant schon in der Vorrede herausgestellt hat, Teil ihres eigentlichen Geschäfts, das darin besteht, die Möglichkeiten und Ansprüche der Vernunft zu explizieren. Indem die Philosophie, wenn sie ihr Geschäft nur unverfälscht betreibt, gleichsam zum Sprachrohr der Vernunft wird, lässt sich zwischen Philosophie und Vernunft kaum unterscheiden (letztlich geht es in der Philosophie, oder in richtig betriebener Philosophie, ja um eine Aufklärung der Vernunft durch sich selbst): Die Philosophie muss sich auf die eigenständige Herrschaft und den eigenständigen Herrschaftsbereich[10] der Vernunft und die diese(n) bestimmenden Gesetze konzentrieren und darf sich nicht damit begnügen, bloß Künderin eines instrumentellen Gebrauchs der Vernunft zu sein, in dem wir die Vernunft für unsere Neigungen in Dienst nehmen.

Kant tut hier vor allem zwei Dinge. Er lenkt zum einen den Blick auf den Ursprung der spezifischen Gesetze oder Grundsätze der Vernunft in der Vernunft selbst (»Selbsthalterin«, alleiniger [»völlig a priori«, also unter Ausschluss aller vernunftfremden Bestandteile] Quell) und fasst den Ursprung gewissermaßen dynamisch. Die spezifischen Gesetze oder Grundsätze entspringen einem *Handeln* der Vernunft. Die Vernunft *gibt* oder *diktiert* die Gesetze. Zum anderen stellt Kant die spezifische Wertigkeit von Gesetzen dieses Ursprungs (»gebietendes Ansehen«) und einer Handlungsbestimmung allein durch diese Gesetze und eines

[10] Selbsthalter(in) ist die deutsche Übersetzung des griechischen Wortes *autokrator* (Selbstherrscher, »Autokrat«), siehe Grimm, Deutsches Wörterbuch, Art. selbsthalter, Bd. 16, Sp. 476.

Wesens heraus, das einer solchen Handlungsbestimmung fähig ist. Nur einem Handeln, das sich wirklich von der Vernunft bestimmen lässt, sich unter die »Obergewalt des Gesetzes« stellt und diesem, ohne auf irgendwelche Neigungen zu sehen, die »schuldige Achtung« entgegenbringt, kann und darf die Philosophie einen wirklichen Wert beimessen (davon »alles erwarten«). Könnte oder würde der Mensch dagegen nur seinen Neigungen folgen und nicht originären Geboten seiner Vernunft, so ließe sich vom Standpunkt der Vernunft nur sagen, dass für den Menschen nur »Selbstverachtung« und »innerer Abscheu« bliebe.

51_{13-29} | 426_{7-21} Die Bestimmungen des Moralprinzips sind also allein in der Vernunft aufzusuchen und von allen vernunftfremden (»empirischen«) Bestandteilen frei zu halten. Dies ist nicht nur moraltheoretisch wichtig (die vernunftfremden Bestandteile können gar keinen Beitrag zur Bestimmung des Moralprinzips leisten), sondern auch für die moralische Qualität (die »Lauterkeit«) des moralischen Handelns selbst. Der unvergleichliche Wert eines guten Willens besteht ja gerade in einer Handlungsbestimmung, die von allen sinnlichen Bestimmungsgründen frei ist. Dem widersprechende Bestimmungen des Moralprinzips oder moralischen Handelns müssen auf einen schlechten (und nicht wirklich philosophischen) Gebrauch der Vernunft zurückgeführt werden, der auf Nachlässigkeit, Denkfaulheit oder sogar sittliche Schlechtigkeit in den grundlegenden Bestimmungen des eigenen Willens (»niedrige Denkungsart«) zurückgehen mag. Das Ergebnis kann nur ein vernunftfremdes, aus nicht zusammenpassenden Teilen zusammengestückeltes Gebilde sein, das keinerlei Ähnlichkeit mit der Tugend hat.

Kant spielt auf die griechische Sage von Ixion und Hera (lateinisch: Juno), der Frau des höchsten der olympischen Götter, Zeus (lateinisch: Jupiter), an. Dieser hatte Ixion, der seinen Schwiegervater ermordet hatte, begnadigt, als Gast auf den Olymp geladen und ihm Unsterblichkeit verliehen. Ixion begehrte Hera, was Zeus durchschaute oder wovon (in einer anderen Version) Zeus von Hera in Kenntnis gesetzt wurde. Zeus schuf daraufhin eine Wolke in Gestalt der Hera (Juno), die der betrunkene Ixion umarmte und liebkoste und mit der er den Kentauros zeugte, ein Mischwesen mit Rumpf und Beinen eines Pferdes und dem Oberkörper eines Menschen. Durch das Tun des Ixion sah sich Zeus als Heras Mann und als Wohltäter des Ixion von diesem doppelt hintergangen und bestrafte ihn hart.[11]

Kant nimmt die Wolke als Symbol eines Ruhekissens einer müden, träumenden und sich täuschenden Vernunft, die bei der Bestimmung des Sittlichen gewissermaßen fremdgeht und Anleihen bei der Sinnlichkeit macht und so nur ein Zerrbild des Sittlichen hervorbringt.

$51_{30\text{-}35}$ | $426_{31\text{-}36}$ [ANMERKUNG] *Tugend* kann in nichts anderem bestehen als in einer durchgängigen sittlichen Handlungsbestimmung, in der das moralisch Richtige getan wird, weil es das moralisch Richtige ist (also in einer Handlungsbestimmung durch einen »guten Willen«), und nicht, weil man sich davon Belohnung am Ende der Tage oder eine (andere) Beförderung der eigenen Glückseligkeit erwartet. Wer nicht denkfaul ist und sich von in seiner Sinnlichkeit gelegenen Handlungsgründen zu lösen vermag und auf die Vernunft selbst blickt, dem kann nicht verborgen bleiben, dass in einer solchen Handlungsbestimmung durch Vernunft selbst eine ganz andere und höhere Wertigkeit liegt als in allem, was uns unsere Neigungen empfehlen.

$52_{1\text{-}30}$ | 426_{22} - 427_{18} Es gilt zu zeigen, dass das Moralprinzip tatsächlich ein Gesetz ist, das für alle vernünftigen handlungsfähigen Wesen gilt, also ein Gesetz ist, dem sie in ihren Handlungen notwendig folgen sollen. Dazu muss gezeigt werden, dass das Moralprinzip, wie Kant sagt, »(völlig *a priori*) schon mit dem

[11] Ich folge hier vor allem Karl Kerényi, *Die Mythologie der Griechen*, Bd. 1: Die Götter- und Menschheitsgeschichten, 6. Aufl. München 1983, 126–128. Siehe aber auch Robert Graves, *The Greek Myths. The Complete and Definitive Edition*, London 2017, 207–209. Kerényi und Graves verweisen auf die Originalquellen bei Pindar, Euripides, Apollonius Rhodius und Lucian. Vgl. auch die Anmerkung von Bernd Kraft und Dieter Schönecker in ihrer meinem Kommentar zugrundegelegten Ausgabe von Immanuel Kant, *Grundlegung zur Metaphysik der Sitten*, 2. Aufl., Hamburg 2016, 99.

Begriffe des Willens eines vernünftigen Wesens überhaupt verbunden« ist.

Dies mag zunächst unklar erscheinen bzw. irritieren. Denn einerseits formuliert Kant eine Aufgabe, die über das Bisherige (nämlich zu zeigen, was wir uns denken müssen, wenn wir uns den Anspruch unbedingten Sollens denken) klar hinausgeht, andererseits scheint sich Kant genau wieder im Rahmen des Bisherigen bewegen zu wollen, nämlich auf dem Pfad begrifflicher Explikation, der Explikation des Begriffes des »Willens eines vernünftigen Wesens überhaupt«.

Es wäre aber ein Missverständnis anzunehmen, dass Kant nur wieder Begriffsexplikation und analytische Urteile im Blick hat. Dies zeigt sich daran, dass Kant sagt, dass das Gesetz mit dem Begriff des »Willens eines vernünftigen Wesens überhaupt« »völlig a priori (…) *verbunden*« sein muss. Gleich im Anschluss spricht er von »Verknüpfung«. Es geht also um ein *synthetisches Urteil a priori*. Und genau deshalb lässt es sich mit Blick auf diese »Verknüpfung« auch nicht vermeiden, den Schritt »in die Metaphysik der Sitten« zu tun. Denn die zu leistende Verknüpfung stellt vor das Problem, auf welcher Grundlage sie vorgenommen werden kann bzw. was zu ihr berechtigt. Schließlich kann unsere Erfahrung oder sinnliche Antriebsstruktur nicht herangezogen werden. Die erforderliche Metaphysik der Sitten oder praktische Philosophie ist von der spekulativen Philosophie verschieden, da sie nicht die erfahrungsunabhängigen Prinzipien dessen untersucht, was *ist*, sondern die erfahrungsunabhängigen Gesetze dessen, was getan werden *soll* bzw. zu tun unbedingt notwendig ist.

Was aber meint Kant mit der erfahrungsunabhängigen (»völlig *a priori*«) Verbindung des Gesetzes »mit dem Begriffe des Willens eines vernünftigen Wesens überhaupt«? Gemeint ist, dass letztlich gezeigt werden muss, dass jedes vernünftige handlungsfähige Wesen *qua* vernünftiges handlungsfähiges Wesen (also, wenn es versteht oder begreift, was es heißt, ein vernünftiges handlungsfähiges Wesen zu sein) davon ausgehen muss, dass es einen Willen einer bestimmten Art besitzt: nämlich einen Willen, der rein vernünftiger Handlungsbestimmungen fähig ist. Das Gesetz, dessen Verbindlichkeit in Frage steht, liegt gewissermaßen in der Art oder Struktur der Bestimmung eines solchen Willens. Wenn also jedes vernünftige handlungsfähige Wesen davon ausgehen muss, dass es einen Willen besitzt, der durch dieses Gesetz bestimmt ist, dann muss es auch davon ausgehen, dass das fragliche Gesetz für es gültig ist. Es geht also nicht einfach nur um die begriffliche Explikation eines Willens einer bestimmten Art, sondern um die notwendige Verknüpfung eines solchen Willens mit einem vernünftigen handlungsfähigen Wesen. Allerdings kann, wie wir im dritten Teil der *Grundlegung* noch näher sehen werden, diese Verknüpfung nicht einfachhin erfolgen, durch den Nachweis, dass jedes vernünftige handlungsfähige Wesen notwendigerweise mit einem Willen einer bestimmten Art verbunden *ist* bzw. einen solchen Willen *hat*. Dies liefe nämlich auf einen Freiheitsbeweis hinaus. Es ist aber, wie Kant in der *Kritik der reinen Vernunft* gezeigt hat, weder möglich zu beweisen, dass es Freiheit gibt, noch zu beweisen, dass es Freiheit schlechterdings nicht gibt. Deshalb kann die Verbindung nur jeweils im Selbstverständnis eines vernünftigen handlungsfähigen Wesens und durch die notwendigen Annahmen geleistet werden, die in einem solchen Selbstverständnis liegen.

All dies greift schon weit voraus, aber genau das tut Kant hier auch, wenngleich nur in sehr gedrängter Form. Wie oben schon angesprochen, konzentriert sich Kant zunächst vor allem auf die Explikation der Bestimmung des Willens durch das Vermögen reiner praktischer Vernunft. In der Fortsetzung des zweiten Teils der *Grundlegung* dominiert also weiterhin die analytische Perspektive. Die entsprechenden Bestimmungen haben aber die letztlich zu leistende Synthesis (Verbindung, Verknüpfung) im Blick.

In unserem Absatz stellt Kant zunächst heraus ($52_{14\text{-}24}$ | $427_{4\text{-}12}$), dass die zu leistende Verknüpfung etwas ganz anderes ist als eine Explikation der menschlichen Handlungspsychologie, in der die Empfindungen von Lust und Unlust von Geschmacksurteilen (in denen etwas als schön beurteilt oder bewertet wird) abgegrenzt werden und dann näher verfolgt wird, wie sich Begierden und Neigungen in Handlungsgründe und von diesen angeleitete Handlungsziele (»Maximen«) umsetzen können. Solch eine Psychologie (»Seelenlehre«) hat die Natur des Menschen zum Gegenstand und ist daher Teil der Naturlehre. Demgegenüber geht es in der Metaphysik der Sitten bzw. praktischen Philosophie ja nicht um sinnliche Bestimmungsgründe des Handelns.

($52_{24\text{-}30}$ | $427_{13\text{-}18}$) Es ist wichtig, im Blick zu behalten, dass Kant den Willen als praktische Vernunft versteht, als das Vermögen, aus Gründen zu handeln. Die alles entscheidende Frage ist, aus welcher *Art* von Gründen wir handeln können. Außer Frage steht, dass wir aus Gründen handeln können, die aus unserer Sinnlichkeit erwachsen und die letztlich vernunftfremd sind. Die Vernunft moderiert oder verwaltet diese Gründe nur. In der Metaphysik der Sitten geht es um die Frage, ob der Wille, die praktische Vernunft, *auch* für sich selber (ohne jede sinnliche Einflüsse oder Bestimmungsgründe) praktisch sein kann (»für sich allein das Verhalten bestimmt«), die praktische Vernunft also über genuine Gründe verfügt und ob *sich* der Wille, die praktische Vernunft, in diesem Sinne *selbst bestimmt*. Deshalb geht es um ein »Verhältnis des Willens zu sich selbst«.

Falls wir uns also (als vernünftige handlungsfähige Wesen) einen Willen einer bestimmten Art zuschreiben müssen, dann geht es um einen Willen, in dem die praktische Vernunft »für sich allein das Verhalten« bestimmen kann. Und die interessierende Struktur ist diese Bestimmung durch reine praktische Vernunft selbst. Falls wir davon ausgehen müssen, dass wir dieses Vermögen tatsächlich besitzen, dann ist das ein Vermögen, das wir mit unserem sinnlich affizierbaren Willen verbunden sehen müssen. Anders gesagt, das Vermögen reiner praktischer Vernunft wäre immer nur ein »Teil« oder eben eine Kompetenz unseres Willens und mit diesem nicht einfach gleichzusetzen. Gleiches gilt auch »für alle vernünftigen Wesen«, die Kant im ersten Satz ($52_{1\text{-}4}$ | $426_{22\text{-}25}$) des hier behandelten Absatzes im Blick hat. Denn mit diesen sind alle endlichen, sinnlich affizierbaren Wesen gemeint, die subjektive Handlungsgrundsätze

(»Maximen«) haben und für die das Moralgesetz, wenn es denn für sie verbindlich ist, immer nur den Charakter des (unbedingten) *Sollens* haben kann.

52_{31}-53_{19} | 427_{19}-428_{2} Man könnte meinen, dass Kant nun für die Strukturanalyse des Willens seine frühere Bestimmung des Willens als Vermögen, »*nach der Vorstellung* der Gesetze, d.i. nach Prinzipien zu handeln« ($34_{32\text{f.}}$ | $412_{27\text{f.}}$), wieder aufgreift. Er würde dann mit der jetzigen Bestimmung des Willens als Vermögen, »*der Vorstellung gewisser Gesetze gemäß* sich selbst zum Handeln zu bestimmen«, die frühere Bestimmung nur variieren und etwas anders akzentuieren. »Sich selbst zum Handeln zu bestimmen« würde dann betonen, dass der Wille als freies Begehrungsvermögen oder praktische Vernunft ein bestimmtes Vermögen einer inneren Verhaltenssteuerung durch Vorstellungen ist, nämlich des Vermögens einer eigenen Handlungsbestimmung aus *Gründen*. Die »Gesetze« sind dann gegenüber dem »objektiv-praktischen Gesetz« des vorausgegangenen Absatzes in einem weiteren Sinne zu verstehen als Handlungsnormen, die hypothetische und (möglicherweise auch) kategorische Imperative umfassen. Für diese Deutung scheint auch zu sprechen, dass Kant hier ebenso wie in der früheren Bestimmung des Willens betont, dass »nur vernünftige Wesen« ein solches Vermögen haben (können).[12]

Wenn wir aber genauer auf den Text achten, dann ist wohl eine andere Deutung zwingend, nämlich die, dass der vorliegende Absatz ganz eng an den Schluss des vorausgegangenen Absatzes anschließt, wo Kant u.a. vom »Verhältnisse eines Willens zu sich selbst« gesprochen hat. Kant geht es jetzt um den Willen, insofern er »sich selbst«, aus sich heraus, »zum Handeln« bestimmt. Das ist kein gesichertes Vermögen (ob unser Wille bzw. wir mit unserem Willen dazu tatsächlich in der Lage sind, das ist ja die große Frage). Deshalb sagt Kant auch nicht, dass

[12] *GMS* $34_{31\text{-}33}$ = IV, $412_{26\text{-}28}$ schrieb Kant: »Nur ein vernünftiges Wesen hat das Vermögen *nach der Vorstellung* der Gesetze, d.i. nach Prinzipien zu handeln, oder einen *Willen*.«

der Wille ein solches Vermögen *ist* oder *hat*, sondern dass der Wille (jetzt oder hier) als ein solches Vermögen »gedacht« wird. Und Kant sagt, dass, wenn wir uns den Willen so denken, dass er »sich selbst zum Handeln« bestimmt, wir uns denken müssen, dass er dies »*der Vorstellung gewisser*« in ihm selbst gelegener »*Gesetze gemäß*« tut. Die Selbstbestimmung des Willens zum Handeln können wir uns also nicht sinnvoll als regellos, sondern müssen sie uns nach Maßgabe von Gründen denken, die in dem Willen selbst liegen. Die fraglichen Gesetze sind also nicht in einem weiten Sinne zu verstehen, und wir wissen auch noch nicht, um welche Gesetze es sich handelt. Vielmehr ist die genauere Bestimmung dieser Gesetze gerade das Ziel der weiteren Analyse. Auch mit der Betonung, dass das gedachte Vermögen nur in »vernünftigen Wesen anzutreffen sein« »kann«, ist etwas anderes gemeint als in der früheren Bestimmung. Wir müssen uns diese Wesen als Wesen denken, die über ein genuin praktisches Vernunftvermögen verfügen. Das gedachte Vermögen des Willens kann nur in Wesen angetroffen werden, die in diesem emphatischen Sinn vernunftbegabt sind.

Diese Deutung der ersten beiden Sätze des vorliegenden Absatzes wird durch das Weitere bestätigt. Denn Kant spricht hier vom »objektiven Grund der Selbstbestimmung« des Willens durch sich selbst. Dies zeigt, dass es tatsächlich um ein Selbst- und Innenverhältnis des Willens und damit um ein bestimmtes Vermögen des Willens geht. Da bei der Bestimmung des Willens durch sich selbst von allen vernunftfremden, sinnlichen oder, wie Kant noch näher herausstellen wird, bloß subjektiven Bestimmungsgründen zu abstrahieren ist, muss diese Bestimmung auf objektiven Gründen oder einem objektiven, allgemeingültigen Grund beruhen. Dieser Grund kann nur in einem *Zweck* oder einem *Ziel* bestehen. Denn alles Handeln ist zielgerichtet. Das jeweilige Ziel ist deshalb der Grund, eine bestimmte Handlung auszuführen. Wenn also der Wille sich selbst zum Handeln bestimmt, dann muss er dies mit Blick auf einen Zweck tun, der in ihm selbst liegt und deshalb »durch bloße Vernunft gegeben wird«. Entsprechend muss dieser Zweck als ein unbedingt notwendiger Zweck gedacht werden, dem jedes Wesen, das über das Vermögen eines solchen Willens verfügt, in seinem Handeln stets Rechnung tragen muss, der also für jedes dieser Wesen »gleich gelten« »muß«. Das »wenn er« in »wenn er durch bloße Vernunft gegeben wird« besagt also nicht, dass der fragliche Zweck auch eine andere Herkunft haben oder anders gegeben sein könnte, sondern markiert vielmehr einen wesentlichen Gesichtspunkt in dem, was wir uns denken müssen, wenn wir uns einen sich selbst zum Handeln bestimmenden Willen denken, also: »wenn er, wie wir uns das (ja) denken müssen«.

Vom Zweck als objektivem Grund unterscheidet Kant das *Mittel.* Dieses ist auf (kontingente, nicht unbedingt notwendige) Handlungen bezogen, die (kontingente, nicht unbedingt notwendige) Zwecke bewirken (wollen oder sollen). Kant bezeichnet hier aber nicht diese Handlungen als Mittel (zur Hervorbringung der fraglichen Zwecke), sondern betrachtet den Willen im Unterschied zu dem sich selbst zum Handeln bestimmenden Willen in einer bloß *instrumentellen* Funktion für solche Handlungen auf der Basis von bloß subjektiven Gründen, die auf die Sinnlichkeit zurückgehen. Dies gibt Anlass zu einer Reihe von weiteren Unterscheidungen und Entgegensetzungen, die den eigentümlichen Status des im Willen immer schon liegenden und nicht erst hervorzubringenden Zwecks und der von diesem sich herleitenden Handlungsgründe profilieren sollen. Subjektive Zwecke gehen auf sinnliche Bestimmungsgründe oder »Triebfedern« zurück, wobei zwischen Handelnden große Unterschiede bestehen können, was sie jeweils erreichen wollen. Objektive Zwecke müssen als abhängig von Bestimmungsgründen (Kant spricht von »Bewegungsgründen«) gedacht werden, die für alle vernünftigen handlungsfähigen Wesen einschlägig sind. Subjektive Zwecke und die sinnlichen Bestimmungsgründe, auf denen sie basieren, führen zu bedingten oder »materialen« Handlungsprinzipien, die sagen, was zu tun ist, falls man bestimmte Zwecke verfolgen will. Dagegen sind Handlungsprinzipien »formal« oder unbedingt, wenn sie von subjektiven Zwecken gänzlich absehen. Der Grund dieser Handlungsprinzipien kann aber in objektiven Zwecken bestehen. Ein formales Handlungsprinzip ist also keineswegs gehaltlos. Der Gegensatz »formal« – »material« läuft vielmehr auf den Gegensatz »genuin vernunftbestimmt« – »auf sinnlichen Bestimmungsgründen beruhend« hinaus.

Kant betont ausdrücklich, dass die subjektiven oder materialen Zwecke Zwecke sind, die ein Handelnder durch sein Handeln allererst hervorbringen will, und dass es vom Handelnden abhängt, welche Zwecke er durch sein Handeln hervorbringen will (zu bewirken beliebt). Diese Zwecke können jeweils nur einen relativen Wert haben, indem ein Handelnder sich von ihnen einen Beitrag zu dem auf seine sinnliche Antriebsstruktur zurückgehenden Ziel der umfänglichen Erfüllung seiner Neigungen verspricht. Die Kontingenz liegt sowohl in den Unterschieden, die hier zwischen Handelnden mit einer grundsätzlich gleichen sinnlichen Antriebsstruktur bestehen können, als auch in den denkbaren Unterschieden zwischen vernünftigen Handelnden mit andersgearteten sinnlichen Antriebsstrukturen (es ist vorstellbar, dass es andere endliche Handlungsfähige gibt, als wir es sind, die anders und anderes begehren als wir). Vor allem aber ergibt sie sich aus dem Vergleich von Handlungsgründen, die auf eine sinnliche Antriebsstruktur (welcher Art auch immer) zurückgehen, mit einer denkbaren rein vernünftigen Handlungsbestimmung. Wegen ihres bloß relativen Wertes und ihrer Kontingenz können subjektive oder materiale Zwecke nicht Grund unbedingt notwendiger Gesetze des Handelns oder kategorischer Imperative sein, sondern »nur der Grund hypothetischer Imperative«.

$53_{20\text{-}24}$ | $428_{3\text{-}6}$ Ganz anders verhielte es sich aber, wenn es etwas gibt, das nicht relativ auf etwas anderes, sondern bereits für sich genommen einen unbedingten Wert besitzt. Dann stellt es als solches einen unbedingt notwendigen Zweck dar, der nicht etwas ist, das es allererst oder stets von Neuem zu realisieren gilt, sondern dem es in allem Handeln stets Rechnung zu tragen gilt. Entsprechend wäre dieser Zweck der Grund von Gesetzen für das Handeln. Daher wäre dieser Zweck, und nichts anderes, der Grund eines kategorischen Imperativs. Nur wenn es einen solchen unbedingt notwendigen Zweck gibt, nur wenn es etwas gibt, das als Zweck an sich selbst oder als unbedingt notwendiger Zweck existiert, gibt es einen kategorischen Imperativ.

Es ist wichtig zu beachten, dass alle Bestimmungen hier ganz eng miteinander zusammenhängen: Unbedingte praktische Notwendigkeit lässt sich nicht ohne einen unbedingt notwendigen Zweck denken. Denn eine Handlung wird wegen eines Ziels oder mit Blick auf ein Ziel unternommen. Ist das Ziel kontingent, hängt seine Existenz davon ab, ob ein Handelnder es erreichen will oder nicht, dann ist zweierlei der Fall: Erstens, der Handelnde will das Ziel erreichen, weil er etwas anderes erreichen will (dieses andere ist *letztlich* das Ziel eigener Glückseligkeit, das der Handelnde, wie wir gesehen haben, immer schon hat und das als unbestimmter und unbestimmbarer Fluchtpunkt seiner darauf bezogenen Ziele fungiert). Das *Ziel* ist entsprechend »relativ gut«, d.h. gut, um etwas anderes zu erreichen. Das Ziel ist »bedingt notwendig«. Der Handelnde hält es nur insofern für notwendig, das fragliche Ziel zu erreichen zu versuchen, als er es als ein Mittel ansieht, um etwas anderes zu erreichen. Zweitens, die durch das Ziel begründete *Handlung* ist »relativ gut« und »bedingt notwendig«. Sie ist notwendig, insofern und solange der Handelnde das Ziel hat und die Handlung als notwendiges Mittel ansieht, das Ziel zu erreichen oder zu bewirken. Die Handlung ist insofern (in der Perspektive des Handelnden) gut, als sie das Ziel hervorzubringen hilft, das der Handelnde mit Blick auf anderes für gut erachtet bzw. für gut zu erachten genötigt ist. Im Unterschied dazu wäre ein unbedingt notwendiger Zweck etwas absolut Gutes (und umgekehrt, insofern »gut« im Unterschied zu »schön« eine handlungsbezogene Bewertung darstellt, etwas absolut Gutes ein unbedingt notwendiger Zweck) und ein Grund für unbedingt notwendige Handlungen oder, anders gesagt, ein Grund von gehaltvollen (»bestimmten«) Gesetzen für das Handeln. Denn ein unbedingt notwendiger Zweck wäre etwas, dem in allem Handeln Rechnung zu tragen wäre, und die Gesetze würden bestimmen, wie dem unbedingt notwendigen Zweck Rechnung zu tragen ist. Schließlich kann ein unbedingt notwendiger Zweck nicht etwas sein, das es allererst oder immer wieder zu bewirken gilt. Denn dann wäre nicht es selbst der unbedingt notwendige Zweck, sondern das wäre der unbedingt notwendige Zweck, weswegen es zu bewirken wäre, und seine Handlungsrelevanz (Zweck von Handlungen zu sein) würde von kontingenten Umständen und Handlungsmöglichkeiten abhängen. Etwas absolut Gutes bzw. ein »Zweck an sich selbst« muss daher »immer schon« als solches oder solcher *existieren*.

Weil die unbedingte Notwendigkeit von Handlungen nur durch einen unbedingt notwendigen Zweck begründet werden kann, kann es nur dann einen kategorischen Imperativ geben, wenn etwas als unbedingt notwendiger Zweck oder »Zweck an sich selbst« existiert. Kant ist also *nicht* folgendermaßen zu verstehen: Im Prinzip sind unterschiedliche Gründe für einen kategorischen Imperativ denkbar (also unterschiedliche Gründe für den Willen eines handlungsfähigen Subjekts, sich selbst nach bestimmten Gesetzen zum Handeln zu bestimmen). *Falls* es nun etwas gibt, das als Zweck an sich selbst existiert, dann würde genau in diesem Zweck der Grund für einen kategorischen Imperativ liegen.

Kant hat ja schon im vorausgegangenen Absatz herausgestellt, dass »das, was dem Willen zum objektiven Grunde seiner Selbstbestimmung dient, der *Zweck*« ist ($52_{34f.}$ | $427_{22f.}$), und diesen dann (auch durch Abgrenzung) weiter spezifiziert. *Nur wenn* es etwas gibt, das für jedes handlungsfähige vernünftige Wesen als Zweck an sich selbst existiert, kann für es ein kategorischer Imperativ gültig oder verbindlich sein.

Im Unterschied zur ursprünglichen und ersten Bestimmung des Gehalts des kategorischen Imperativs aus dem bloßen Gesetzescharakter heraus, durch den ein solcher Imperativ gekennzeichnet wäre, steht hier nun der *Grund* eines möglichen kategorischen Imperativs für ein handlungsfähiges vernünftiges Wesen im Vordergrund und die Ableitung des Gehalts des kategorischen Imperativs aus diesem Grund. Bis auf Weiteres hat dieser Grund aber den Charakter einer bloßen Annahme (»Gesetzt aber …«).

Es sollte deutlich geworden sein, dass Kant in dem Satz, der den vorliegenden kurzen Absatz bildet, ganz wesentliche Beziehungen und Begründungsverhältnisse aufzeigt. Es handelt sich um einen der wichtigsten Sätze im ganzen Werk. Kant hat dies auch dadurch hervorgehoben, dass er den Satz in einem eigenen Absatz vom Vorherigen und Nachfolgenden abgetrennt hat.

53_{25} – 54_{17} | 428_{7-33} Kants Argumentation in diesem Absatz lässt sich folgendermaßen entfalten. Angenommen es gibt vernünftige Wesen oder Personen, also Wesen, die das Vermögen reiner praktischer Vernunft besitzen und deshalb sich notwendige Zwecke setzen und um notwendiger Zwecke willen handeln können, und angenommen, der Mensch ist ein vernünftiges Wesen bzw. eine Person. Dann gilt Folgendes:[13] Vernünftige Wesen oder Personen müssen für sich selbst und wechselseitig füreinander einen unbedingt notwendigen Zweck, einen »Zweck an sich selbst« darstellen. Dem gilt es stets dadurch Rechnung zu tragen, dass man ein vernünftiges Wesen »nicht bloß als Mittel« gebrauchen darf. Ein vernünftiges Wesen existiert deshalb als Zweck an sich selbst, weil es aufgrund seines Vermögens reiner praktischer Vernunft die mögliche Quelle[14] notwendiger Zwecke und somit unbedingt guter Gegenstände des Handelns ist und als mögliche Quelle von unbedingt Gutem selbst einen unbedingten, absoluten Wert darstellt. Der Maßstab des Vermögens reiner praktischer Vernunft liegt somit in den vernünftigen Wesen selbst. Die Zwecke reiner praktischer Vernunft können nur darin bestehen, dem unbedingt notwendigen Zweck Rechnung zu tragen, den Personen qua ihres Vermögens reiner

[13] Nach meinem Dafürhalten betrifft die These, die Kant aufstellt (»Nun sage ich«) nicht den folgenden, von mir näher entfalteten Inhalt der Argumentation, sondern deren Voraussetzung, nämlich dass es (im emphatischen Sinn) vernünftige Wesen gibt und dass der Mensch ein vernünftiges Wesen ist.

[14] Als mit dem Vermögen reiner praktischer Vernunft begabtes, aber nicht rein vernünftiges Wesen handelt es nicht selbstverständlich vernünftig. Es ist deshalb nicht die selbstverständliche, sondern nur die mögliche Quelle notwendiger Zwecke.

praktischer Vernunft selbst darstellen. (Diese selbstbezügliche Struktur reiner praktischer Vernunft wird Kant später im Text mit Hilfe des Begriffs der *Autonomie*, der Selbstgesetzgebung, näher entfalten.)

Ohne diesen Maßstab des objektiven Zwecks oder absoluten Werts der Personen könnte es für die Vernunft »kein oberstes praktisches Prinzip« geben. Denn die Neigungen geben nur zu subjektiven, variablen und kontingenten Zwecksetzungen Anlass. Die Neigungen selbst können als Quellen oder Gründe solch kontingenter Zwecksetzungen keinen unbedingten Wert besitzen. Sie sind deshalb nicht für sich selbst wünschenswert, im Gegenteil, sagt Kant, jedes vernünftige Wesen wünscht notwendigerweise von den Neigungen »gänzlich (...) frei zu sein«.

Dieser Behauptung wollen wir vermutlich nicht so einfach zustimmen. Denn ist unsere sinnliche Natur nicht Teil unseres Menschseins? Will Kant sagen, dass wir, wenn wir vernünftige Wesen sind, uns wünschen müssten, keine Menschen zu sein? Man könnte versuchen wollen, »davon gänzlich frei zu sein« anders zu verstehen, nämlich in dem Sinne, dass wir uns als vernünftige Wesen wünschen müssen, dass wir durchgängig unsere vernünftigen Handlungsgründe zum Zuge kommen lassen. Für eine solche Lesart wäre aber ein »Wünschen« zu schwach. Ich will dies hier aber nicht weiterverfolgen, sondern lediglich betonen, dass die Argumentation, dass die Neigungen keinen absoluten Wert besitzen, auf die diskutierte Behauptung Kants nicht angewiesen ist.

Kant stellt des Weiteren heraus, dass Tiere als nicht vernünftige (instinktgeleitete) Wesen keinen absoluten Wert besitzen können. Alle Nicht-Personen versteht Kant als Sachen, d.h. als Gegenstände, die als bloße Mittel für die Verfolgung eigener Zwecke verwendet werden dürfen. Nun muss man aber die Unterscheidung »absoluter Wert – bloß instrumenteller Wert« nicht als vollständig ansehen. Etwas kann in sich wertvoll sein, ohne einen absoluten Wert zu besitzen, und es kann Abstufungen des In-sich-Wertvollen geben, sodass sich sagen lässt, dass etwas in sich wertvoller ist als etwas anderes. Ein bloß instrumenteller Gebrauch von etwas in sich, aber nicht absolut Wertvollem wäre dann nicht ausgeschlossen, aber rechtfertigungsbedürftig und nicht jede Rechtfertigung könnte eine ausreichende Begründung darstellen. Dass Kant für solche Abstufungen keinen Platz hat, ist eine Schwäche seiner Konzeption.

54_{17}–55_{4} | 428_{34}–429_{13} Kant fasst zunächst zusammen, dass es nur dann ein oberstes praktisches Prinzip bzw. einen kategorischen Imperativ geben kann, wenn es einen unbedingt notwendigen Zweck (»was notwendig für jedermann Zweck ist«) gibt. Es ist nun wichtig zu beachten, dass Kant, wenn er nun fortfährt: »Der Grund dieses Prinzips ist: *die vernünftige Natur existiert als Zweck an sich selbst*«, nicht noch einmal die vorausgegangene Argumentation wiederholt, sondern vorausgreifend die Realität vernünftiger Wesen, ihres absoluten Wertes und des dadurch begründeten Prinzips oder Imperativs behauptet. Kant greift hier, wie er auch in der Anmerkung ($54_{33\,f.}$ | $429_{35\,f.}$) sagt, dem dritten Teil der *Grundlegung* voraus. Da sich die Wirklichkeit der Freiheit, das Vermögen reiner praktischer Vernunft, nicht beweisen lässt, wird Kant dort den Weg gehen zu zeigen, was wir Menschen von uns und überhaupt alle vernünftigen Wesen von sich anzunehmen genötigt sind, nämlich dass sie das Vermögen reiner praktischer Vernunft besitzen, dass sie folglich als Zwecke an sich selbst existieren und dass für sie das Moralprinzip Gültigkeit besitzt und verbindlich ist.[15] Dieses lässt sich entsprechend als der Imperativ fassen: *»Handle so, daß du die Menschheit, sowohl in deiner Person als in der Person eines jeden anderen, jederzeit zugleich als Zweck, niemals bloß als Mittel brauchest.«*

Kant gebraucht »Menschheit« in der *Grundlegung* in drei unterschiedlichen Bedeutungen: erstens, als die spezifische Natur, die Menschen von anderen vernünftigen Wesen unterschei-

[15] Dass solche Annahmen gemacht werden müssen, setzt Kant hier als zutreffend voraus (»stellt« er »hier als Postulat auf«, *GMS* 54_{33} = IV, 429_{35})

det,[16] zweitens, als Kollektivbegriff, der alle Menschen oder die menschliche Gattung insgesamt bezeichnet,[17] drittens, als die vernünftige Natur oder das Vermögen reiner praktischer Vernunft, die oder das die Menschen mit anderen vernünftigen Wesen (möglicherweise) gemeinsam besitzen.[18] Die zweite Bedeutung kann sich allerdings sowohl mit der ersten Bedeutung als auch mit der dritten Bedeutung überschneiden.

In der hier vorliegenden Formulierung des Kategorischen Imperativs, der sog. *Menschheitsformel*, gebraucht Kant »Menschheit« in der dritten Bedeutung. Wir sind aufgefordert, stets dem unbedingten Wert Rechnung zu tragen, den wir selbst und jede andere Person aufgrund unserer vernünftigen Natur oder des Vermögens reiner praktischer Vernunft besitzen. Es ist diese Natur bzw. dieses Vermögen, die bzw. das uns zu Personen macht.[19]

[16] *GMS* $29_{26\text{-}30}$ = IV, $408_{19\text{-}22}$: »Denn mit welchem Rechte können wir das, was vielleicht nur unter den zufälligen Bedingungen der Menschheit gültig ist, als allgemeine Vorschrift für jede vernünftige Natur in unbeschränkte Achtung bringen, (…).«, *GMS* 50_{21} = IV, $425_{19\text{-}20}$: »aus der besonderen Naturanlage der Menschheit«.

[17] Noch einmal *GMS* 50_{21} = IV, $425_{19\text{-}20}$, *GMS* $56_{14\text{-}15}$ = IV, $430_{19\text{-}21}$: »Nun würde zwar die Menschheit bestehen können, wenn niemand zu des anderen Glückseligkeit etwas beitrüge, (…).«

[18] *GMS* $56_{23\text{-}24}$ = IV, $430_{28\text{-}9}$: »Dieses Prinzip der Menschheit und jeder vernünftigen Natur überhaupt *als Zwecks an sich selbst* (…).«, *GMS* 61_{36}–62_{3} = IV, $435_{5\text{-}9}$: »Nun ist Moralität die Bedingung, unter der allein ein vernünftiges Wesen Zweck an sich selbst sein kann; weil nur durch sie es möglich ist, ein gesetzgebendes Glied im Reiche der Zwecke zu sein. Also ist Sittlichkeit und die Menschheit, sofern sie derselben fähig ist, dasjenige, was allein Würde hat.«, *GMS* 66_{31} = IV, $439_{4\text{-}5}$: »die Würde der Menschheit als vernünftiger Natur«, *GMS* $68_{9\text{-}12}$ = IV, $440_{10\text{-}13}$: »und die Würde der Menschheit besteht eben in dieser Fähigkeit, allgemein gesetzgebend, obgleich mit dem Beding, eben dieser Gesetzgebung zugleich selbst unterworfen zu sein.«

[19] Kant hat in der *Religionsschrift* zwischen »Menschheit« und »Persönlichkeit« unterschieden, wobei »Persönlichkeit« nun die Bedeutung von »Menschheit« in der dritten Bedeutung erhält (*Rel.* $32_{6\text{-}10}$, 32_{35}–33_{1} = VI, $27_{4\text{-}7,\ 27\text{-}29}$). Diese Unterscheidung ist aber in der *Grundlegung*

Für das Verständnis der Menschheitsformel ist es wichtig zu beachten, dass nicht verboten ist, uns selbst oder andere als Mittel zu gebrauchen. Das tun wir ständig und teilweise unvermeidlich, etwa wenn wir selbst ein Ziel erreichen wollen oder zum Frisör gehen. Verboten ist nur, uns selbst oder andere *bloß* als Mittel zu gebrauchen und mit uns selbst oder anderen in einer Weise umzugehen, die unseren eigenen oder der anderen unbedingten Wert missachtet. Dass die Forderung der Achtung dieses unbedingten Werts ein taugliches Kriterium bei der Beurteilung von Handlungen ist, versucht Kant nachfolgend anhand der vier Beispiele zu zeigen.

55_5–56_{22} | 429_{14}–430_{27} (ÜBERBLICK) Kant gebraucht für die Kategorisierung der behandelten Pflichten eine gegenüber der ersten Behandlung der Beispiele teilweise abweichende Terminologie. Statt von »vollkommenen« (45_{24} | 421_{23}) bzw. »strengen«, »engeren«, »unnachlaßlichen« (49_3 | $424_{10f.}$) Pflichten spricht er von »notwendigen« Pflichten, womit ebenfalls im Inhalt klar umrissene Pflichten bzw. Verbote gemeint sind. Im Beispiel der vollkommenen Pflicht gegen andere (dem Verbot des lügenhaften Versprechens) bezeichnet er jetzt die Pflicht als »notwendige oder schuldige Pflicht gegen andere«. »Schuldige Pflicht« meint eine Pflicht, auf deren Erfüllung die andere, betroffene Person einen Anspruch, ein Recht hat. Dass Kant die »notwendigen oder schuldigen Pflichten« auch im Zusammenhang der Rechte der möglichen Betroffenen versteht, zeigt sich auch daran, dass er im Anschluss an das Verbot des lügenhaften Versprechens mit den Verboten von »Angriffen auf Freiheit und Eigentum« noch andere, möglicherweise klarere »Rechte der Menschen« thematisiert. Es finden sich also auch hier im Kern schon Gesichtspunkte, die Kant später in der *Rechtslehre* der *Metaphysik der Sitten* (1797) näher entfalten wird.[20]

noch nicht vollzogen, und es wäre ein Fehler, »Menschheit« in der Menschheitsformel in der eingeschränkten Bedeutung der *Religionsschrift* zu verstehen.

20 Im Unterschied zum *Recht* in der späteren *Rechtslehre* geht es hier

Statt von »unvollkommenen« (45_{24} | 421_{23}) oder »weiteren« (49_4 | 424_{11}) Pflichten gegen sich selbst spricht Kant hier von »zufälligen« Pflichten. »Zufällig« sind die Pflichten, da ihr Gehalt nicht klar umrissen ist und sie in unterschiedlicher Weise und in einem unterschiedlichen Ausmaß erfüllt werden können. Die Bezeichnung der unvollkommenen Pflichten als »verdienstliche« Pflichten behält Kant hier bei. Während die Befolgung der notwendigen Pflichten nur in dem besteht, was man sich selbst oder anderen schuldig ist, kann, wie oben schon herausgestellt, durch Unterschiede im Umfang oder in der Intensität der Erfüllung der Pflicht (also etwa indem man vielen Menschen hilft oder einem Menschen in besonderer Weise oder mit großem Einsatz) die Erfüllung der Pflicht mehr oder minder verdienstlich sein.

$55_{5\text{-}22}$ | $429_{14\text{-}28}$ Kant fasst das erste Beispiel hier als die Frage, ob man sich das Leben nehmen darf, »um einem beschwerlichen Zustande zu entfliehen«. Kant verneint dies, wobei er die fragliche Selbsttötung gewissermaßen sowohl von der Seite des Mittelgebrauchs als auch von der Seite der Unverfügbarkeit eines Zwecks an sich selbst her angeht. Würde jemand sich aus diesen Gründen das Leben nehmen, so würde er sich lediglich als Mittel für das eigene Wohlergehen gebrauchen. Der unbedingte Wert der Person schließt es aus, beliebig über sich verfügen, also etwa sich zu verstümmeln, zu schädigen (»verderben«) oder zu töten. Kant deutet aber auch an, dass Amputationen oder Selbstgefährdungen gerechtfertigt sein können, wenn sie der Lebensrettung oder dem Lebenserhalt dienen. Dies wird Kant in der *Tugendlehre* der *Metaphysik der Sitten* wieder aufgreifen (siehe *MST* $60_{10\text{-}21}$ = VI, $423_{7\text{-}16}$).

55_{23} - 56_2 | 429_{29} - 430_9 Im Falle des lügenhaften Versprechens ist sofort offenkundig, dass der Handelnde einen anderen bloß für seine eigenen Absichten benutzen will. Denn er würde einen an-

allerdings nicht um die rechtliche, sondern um die ethische Begründung der Verpflichtung der handelnden Personen. Sowohl die Pflichten wie auch die Gründe, diesen Pflichten Folge zu leisten, beruhen auf dem unbedingten Wert der Personen.

deren nur dann als Zweck an sich selbst achten, wenn er es zur Bedingung seines andere betreffenden Handelns machte, dass die Betroffenen mit dem Zweck der Handlung einverstanden sind und in diesem Sinne den Zweck der Handlung teilen oder sich zu eigen machen. Dies kann bei einem lügenhaften Versprechen unmöglich der Fall sein. Kant hält dies einerseits für evident, andererseits hält er überraschenderweise das Beispiel mit Blick auf das, was er verdeutlichen will, für suboptimal, sodass er auf seiner Auffassung nach noch deutlichere Verletzungen der Rechte der Menschen wie »Angriffe[.] auf Freiheit und Eigentum« verweist.

$56_{25\text{-}33}$ | $430_{30\text{-}37}$ (ANMERKUNG) Kant ist besorgt, man könne den von ihm angewandten Beurteilungsmaßstab mit der Goldenen Regel (»Was Du nicht willst, das man Dir tu [lateinisch: quod tibi non vis fieri], das füg' auch keinem andern zu!«) verwechseln oder als aus dieser abgeleitet verstehen. Diese Sorge ist etwas überraschend. Denn die Goldene Regel macht das eigene, vielleicht wohlüberlegte, aber tatsächliche Wollen zum Maßstab dafür, wie man andere behandeln soll. Kant macht in überzeugender Weise geltend, dass sich bestimmte Pflichten wie Pflichten zur Hilfeleistung oder zur Anwendung des Strafrechts durch die Goldene Regel nicht oder nicht verlässlich begründen lassen. Gegen Kants Sorge spricht aber, dass bei dem sich aus dem Kategorischen Imperativ ergebenden Verbot der die Rechte anderer verletzenden Handlungen die Blickrichtung gegenüber der Golden Regel genau umgekehrt ist: nicht vom subjektiven Wollen des Handelnden auf den Betroffenen, sondern von der Würdigung der von einer Handlung Betroffenen auf das, was ein Handelnder wollen oder tun darf. Insofern kann die Goldene Regel auch nicht in einem strengeren Sinne aus dem Kategorischen Imperativ abgeleitet werden. Es lassen sich lediglich einige der durch den Kategorischen Imperativ begründeten Handlungsnormen auch aus der Goldenen Regel herleiten.

$56_{3\text{-}11}$ | $430_{10\text{-}17}$ Als Menschen haben wir bestimmte körperliche oder geistige Naturanlagen, mit deren Hilfe wir unsere Fähigkeiten, zu handeln und Ziele zu erreichen, entwickeln und erweitern können (»Anlagen zu größerer Vollkommenheit, die zum Zwecke der Natur in Ansehung der Menschheit in unserem Subjekt gehören«). Wir würden dem unbedingten Wert oder Zweck, den wir für uns selbst darstellen müssen, nicht ausreichend Rechnung tragen, wenn wir ihn nur als Grenze verstehen würden, die uns bestimmte Handlungen (wie etwa die Selbsttötung aus Selbstliebe) verbietet, und nicht zugleich auch als Aufgabe, unsere Handlungsfähigkeit zu entfalten und entsprechend unsere Vermögen zu steigern, diesem Wert positiv Rechnung zu tragen. Dieses Gebot lässt sich allerdings in unterschiedlichem Maß erfüllen.

Kant verwendet in diesem Absatz »Menschheit« in allen drei Bedeutungen, wobei sich zeigt, dass die Bedeutungen ineinander übergehen können. Die erste Verwendung in »Menschheit in unserer Person« meint primär unsere vernünftige Natur oder unser Vermögen reiner praktischer Vernunft. Es ließe sich in diesem Kontext auch von Handlungsfähigkeit im emphatischen Sinne sprechen. Bei der zweiten und dritten Verwendung »in der Menschheit Anlagen zu größerer Vollkommenheit« und »in Ansehung der Menschheit in unserem Subjekt« ist Menschheit primär im Sinne der (weiter gefassten) Natur des Menschen gemeint. In der vierten Verwendung »allenfalls wohl mit der *Erhaltung* der Menschheit als Zwecks an sich selbst« changiert die Bedeutung zwischen (primär) Erhalt der vernünftigen Natur des Handelnden und der Erhaltung der Gattung Mensch als Gattung vernünftiger Naturen, wie auch der Vergleich mit der ersten Behandlung des Beispiels zeigt ($47_{24\,f.}$ | $423_{7\,f.}$: »daß zwar eine Natur nach einem solchen allgemeinen Gesetze immer noch bestehen könne«).

$56_{12\text{-}22}$ | $430_{18\text{-}27}$ So wie wir für uns selbst nicht nur eine Grenze, sondern auch eine Aufgabe darstellen, so müssen auch die anderen Menschen für uns nicht nur eine Grenze, sondern auch eine Aufgabe darstellen. Andernfalls würden wir ihrem Status als Zweck an sich selbst nicht ausreichend Rechnung tragen. Daraus erwächst uns die Aufgabe, andere Menschen in ihrem (moralisch vertretbaren) Glücksstreben zu unterstützen.

56_{23}–57_{20} | 430_{28}–431_{18} Kant vertieft im Weiteren die Selbstbezüglichkeit (des Gebots) reiner praktischer Vernunft, indem er die beiden entscheidenden Hinsichten der Naturgesetzformel und der Menschheitsformel, nämlich die Form der Allgemeinheit und Notwendigkeit des Gesetzes und den materialen Gehalt des unbedingt notwendigen Zwecks in der Idee eines »allgemein gesetzgebenden« bzw. (im nächsten Absatz) eines »selbstgesetzgebenden« Willens zusammenführt. Es ist wichtig, stets im Blick zu behalten, dass es um Normen und Bestimmungsgründe des Willens, also des Entscheidungszentrums der Handlungsfähigkeit des Menschen (bzw. jeden nicht selbstverständlich vernünftigen Wesens) geht. Kant nimmt vorausgreifend an, dass wir in unserer Handlungsfähigkeit über das Vermögen reiner praktischer Vernunft verfügen. Dann müssen wir uns selbst und wechselseitig als Zweck an sich selbst verstehen, ein Gesichtspunkt, der alle unsere Handlungsbestimmungen leiten muss (als »oberste einschränkende Bedingung der Freiheit der Handlungen eines jeden Menschen«). Aufgrund der Allgemeinheit dieser Idee und auf Grund der Notwendigkeit dieses Zweckes ist dieses Prinzip nicht der Erfahrung und unseren zufälligen Zwecksetzungen (»subjektiven Zwecken«) entlehnt, sondern die hier leitenden Ideen müssen als »aus reiner Vernunft« entspringend gedacht werden. Wenn wir uns als vernünftige, mit dem Vermögen reiner Vernunft begabte Wesen verstehen, dann müssen wir unseren Willen selbst und den Willen jeden vernünftigen Wesens *als allgemein gesetzgebend* verstehen. An dieser Idee, die auf eine dritte Formel des kategorischen Imperativs führt, sind zwei miteinander zusammenhängende Aspekte wichtig: Der jeweils eigene Wille eines mit dem Vermögen reiner praktischer Vernunft begabten Wesens enthält das für alle diese Wesen gleiche notwendige (allgemeingültige) Gesetz des Handelns. Entsprechend steht der Wille jedes so begabten Wesens unter einem Gesetz, das diesem Willen selbst entspringt. Wir haben also von einem *doppelten* Selbstverhältnis auszugehen: zum einen von dem oben schon angesprochenen Selbstverhältnis oder der Selbstbezüglichkeit des Vermögens reiner praktischer Vernunft, die den allgemeingültigen Maßstab der eigenen Zwecksetzungen in selbst enthält, und zum anderen von dem Selbstverhältnis eines mit dem Vermögen reiner praktischer Vernunft begabten Willens, der unter einem Gebot steht (einer obersten einschränkenden Bedingung seiner Freiheit), das ihm, gewissermaßen als Teil von ihm, selbst entstammt.

Oder, wie Kant es im folgenden Absatz $57_{21\text{-}27}$ | $431_{19\text{-}24}$ formuliert: »Der Wille wird also nicht lediglich dem Gesetze unterworfen, sondern so unterworfen, daß er auch *als selbstgesetzgebend* und eben um deswillen allererst dem Gesetze (davon er sich selbst als Urheber betrachten kann) unterworfen angesehen werden muß.« Die dritte Formel des Kategorischen Imperativs wird hier und im folgenden Absatz ($58_{13\text{-}15}$ | $432_{2\text{-}4}$) nur angedeutet und erst acht Absätze später ausdrücklich als das Prinzip formuliert, »keine Handlung nach einer anderen Maxime zu tun, als so (…) *daß der Wille durch seine Maxime sich selbst zugleich als allgemein gesetzgebend betrachten könne.*« (60_{35}-61_4 | $434_{10\text{-}14}$).

57_{28}–58_{15} | 431_{25}–432_4 Einen Vorteil der dritten Formel sieht Kant darin, dass deutlicher wird, *warum* dem Prinzip der Moral unter Absehung von jedweden in unserer Sinnlichkeit wurzelnden Handlungsgründen Folge geleistet werden kann. Dass von allen solchen Handlungsgründen abzusehen ist, wird auch von den ersten beiden Formeln gefordert, weil sie die Idee unbedingten Sollens explizieren. In diesen Formeln wird also die Existenz eines Kategorischen Imperativs einfach vorausgesetzt. Mehr kann im vorliegenden zweiten Teil der *Grundlegung* auch nicht geleistet werden. Kant sieht aber eine besondere Leistung und Relevanz der dritten Formel darin, dass sie einen Schritt in Richtung der Beantwortung der Frage nach der Möglichkeit kategorischer Imperative macht, also der Frage, ob kategorische Imperative für uns eine nötigende Kraft besitzen können und woher sie diese gegebenenfalls beziehen.

$58_{16\text{-}23}$ | $432_{5\text{-}11}$ Denn wenn das Moralgesetz für unseren Willen ein fremdes Gebot wäre, dem der Wille einfach nur unterstehen würde, dann würde es Gründe bedürfen, diesem Gebot zu folgen, die in unserer Sinnlichkeit wurzeln und dem Gebot fremd sind. Entsprechend würden wir das Gebot unter der Hand in einen hypothetischen Imperativ verwandeln, und es wäre unverständlich, wie ein unbedingter Sollensanspruch für uns qua unbedingter Sollensanspruch eine nötigende Kraft besitzen könnte. Ganz anders stellen sich die Dinge aber dar, wenn wir uns immer auch als Urheber des Gebotes verstehen müssen, unter dem wir stehen.

58_{24} - 59_{6} | 432_{12} - $_{24}$ Wenn wir also den kategorischen Imperativ aus der Perspektive der möglichen Adressaten dieses Imperativs betrachten, so muss ein dazwischentretendes Interesse, das die Befolgung des Imperativs motiviert, ausgeschlossen sein. Entsprechend kann es einen kategorischen Imperativ für einen Willen nur dann geben, wenn das allgemeine Gesetz für alle vernünftigen Wesen diesem Willen, obwohl er nicht selbstverständlich vernünftig ist, doch selbst entspringt bzw. auf diesen selbst zurückgeht.

$58_{32\text{-}34}$ | $432_{35\text{-}37}$ (ANMERKUNG) Kant verzichtet darauf, die Beurteilung von Handlungen bzw. Maximen durch die dritte Formel des kategorischen Imperativs anhand von Beispielen zu erläutern. Dazu können die bisherigen Beispiele herangezogen werden, und Kant geht offensichtlich davon aus, dass sich die Beispiele mittels der Formel ohne Schwierigkeit beurteilen lassen.

$59_{7\text{-}29}$ | 432_{25} - 433_{11} Dass bislang übersehen wurde, dass es einen kategorischen Imperativ für einen Willen nur dann geben kann, wenn das Gesetz des Handelns diesem selbst entspringt, darin sieht Kant den Grund des Scheiterns aller bisherigen Versuche, »das Prinzip der Sittlichkeit ausfindig zu machen«. Denn immer wenn ein dem Willen fremdes Gebot vorschrieben wird, entsteht die bereits erwähnte Vermittlungsproblematik: Es bedarf dann eines in der Sinnlichkeit wurzelnden Interesses oder Grundes, der Furcht oder der Aussicht auf Glück, das Gebot zu befolgen. Damit wird es aber zu einem in der Klugheit der Handelnden begründeten hypothetischen Imperativ. Ein Moralprinzip lässt sich nur auffinden, wenn an die Stelle der Fremdbestimmung oder *Heteronomie* (griechisch: heteros – verschieden, fremd, nomos – Gesetz) eines dem Willen äußerlichen Gebotes die Selbstbestimmung (*Autonomie*) des Willens durch sich selbst tritt. Der Kategorische Imperativ kann nur ein *Prinzip der Autonomie* sein. Dies stellt die dritte Formel des Kategorischen Imperativs in besonderer Weise heraus.

59_{30-34} | 433_{12-16} Das doppelte Selbstverhältnis bzw. die doppelte Selbstgesetzgebung innerhalb des Vermögens reiner praktischer Vernunft selbst und innerhalb des Willens eines nicht selbstverständlich vernünftigen, aber mit dem Vermögen reiner praktischer Vernunft ausgestatteten Wesens erläutert Kant nun im Weiteren mithilfe der Idee bzw. dem Ideal (also der als vollkommen verwirklicht gedachten Idee) eines »Reichs der Zwecke«. Diese Idee oder, wie Kant im vorliegenden Absatz sagt, dieser »sehr fruchtbare Begriff« überträgt gewissermaßen die Innenverhältnisse eines vernünftigen Wesens auf die Relationen zwischen den Personen. Der Begriff wird hier erst eingeführt. Wichtig ist, zunächst den Begriff oder die Idee zu verstehen, die auf die Idee des Reichs der Zwecke führt, also den Begriff »eines jeden vernünftigen Wesens, das sich durch alle Maximen seines Willens als allgemein gesetzgebend betrachten muss, um aus diesem Gesichtspunkte sich selbst und seine Handlungen zu beurteilen«. In dieser Idee wird in kondensierter Form genau die doppelte Selbstgesetzgebung gedacht. Auf der Linie der dritten Formel wird diese doppelte Selbstgesetzgebung als Gebot des eigenen Willens eines jeden nicht selbstverständlich vernünftigen Wesens begriffen. Ein solches vernünftiges Wesen muss sich (der Idee nach) »durch alle Maximen seines Willens als allgemein gesetzgebend betrachten«, weil es durch sein Vermögen reiner praktischer Vernunft notwendiger Zwecksetzungen fähig ist, weshalb vernünftige Wesen für sich selbst und füreinander als unbedingt notwendige Zwecke existieren. Daraus ergibt sich zugleich der Maßstab der Beurteilung der tatsächlichen Maximen und Handlungen eines solchen Wesens.

60_{1-10} | 433_{17-25} Diese Relationen werden nun in der Idee eines Reichs der Zwecke als (dem Anspruch nach) notwendige Relationen zwischen vernünftigen Wesen entfaltet. Aufgrund ihrer

Fähigkeit zu notwendigen Zwecksetzungen stellen diese nämlich für sich selbst und füreinander Zwecke an sich selbst dar und enthalten für sich und füreinander den Maßstab einer normativ-notwendigen (gesetzlichen) Ordnung aller Zwecke und Zwecksetzungen. Es entsteht so die Idee einer »systematische[n] Verbindung verschiedener vernünftiger Wesen durch gemeinschaftliche Gesetze«, die Kant als *Reich* bezeichnet. Da diese Gesetze eine Ordnung der Zwecke darstellen, führt diese Idee auf ein *Reich der Zwecke*.

$60_{11\text{-}18}$ | $433_{26\text{-}33}$ Ausgangspunkt ist die Idee des unbedingt notwendigen Zweckes, die, wie gezeigt, aus der Selbstgesetzgebung reiner praktischer Vernunft resultiert. Diese Idee führt auf das im Willen vernünftiger Wesen enthaltene Gebot, das eine Ordnung aller Zwecke und Mittel vorschreibt: Vernünftige Wesen dürfen sich selbst und einander niemals bloß als Mittel behandeln, sondern müssen sich stets als Zweck an sich selbst achten. Die als verwirklicht gedachte Idee eines Reichs der Zwecke ist »freilich nur ein Ideal« der Vernunft. Das Reich der Zwecke ist kein verwirklichter gesetzlicher Zusammenhang.

$60_{19\text{-}23}$ | $433_{34\text{-}37}$ u. $60_{24\text{-}30}$ | $434_{1\text{-}6}$ Für endliche bzw. nicht rein vernünftige, aber mit dem Vermögen reiner praktischer Vernunft begabte Wesen, wenn es sie denn gibt, gilt die Doppelung der Selbstgesetzgebung. In ihrem Vermögen reiner praktischer Vernunft und dem darin gelegenen unbedingt notwendigen Zweck liegt das allgemeine Gesetz des Handelns für alle vernünftigen Wesen, dem diese vernünftigen Wesen zugleich unterworfen sind, weil sie diesem Gesetz nicht selbstverständlich folgen. Diese Doppelung der Selbstgesetzgebung sucht Kant mit Hilfe des Begriffs des Glied- oder Mitgliedseins im Reich der Zwecke zu fassen. Die fraglichen vernünftigen Wesen sind nicht einfach Untertanen unter ihnen wesenhaft fremden Geboten. Ein rein vernünftiges Wesen, das keinerlei vernunftfremde Bestimmungsgründe seines Willens kennt, wäre dagegen als Oberhaupt im Reich der Zwecke zu verstehen.

60_{31} – 61_{10} | $434_{7\text{-}19}$ Die moralische Richtigkeit und Gutheit des Handelns lässt sich also nach der Gesetzgebung beurteilen, die ein Reich der Zwecke begründen würde. Diese Gesetzgebung muss aber (als Selbstgesetzgebung oder doppelte Selbstgesetzgebung) im Willen jeden vernünftigen Wesens liegen. Entsprechend verlangt ein vernünftiges Wesen von sich selbst, nur nach Maximen zu handeln, die mit der Allgemeinheit des Gesetzes bzw. mit der auf das unbedingt notwendige Zwecksein vernünftiger Wesen bezogenen allgemeinen Gesetzgebung des Willens zusammengehen. Dieses Gesetz tritt jedem nicht selbstverständlich oder nicht rein vernünftigen Wesen als Anspruch unbedingten Sollens gegenüber, als Pflicht. Beim Oberhaupt im Reich der Zwecke entfällt dagegen die zweite Art der Selbstgesetzgebung und damit jedes nötigende Verhältnis im Willen selbst.

$61_{11\text{-}22}$ | $434_{20\text{-}30}$ Mit dem Ziel, den Begriff der *Würde* einzuführen und ihm einen neuen Zuschnitt zu geben, erläutert Kant noch einmal die (unbedingte) praktische Notwendigkeit, dem Moralprinzip zu folgen, indem er dessen Begründung im Verhältnis vernünftiger Wesen aufzeigt. Vernünftige Wesen müssen sich selbst und einander als fähig ansehen, einem Gesetz zu folgen, das sie sich selbst geben und sie zu Zwecken an sich selbst macht. Unbedingte praktische Notwendigkeit setzt unbedingt notwendige Zwecke voraus, die sich selbst wiederum nicht anders als im Selbstverhältnis und in der Selbstgesetzgebung der Subjekte reiner praktischer Vernunft denken lassen. Das Gebot der Vernunft besteht also darin, in seinen Maximen stets dem unbedingten Wert oder der *Würde* Rechnung zu tragen, der sich aus der Fähigkeit zur Selbstgesetzgebung vernünftiger Wesen ergibt. Diese Fähigkeit besteht wesentlich darin, diesem unbedingten Wert direkt, ohne vernunftfremde Vermittlungen, Rechnung tragen zu können.

$61_{23\text{-}27}$ | $434_{31\text{-}34}$ Kant beginnt in diesem Absatz zum Zwecke der weiteren Explikation und der weiteren Vorbereitung der Begründung des Prinzips moralischen Sollens mit einer Neubestimmung des Begriffs der *Würde*, die er in den folgenden drei Absätzen fortsetzt. Er gibt diesem Begriff gegenüber der in die römische Antike zurückreichenden Tradition der *honestas*

(Ehre) oder der *dignitas* (Würde), an die die Renaissance-Traktate über die Würde des Menschen (*De dignitate hominis*) angeknüpft haben, einen streng normativen Zuschnitt.

Die Tradition, von der sich Kant hier absetzt, in der er sich (an anderen Stellen) aber auch noch wie selbstverständlich bewegen kann, bezieht sich auf die mit einem Amt oder einem Status verbundene besondere Stellung, die damit verbundene Auszeichnung oder die in Amt oder Status verkörperte Ausgezeichnetheit. Dieser Tradition entstammen Begriffe, die uns heute noch vertraut sind, etwa in der Rede von der Würde eines Amtes oder der Würdigkeit eines Verhaltens. Auf der Linie dieser Tradition können wir beispielsweise anerkennend sagen, dass jemand eine Herausforderung oder einen Angriff auf seine Person »mit Würde« gemeistert hat, oder ein Benehmen kritisch als »würdelos« charakterisieren.

Ausgehend von dieser Tradition, aber von ihr abweichend, fasst Kant Würde als einen absoluten Wert, dem es im Handeln stets Rechnung zu tragen gilt. Er wird damit eine neue Tradition einer streng normativen Verwendung des Würdebegriffs begründen, die uns ebenfalls vertraut ist. Insofern müssen wir uns hier vor Verwechslungen hüten, indem wir etwa den eigentlich streng normativen Begriff im Sinne der älteren Tradition schwächer und damit zu schwach interpretieren. Auch ist es wichtig, im Blick zu behalten, dass sich der normative Begriff der Würde auf der Linie und als Fortführung der älteren Tradition verstehen lässt. So macht es den besonderen Status und die Würde$_{\mathrm{ALT}}$ einer Person aus, dass sie aufgrund ihrer Moralfähigkeit einen unbedingten Wert oder Würde$_{\mathrm{NEU}}$ besitzt. Der Begriff der Würde kann also zwischen der alten und der neuen Fassung des Begriffs changieren. Ein deutliches Beispiel dafür bietet der letzte Satz des vorausgegangen Absatzes: »Die Vernunft bezieht also jede Maxime des Willens als allgemein gesetzgebend auf jeden anderen Willen und auch auf jede Handlung gegen sich selbst, und dies zwar nicht um irgendeines anderen praktischen Bewegungsgrundes oder künftigen Vorteils willen, sondern aus der Idee der *Würde* eines vernünftigen Wesens, das keinem

Gesetze gehorcht als dem, das es zugleich selbst gibt.« ($61_{16\text{-}22}$ | $434_{25\text{-}30}$)

Um nun nach diesen Vorbemerkungen mit der eigentlichen Interpretation des *vorliegenden* Absatzes zu beginnen, so stellt Kant heraus, dass in der Idee eines Reichs der Zwecke jedem Zweck oder Mittel sein Wert bestimmt wird, wobei etwas entweder einen relativen Wert oder »einen Preis« oder einen absoluten Wert oder »eine Würde« besitzt. Das, was lediglich einen Preis hat, kann getauscht oder bruchlos durch anderes, das ebenfalls einen Preis hat, ersetzt werden. Solche Dinge sind untereinander kommensurabel. Was dagegen eine Würde hat, entzieht sich allen Möglichkeiten der Ersetzbarkeit oder Eintauschbarkeit. Es ist inkommensurabel.

$61_{28\text{-}35}$ | 434_{35} - 435_{4} Kant trifft eine weitere Unterscheidung innerhalb der Dinge, die einen bloß relativen Wert oder Preis haben. Nutzbare Dinge oder Eigenschaften von Menschen, die in unterschiedlicher Weise getauscht oder gebraucht werden können oder mit denen sich nutzbare Werte schaffen lassen, können einen direkten *Marktwert* oder *-preis* haben. Dinge oder Eigenschaften, die gefallen oder unterhalten, können einen das Gemüt und die in diesem gelegenen Gefühle in unterschiedlicher Weise betreffenden *Affektionspreis* besitzen.[21] Im vorliegenden Absatz bezieht sich Kant auf Erfahrungen von etwas als schön. Dies zeigt die Rede von »Geschmack« und vom »bloßen zwecklosen Spiel unserer Gemütskräfte«. Diese Erfahrungen versteht Kant hier offenbar als etwas Ersetzbares. Das Wohlgefallen an dem einen Schönen kann durch das Wohlgefallen am anderen Schönen ersetzt werden. Im nachfolgenden Absatz ($62_{4\text{f.}}$ | $435_{9\text{f.}}$) thematisiert Kant mit »Witz, lebhafte[r] Einbildungskraft, und

[21] Vgl. dazu auch *Anthr.* $219_{24\text{-}30}$ = VII, $292_{19\text{-}24}$: »Alle andere gute und nutzbare Eigenschaften desselben haben einen Preis, sich gegen andere, die ebensoviel Nutzen schaffen, austauschen zu lassen; das Talent einen *Marktpreis*, denn der Landes- oder Gutsherr kann einen solchen Menschen auf allerlei Art brauchen; - das Temperament einen *Affektionspreis*; man kann sich mit ihm gut unterhalten, er ist ein angenehmer Gesellschafter; (...).«

Launen« unterhaltende Eigenschaften. »Witz« hat hier wohl die Bedeutung »geistreiche Einfälle«,[22] »Launen« ist wohl im Sinne von »heiteren Gemütsstimmungen«[23] zu verstehen.

Von dem, was nur einen »relativen Wert« oder einen Preis hat, unterscheidet Kant, das, was einen »inneren Wert«, Würde, hat. Man erwartet eigentlich statt »innerer Wert« »absoluter Wert«. Offensichtlich ist für Kant hier der Gegensatz zwischen (austauschbar) »wertvoll für etwas anderes« und (allein) »in sich wertvoll« leitend. Er hat hier ein Begründungsverhältnis im Blick: Das, was »etwas«, eine Person, zu einem Zweck an sich macht (»was die Bedingung ausmacht, unter der allein etwas Zweck an sich selbst sein kann«), hat *Würde*. Die Würde, der unbedingte Wert dessen, was für Personen kennzeichnend ist, begründet, dass Personen Zwecke an sich selbst sind.

61_{36} – 62_{25} | 435_{5-28} Kennzeichnend für Personen ist ihre Menschheit, also ihre Moralfähigkeit, das Vermögen reiner praktischer Vernunft. Nur dieses Vermögen und sein Gebrauch in sittlich guten Gesinnungen oder Maximen besitzen Würde oder einen inneren, absoluten Wert. Nur unter der Voraussetzung des Vermögens reiner praktischer Vernunft kann ein Wesen Zweck an sich selbst sein, weil es nur so die Quelle notwendiger Zwecksetzungen sein und sich Gesetze geben kann, die darin bestehen, stets dem unbedingten Wert Rechnung zu tragen, der in dem Vermögen dieser Gesetzgebung liegt.

Kant spricht zunächst von Moralität oder Sittlichkeit als dem verwirklichten Vermögen, dann von Menschheit als dem Vermögen zu Moralität oder Sittlichkeit. Darin lässt sich erneut die doppelte Gesetzgebung erkennen. In der Idee des Innenverhältnisses reiner praktischer Vernunft ist die Selbstgesetzgebung reiner praktischer Vernunft als selbstverständlich realisiert zu denken. In der Idee des Willens eines Wesens, das lediglich das Vermögen reiner praktischer Vernunft besitzt, ist die Achtung der in der Selbstgesetzgebung reiner praktischer Vernunft gelegenen Würde

[22] Grimm, Deutsches Wörterbuch, Art. witz, Bd. 30, Witz, Sp. 871, II.
[23] Ebd., Art. laune, Bd. 12, Sp. 348, 6.

ein durch den Willen zu realisierender Anspruch. Dabei gilt es, das Vermögen reiner praktischer Vernunft ohne irgendwelche Vermittlungen durch in der Sinnlichkeit enthaltene Antriebe oder Wertungen zum Zuge kommen zu lassen. Der innere Wert einer moralisch guten Gesinnung ist unvergleichlich und kann durch nichts, was Natur oder Technik (»Kunst«) bereithalten oder zu leisten vermögen, eingetauscht oder vertreten werden.

Am Ende des Absatzes spricht Kant statt von Gesinnungen von Denkungsart. Denkungsart meint die Grundbestimmung des Willens in seinen Gesinnungen und Maximen, die leitende, oberste oder grundlegende Maxime aller Bestimmungen (Maximen) des Willens. In der moralisch guten Denkungsart wäre dem in dem Vermögen reiner praktischer Vernunft liegenden unbedingten Wert umfassend Rechnung getragen und die sich daraus ergebende Gesetzgebung gewissermaßen vollständig realisiert. Auch deshalb spricht Kant hier von der »Heiligkeit« eines Willens dieser Denkungsart. Der eigentliche Punkt ist aber die Betonung der jeder relativen Bewertung völlig entzogenen Wertdimension der Würde (»und setzt sie über allen Preis unendlich weg, mit dem sie gar nicht in Anschlag und Vergleichung gebracht werden kann«).[24]

62_{26}–63_{9} | 435_{29}–436_{7} Kern des unbedingten Wertes eines moralfähigen Wesens und seiner tugendhaften Gesinnungen ist die Fähigkeit zur Selbstgesetzgebung. Dieses Vermögen besteht darin, dass man in seinen Handlungsbestimmungen nicht Naturgesetzen und sinnlichen Antrieben unterworfen ist. Vielmehr besitzt man die Freiheit, einem Gesetz zu folgen, das man sich selbst gibt. Dieses Gesetz der Freiheit bestimmt allen Wert, indem sich aus ihm ergibt, was unbedingten und was nur relativen Wert besitzt. Als Quelle notwendiger, unbedingt notwendiger Zwecke muss ein solches Wesen sich selbst und jedem anderen vernünf-

[24] »In Anschlag bringen« heißt: geltend machen, in Rechnung stellen, taxieren, vgl. z. B. *GMS* $12_{30\text{-}32}$ = IV, $394_{32\text{-}34}$, *KU* $271_{4\text{-}9}$ = V, $367_{19\text{-}23}$, *MSR* $99_{9\text{-}15}$ = VI, $281_{19\text{-}24}$, *MSR* $188_{15\text{f.}}$ = VI, $362_{23\text{f.}}$, siehe auch Grimm, Deutsches Wörterbuch, Art. anschlag, Bd. 1, Sp. 440 f.

tigen Wesen einen unbedingt notwendigen Wert zuschreiben, den es in allem Handeln zu achten gilt, und sich als gesetzgebendes Glied und als Zweck an sich selbst in einem Reich der Zwecke sehen. Die Fähigkeit zur Selbstgesetzgebung oder »*Autonomie* ist also der Grund der Würde der menschlichen und jeder vernünftigen Natur«. Auch bei diesem Satz handelt es sich um einen der wichtigsten Sätze der gesamten *Grundlegung*.

63_{10} - 64_{12} | 436_{8} - 437_{4}: Es liegt nahe, diesen langen Absatz schrittweise durchzugehen:

63_{10-14} | 436_{8-13} Kant blickt auf die Naturgesetzformel, die Menschheitsformel und Gesetzgebungs- oder Autonomieformel zurück und betont, dass sie eigentlich auf das Gleiche hinauslaufen und dass im Grunde in jeder Formel die beiden anderen enthalten sind. Die Idee eines notwendigen und allgemeingültigen Prinzips des Handelns führt auf die Idee eines unbedingt notwendigen Zweckes. Diese Idee wiederum führt auf die Idee der Selbstgesetzgebung. Die Idee der Selbstgesetzgebung vereinigt in sich die beiden Formeln. Die Idee eines unbedingt notwendigen Zweckes, dem es in allem Handeln Rechnung zu tragen gilt, enthält die Gesichtspunkte der Allgemeinheit und Notwendigkeit und der Selbstgesetzgebung.

Kant nimmt aber an, dass die unterschiedlichen Formeln eine unterschiedliche Wirkung bei den Adressaten tun können. Denn die zweite und dritte Formel leisten jeweils eine weitere Verdeutlichung[25] (gleichsam Veranschaulichung) des Gehalts des Moralprinzips und seiner Wertseite (Zweck an sich selbst, Würde). Entsprechend können sie leichter über das vernunftgewirkte Gefühl der Achtung (siehe oben 20_{26-30} | 401_{19-25}) beim Handelnden ankommen. Wie wir gleich sehen werden, verhält sich Kant zu diesem Befund ambivalent. Die von der zweiten und dritten Formel geleistete Verdeutlichung und die damit verbundene Gefühlsseite sind, so Kant, nicht ohne Gefahren für die moralische Beurteilung.

[25] Schon durch das Naturgesetz wird die Allgemeinheit und Notwendigkeit des Gesetzes der Vernunft gewissermaßen veranschaulicht.

63_{16} – 64_{1} | 463_{8-26} Kant zeigt aber zunächst den Zusammenhang der drei Formeln auf. Alle Maximen *müssen* nämlich mit der Form naturgesetzlicher Allgemeinheit oder Notwendigkeit zusammenstimmen, müssen den notwendigen Zwecken und dem unbedingt notwendigen Zwecksein der Personen entsprechen. Form und Materie lassen sich in der »vollständigen Bestimmung« verbinden, dass die Maximen mit der Selbstgesetzgebung der Personen in einem allen Werten ihren Platz zuweisenden Reich der Zwecke vereinbar sein müssen. Um die das Reich der Zwecke kennzeichnende Notwendigkeit und Allgemeinheit hervorzuheben, sagt Kant, dass das Reich der Zwecke als ein Reich der Natur zu denken ist.
63_{29-32} u. $64_{32f.}$ | 436_{32-36} (ANMERKUNG) In der Anmerkung stellt Kant die teleologische, eine zweckmäßige Ordnung unterstellende Betrachtungsweise der Natur (des »Reichs der Natur«) als ein Reich der Zwecke der moralisch-praktischen Betrachtungsweise des Reichs der Zwecke als Reich der Natur gegenüber. Im ersten Fall stellt die Annahme einer zweckmäßigen Ordnung der Natur einen die theoretische Erforschung der Natur unterstützenden Gesichtspunkt dar. Im zweiten Fall hilft die Idee eines Reichs der Natur die Idee eines Reichs der Zwecke näher zu fassen. Der auf diese Weise pointiert gefasste gesetzliche Zusammenhang der Zwecke stellt eine das Handeln anleitende normative Idee dar.
64_{1-12} | 436_{26} – 437_{4} Die Entwicklung der drei Formeln des Kategorischen Imperativs lässt sich als Durchgang durch die Kategorien der *Quantität* (siehe *KrV* B 106 | A 80) verstehen. Der Gesichtspunkt der *Einheit* des Gesetzes (Allgemeinheit bzw. Notwendigkeit) führt auf die *Vielheit* notwendiger Zwecke. Beide Gesichtspunkte sind in der *Allheit* der Allgemeingültigkeit der an den unbedingt notwendigen Zwecken orientierten Selbstgesetzgebung zusammengeführt.[26] Dies will ich hier nicht zu vertiefen versuchen. Kant scheint aber zu befürchten, dass ge-

[26] *KrV* B 111 sagt Kant »So ist die *Allheit* (Totalität) nichts anders als die Vielheit als Einheit betrachtet, (...).«

rade die in der zweiten und dritten Formel enthaltenen (Wert-) Gesichtspunkte bei der moralischen Beurteilung von Handlungen ablenken oder in die Irre führen können. Er empfiehlt deshalb für die konkrete Moralbeurteilung die Verwendung der »allgemeinen Formel«. Dies scheint, wie die konkrete Erwähnung durch Kant nahelegen könnte, die den Formeln vorausliegende Grundformulierung des Kategorischen Imperativs zu meinen. Da aber Kant die Grundformulierung sogleich durch die Naturgesetzformel ausgelegt hat und »allgemeine Formel« gerade die Formel meint, in der der Gesichtspunkt der Allgemeinheit leitend ist, dürfte die allgemeine Formel (auch) die Naturgesetzformel meinen.

Kant empfiehlt also gerade jene Formel, die möglicherweise besonders schwierig zu handhaben ist. Wer allerdings kennengelernt hat, mit welcher Leichtigkeit zuweilen etwa in den heutigen bioethischen Diskussionen Verletzungen der Würde oder unzulässige Verzweckungen festgestellt werden, wird die Warnungen Kants nicht für gänzlich unbegründet halten.

Im Unterschied zur Verwendung als konkreter Maßstab der moralischen Beurteilung hält Kant aber den Durchgang durch die drei Formeln für wichtig für die Gründung des Moralgesetzes in den Menschen. Hierbei sind die größere Anschaulichkeit und, wie sich wohl ergänzen lässt, die aufgezeigte »Gefühlsseite« der zweiten und dritten Formel wichtig.

Kants Bemerkungen zur »Verwendung« der zweiten und dritten Formel wären aber missverstanden, wenn man sich durch diese dazu verleiten ließe, in den Formeln lediglich nachgeordnete Hilfsgesichtspunkte zu sehen. Die hinter den Formeln stehenden Ideen des unbedingt notwendigen Zwecks und der doppelten Selbstgesetzgebung sind ganz zentral und von äußerster Wichtigkeit. Dies lässt sich auch noch einmal daran ersehen, dass Kant die gesamte Argumentation des zweiten Teils der *Grundlegung* in der Überschrift »Die Autonomie des Willens als oberstes Prinzip der Sittlichkeit« ($68_{13\,f.}$ | $440_{14\,f.}$) zusammenfassen wird.

64_{13}-68_{12} | 437_{5}-440_{13} (ÜBERBLICK) Die folgenden vier Absätze haben einen vor allem rückblickenden und zusammenfassenden Charakter. Kant hebt noch einmal bestimmte wesentliche Gesichtspunkte hervor und variiert unter Bezug auf diese die Formulierungen des Kategorischen Imperativs. Dabei geht es jeweils um bestimmte Zuspitzungen in der Erklärung zusammenhängender Aspekte. Außerdem nimmt Kant im Rahmen der Rekapitulation der Idee des Reichs der Zwecke noch Ergänzungen vor, die Dinge ansprechen, die in der *Kritik der praktischen Vernunft* eine wichtige Rolle spielen werden.

Bei der Behandlung der folgenden vier Absätze erscheint mir ein absatzweises Vorgehen nicht sinnvoll zu sein, zumal der dritte davon als der längste des vorliegenden Werkes etwa zwei Seiten einnimmt. Stattdessen werde ich die von Kant behandelten Punkte nacheinander durchgehen.

[1] **$64_{13\text{-}22}$ | $437_{5\text{-}13}$** Als Ergebnis lässt sich nun die Idee eines (unbedingt) guten Willens genauer fassen, von der das Werk seinen Ausgang genommen hat. Ein Wille ist dann unbedingt oder schlechterdings gut, wenn seine Maximen mit dem Gesetz der Vernunft übereinstimmen. Das tun sie dann, wenn der Handelnde die Maximen seines Handelns als allgemeines Gesetz wollen kann und entsprechend sich nach dem Kategorischen Imperativ in seiner allgemeinen Form richtet. Diese Übereinstimmung mit dem Gesetz der Vernunft garantiert, dass der Wille nicht böse ist.

[2] **$64_{22\text{-}29}$ | $437_{13\text{-}20}$** Die Allgemeinheit des Gesetzes kann nach Analogie des gesetzlichen Zusammenhangs der Natur verstanden werden. Der Kategorische Imperativ lässt sich entsprechend fassen. Kant wählt eine gegenüber der Naturgesetzformel abweichende Formulierung, die aber auf das Gleiche hinausläuft.

[3] **64_{30} - 65_{9} | $437_{21\text{-}30}$** Es ist kennzeichnend für Wesen, die eine vernünftige Natur, also das Vermögen reiner praktischer Vernunft besitzen, dass sie im Unterschied zu allen übrigen Wesen eigener vernünftiger Zwecksetzungen fähig sind. Diese können sich nicht auf etwas allererst zu Bewirkendes und dem vernünftigen Wesen Äußerliches beziehen. Denn dies würde kontingente Vermittlungen durch außervernünftige Interessen erforderlich machen. Deshalb müssen sich die vernünftigen Zwecksetzun-

gen an einem immer schon existierenden, für sich (notwendigerweise) bestehenden Zweck orientieren. Für den guten Willen bedeutet es, dass er diesem Zweck stets Rechnung tragen und seine Zwecksetzungen entsprechend beschränken muss.

[4] **65$_{9\text{-}13}$ | 437$_{30\text{-}33}$** Dieser unbedingt notwendige Zweck kann nur das vernünftige Wesen selbst sein, weil es das mögliche Subjekt eines guten Willens ist, das dem unbedingt notwendigen Zweck, als der vernünftige Wesen für jedes vernünftige Wesen existieren, in allem seinem Handeln Rechnung zu tragen vermag.

[5] **65$_{13\text{-}26}$ | 437$_{34}$ - 438$_{7}$** Der kategorische Imperativ, der von Personen fordert, dass sie in ihren Maximen stets dem Rechnung tragen, dass vernünftige Wesen immer auch als Zweck an sich selbst zu behandeln sind und niemals nur als bloße Mittel, läuft deshalb auf das Gleiche heraus wie der Imperativ, nur nach Maximen zu handeln, die mit der Allgemeinheit des Gesetzes für jedes vernünftige Wesen konform sind.

[6] **65$_{26}$ - 66$_{1}$ | 438$_{8\text{-}16}$** Jedes vernünftige Wesen muss sich als ein Wesen verstehen, das nur Gesetzen unterworfen ist, die seiner eigenen vernünftigen Natur entspringen und für alle vernünftigen Wesen gleichermaßen gelten. Denn als Zweck an sich selbst trägt es den Maßstab aller Gesetze für das Handeln in sich. Dies verleiht ihm einen Status, der es über alle unvernünftigen Wesen erhebt, zugleich aber als Person verpflichtet, dieser Würde in der eigenen Person und in der Person eines jeden anderen in seinen Maximen stets Rechnung zu tragen. »Würde« als Vorrecht (Prärogativ) wird hier von Kant zunächst im Sinne der Tradition als Kennzeichnung eines besonderen Status im Vergleich mit anderen Wesen verwendet. Dieser besondere Status, der sich aus der Fähigkeit zu einer eigenen allgemeinen Gesetzgebung herleitet, wird aber von Kant zugleich auch (streng) normativ interpretiert.

[7] **66$_{2\text{-}9}$ | 438$_{16\text{-}23}$** Die Idee einer allgemeinen Gesetzgebung führt auf die Idee einer Verstandeswelt (intelligiblen Welt, mundus intelligibilis) eines Reichs der Zwecke, das durch alle vernünftigen Wesen als gesetzgebende Glieder dieses Reiches gebildet wird, und zu einer entsprechenden Zuspitzung des Ka-

tegorischen Imperativs, dass die Maximen des Handelns mit der jeweils allgemeinen Gesetzgebung vernünftiger Wesen in einem Reich der Zwecke zusammengehen müssen.

8 **66_{9-30} | 438_{23} – 439_{3}** Kant setzt das Reich der Zwecke mit dem Reich der Natur in Beziehung und sagt, dass das Reich der Zwecke von dem Reich der Natur her und im Vergleich mit diesem verstanden werden muss. Dabei thematisiert er die Natur oder das Naturganze zunächst als eine Ordnung, die sich aus dem naturgesetzlichen Zusammenhang von Ursache und Wirkung ergibt. Dies ist auch der Vergleichspunkt: Das Reich der Zwecke ist ähnlich der Naturordnung als eine streng normative Ordnung zu denken. Zugleich betont Kant die Unterschiede. Die Ordnung des Reichs der Zwecke ergibt sich aus der Selbstgesetzgebung seiner Mitglieder, während für die Ordnung der Natur die Fremdbestimmung durch äußerliche Ursachen charakteristisch ist.

Die Idee eines Reichs der Natur erschöpft sich aber nicht in der Vorstellung von einer maschinenhaften Ordnung. Mit der Idee eines Reichs ist die Vorstellung von Zweckhaftigkeit oder eines zweckmäßigen Zusammenhangs verbunden. Dies heißt zunächst, dass die Natur als eine Ordnung zu verstehen ist, deren Sinn oder Zweck es ist, zu moralfähigen Wesen zu führen. Dadurch kommt ein Zusammenhang zwischen den beiden Reichen in den Blick.

Die sich daraus ergebende Beziehung ist mit zwei Idealen verbunden. Das erste Ideal besteht in der Vorstellung von dem Reich der Zwecke als einer verwirklichten (normativen) Ordnung. Diese wäre gegeben, wenn die vernünftigen Wesen als Mitglieder des Reichs der Zwecke tatsächlich dem jeweils in ihrer Vernunft liegenden Gesetz folgen würden. Das zweite Ideal besteht in der Vorstellung, dass die Natur in der ihr unterstellten Zweckhaftigkeit mit den Zwecksetzungen vernünftiger Wesen so harmoniert, dass ein vernünftiges Sinnenwesen ein seiner moralischen Qualität angemessenes Glück finden kann. Auch wenn mit der Verwirklichung dieser Ideale nicht zu rechnen ist, so ändert dies nichts an der normativen Relevanz der Idee eines

Reichs der Zwecke und an der Verbindlichkeit des diese Idee zur Geltung bringenden kategorischen Imperativs.

[9] **66_{30} - 67_{6} | $439_{3\text{-}12}$** Aus der Natur werden aber keinerlei Anleihen oder Antriebe bezogen. Es ist auffälliger oder sonderbarer Weise[27] allein die Idee des unbedingten Wertes oder der Würde des Vermögens reiner praktischer Vernunft (der Menschheit), aus der sich das Gebot ergibt, diese Würde in allem Handeln zu achten und ihr Rechnung zu tragen. Und die Fähigkeit, diesem Gebot ohne Vermittlung sinnlicher Antriebe Rechnung zu tragen, macht gerade die *Erhabenheit* und *Würdigkeit* eines vernünftigen Wesens aus, das sich so als gesetzgebendes Glied in einem Reich der Zwecke sehen kann. Auch hier ist wiederum die selbstbezügliche Struktur des Vermögens reiner praktischer Vernunft bzw. eines Wesens expliziert, das einen mit dem Vermögen reiner praktischer Vernunft begabten Willen besitzt. In der Rede von Würdigkeit lässt sich die alte Würde-Tradition erkennen. Die Würdigkeit und Erhabenheit ist aber auf die Fähigkeit bezogen, der Würde oder dem absoluten Wert Rechnung zu tragen, der in dem Vermögen reiner praktischer Vernunft selbst liegt.

[10] **$67_{7\text{-}20}$ | $439_{12\text{-}24}$** An diesen Begründungs- und Wertverhältnissen würde sich auch dann nichts ändern, wenn wir davon ausgehen, dass es ein Oberhaupt (Gott) gibt, durch das der Zusammenhang zwischen dem Reich der Natur und dem Reich der Zwecke gewährleistet wäre. Dann wäre nach dieser Voraussetzung das Reich der Zwecke nicht nur eine bloße (normativ relevante) Möglichkeit, sondern das Reich der Zwecke wäre von der Gesetzgebung des Oberhauptes her als real zu denken. Insbesondere wäre anzunehmen, dass das Oberhaupt die Ordnung aller Zwecke und Werte insofern sicherstellt, als es die der sittlichen Qualität der Handelnden angemessene Glückseligkeit

27 »Paradoxon« ist hier nicht im Sinne des Widersprüchlichen oder Widersinnigen zu verstehen, sondern im Sinne des Auffälligen, Sonderbaren, vielleicht auch Befremdlichen. Siehe auch Grimm, Deutsches Wörterbuch, Art. paradox, Bd. 13, Sp. 1458.

gewährleisten würde. Dadurch erhielte die vernünftige Natur eine Verstärkung der Motivation, das Gesetz ihrer Vernunft zu befolgen. (Ich gehe davon aus, dass sich »jener« in »so würde hierdurch zwar jener der Zuwachs einer starken Triebfeder [...] zustatten kommen« auf »Menschheit als vernünftiger Natur« [66_{31} | $439_{4f.}$] bezieht.)

An den eigentlichen Wertstrukturen und Begründungsstrukturen würde aber selbst die Existenz eines Oberhauptes des Reichs der Zwecke nichts ändern. Denn das Oberhaupt müsste die gleichen Maßstäbe anlegen wie das vernünftige Wesen selbst, nämlich das Erfordernis, dem unbedingten Wert der vernünftigen Natur stets Rechnung zu tragen. Dass es dabei letztlich um Überlegungen geht, die wir Menschen anstellen müssen und in denen es um das moralische Gebot für uns Menschen geht, zeigt sich daran, dass Kant hier vom »absoluten Wert des Menschen« spricht.

Die mögliche Gewährleistung einer der sittlichen Qualität eines Handelnden entsprechenden Glückseligkeit wird einen breiten Raum in der *Kritik der praktischen Vernunft* einnehmen. An dieser Stelle sei lediglich kurz bemerkt, dass es gar nicht so selbstverständlich ist, wie Kant anzunehmen scheint, wie man sich eine mit der Achtung für das Gebot der eigenen Vernunft vereinbare Stärkung der Motivation (einen »Zuwachs einer starken Triebfeder«) vorstellen kann, diesem Gebot zu folgen.

[11] **$67_{20\text{-}31}$ | $439_{24\text{-}34}$** Die moralische Richtigkeit von Handlungen und die moralische Gutheit des Willens eines Handelnden bemisst sich also daran, ob die das Handeln leitenden Maximen mit der Autonomie oder Selbstgesetzgebung des Willens zusammengehen oder nicht. Handlungen, die mit der Autonomie zusammenstimmen, sind erlaubt. Handlungen, die ihr widersprechen, sind unerlaubt oder verboten. Für ein Wesen, dessen Maximen nicht selbstverständlich mit der Gesetzgebung des eigenen Willens konform gehen, wird das Gesetz des eigenen Willens zum Gebot. Die in dem Gesetz liegende unbedingte praktische Notwendigkeit tritt dem Handelnden als Anspruch, Verbindlichkeit oder Nötigung gegenüber, als Pflicht. Ein

schlechterdings guter oder ein »heiliger Wille« ist das Ideal eines Willens, dessen Maximen notwendig mit dem in dem Willen gelegenen Gesetz konform gehen. Es kann hier nicht vom Willen Gottes die Rede sein, weil Maximen subjektive Willensbestimmungen eines endlichen vernünftigen Wesens sind. In Maximen verhält sich ein vernünftiges Wesen zum in seinem Willen gelegenen Gesetz seiner Vernunft. Gott wäre dagegen als rein vernünftiges Wesen zu denken, in dem es keine Doppelung der Selbstgesetzgebung geben kann.

[12] **67_{32}–68_{12} | 439–440** Obwohl wir also als nicht selbstverständlich vernünftig handelnde Wesen dem Gesetz der Vernunft unterworfen sind und dieses für uns eine nötigende Pflicht darstellt, verbinden wir mit der Vorstellung einer ihre Pflichten konsequent erfüllenden Person die Vorstellungen »eine[r] gewisse[n] Erhabenheit und *Würde*« dieser Person. Dies erklärt sich, wie wir gesehen haben, daraus, dass Pflicht nicht einfach das Unterworfensein unter ein Gesetz bedeutet, sondern das Unterworfensein unter ein Gesetz, das sich die Person selbst gibt. Zudem bedeutet eine Handlung »aus Pflicht«, dass aus keiner in den Abneigungen oder Neigungen wurzelnden Triebfeder gehandelt wird, sondern allein aus Achtung vor dem Gesetz. Der eigentliche Gegenstand der Achtung ist unsere Fähigkeit, unseren Willen durch ein genuin vernünftiges Gesetz zu bestimmen. Durch diese Fähigkeit zu einer allgemeingültigen Gesetzgebung existieren wir als unbedingt notwendiger Zweck, besitzen wir Würde. Allerdings sind wir dieser Gesetzgebung zugleich unterworfen.

Kant rekapituliert in diesem Absatz also die doppelte Selbstgesetzgebung. Von »Würde« ist zuletzt im strengen Sinne eines unbedingten Werts die Rede, während die Rede von der »Erhabenheit und Würde« einer Person Würde im traditionellen Sinn verwendet. Die Bedeutung von »Menschheit« changiert. Der absolute Wert *der Menschen* wird durch *ihre vernünftige Natur* begründet. »Unter dem Beding« hat hier die Bedeutung »unter der Einschränkung«.

»Die Autonomie des Willens als oberstes Prinzip der Sittlichkeit«

68_{15}–74_{16} | 440_{16}–445_{15} (ÜBERBLICK) Zum Schluss des zweiten Teils führt Kant erstmals im vorliegenden Werk Zwischenüberschriften ein. Dadurch hebt er unter den ersten beiden Überschriften zunächst zusammenfassend wesentliche Ergebnisse des zweiten Teils der *Grundlegung* besonders hervor. Der Fokus liegt auf dem Kontrast zwischen dem richtigen oder wahren Verständnis der Moral bzw. des Moralprinzips als Autonomie der Willensbestimmung und den falschen Moralprinzipien, die allesamt in einer Heteronomie (einem äußerlichen oder fremden Gesetz) der Willensbestimmung wurzeln. Da die möglichen grundsätzlichen Gesichtspunkte begrenzt sind, die für eine heteronome Willensbestimmung herangezogen werden können, lässt sich eine vollständige Einteilung der bisherigen, verfehlten Moraltheorien vornehmen, wie Kant dann unter der dritten Zwischenüberschrift zu zeigen versucht.

68_{15}–69_{2} | $440_{16\text{-}32}$ Wenn Kant hier von der »Autonomie des Willens« spricht, so bezieht er sich mit dem Willen auf das Entscheidungszentrum, die »freie Willkür« oder praktische Vernunft, eines nicht selbstverständlich vernünftigen Wesens. Nehmen wir der Einfachheit halber uns selbst gleich als Instanzen solcher Wesen. Unser Wille besitzt, so setzen wir hier voraus, das Vermögen reiner praktischer Vernunft. Autonomie ist, wie wir gesehen haben, die Struktur (und, wenn man so will, die selbstverständliche Beschaffenheit) dieses Vermögens. Für unseren Willen, sofern er das Vermögen reiner praktischer Vernunft besitzt, ist Autonomie im Sinne einer Handlungsbestimmung durch das Gesetz reiner praktischer Vernunft eine Möglichkeit. Wenn wir uns in unserem Willen durch das Gesetz reiner praktischer Vernunft bestimmen, unabhängig von äußeren Gegenständen des Wollens, dann ist Autonomie eine (nicht selbstverständliche) Beschaffenheit unseres Willens (dann ist unser Wille gut). Es ist diese Beschaffenheit, auf die sich Kant bezieht. Dies wird auch dadurch deutlich, dass Kant herausstellt, dass diese

Autonomie einem Prinzip folgt, nämlich dem Prinzip, nach solchen subjektiven Willensbestimmungen (»Maximen«) zu handeln, die mit dem Gesetz der Vernunft zusammenstimmen.

Dass wir diesem Prinzip tatsächlich folgen sollen, dass dieses Prinzip für uns tatsächlich ein gültiger, unbedingt nötigender Imperativ ist, dies lässt sich nicht im Wege bloßer Begriffsanalyse (»durch bloße Zergliederung der Begriffe«) zeigen. Vielmehr muss dieses Prinzip als synthetisches Urteil (»Satz«) a priori erwiesen werden. Es muss gezeigt werden, dass das Prinzip nicht nur unter bestimmten Annahmen folgt, sondern diese Annahmen tatsächlich oder unausweichlich gemacht werden müssen. Nur dann ist das Prinzip nicht nur ein bloßes Gedankending, sondern besitzt apodiktische Verbindlichkeit. Dies zu zeigen, setzt eine Prüfung (»Kritik«) unseres praktischen Vernunftvermögens voraus, die nicht Aufgabe dieses Teils, sondern des dritten und letzten Teils der *Grundlegung* ist.

Durch bloße Zergliederung der Begriffe lässt sich aber sehr wohl zeigen, dass es kein anderes Prinzip der Sittlichkeit geben kann als das Prinzip der Autonomie. Das Moralprinzip lässt sich nur als kategorischer Imperativ denken, der Autonomie als Beschaffenheit unseres Willens gebietet.

»Die Heteronomie des Willens als der Quell aller unechten Prinzipien der Sittlichkeit«

$69_{5\text{-}28}$ | $441_{3\text{-}24}$ Wenn die Willensbestimmung nicht nach dem Gesetz der reinen praktischen Vernunft erfolgt, sondern mit Blick auf einen vom Willen verschiedenen Gegenstand (sei es etwas, zu dem wir direkt Neigungen haben, sei es eine Vorstellung unserer Vernunft, die vermittels unserer Neigungen handlungsbestimmend wird), so leitet sich das Gesetz unserer Handlungsbestimmung von dem Gegenstand her. Unser Wille lässt sich dann durch ein fremdes Gesetz bestimmen (Heteronomie). Die Handlungsgründe unseres Willens wurzeln dann, wie wir gesehen haben, in einem unserer praktischen Vernunft äußerlichen Zweck, dem Ziel eigenen Wohlergehens. Unsere praktische Vernunft ordnet dann lediglich die auf unser Wohlergehen ausgerichteten Teilziele und bestimmt, dass bestimmte Mittel angewandt werden sollen. Ihre Funktion erschöpft sich dann lediglich darin, das Interesse der Neigungen zu verwalten.

Der Überschrift des vorliegenden Absatzes entsprechend hebt Kant hervor, dass die Inhalte moralischer Gebote wie etwa das Verbot der Lüge oder das Gebot, zum Wohlergehen anderer beizutragen, durch die Heteronomie der Willensbestimmung unter der Hand zu Klugheitsvorschriften werden. Statt mit kategorischen Imperativen haben wir es dann mit hypothetischen Imperativen zu tun, also mit Vorschriften, die durch äußere Zwecke bedingt sind: Wir sollen dann nicht lügen, um Nachteile zu vermeiden, oder sollen anderen helfen, weil uns das unmittelbar Freude macht oder wir uns dann gut fühlen. Demgegenüber gebietet der kategorische Imperativ unbedingt: Wir dürfen auch dann nicht lügen, wenn uns aus der Lüge kein Nachteil entsteht, und müssen auch dann helfen, wenn wir dazu keine Neigung verspüren oder nicht erwarten können, dass unser Handeln eine gefühlsmäßige Gratifikation mit sich bringen wird. Das Verbot der Lüge und das Gebot der Hilfeleistung verpflichten uns unbedingt (falls der kategorische Imperativ für uns Gültigkeit besitzt), weil die den jeweiligen Imperativen widersprechenden Maximen nicht mit dem Gesetz der Vernunft zusammenstimmen oder weil diese (wie Kant auch sagen könnte) nicht mit dem unbedingt notwendigen Zweck vereinbar sind, den wir selbst und alle von unserem Handeln betroffenen Personen für uns darstellen müssen.

»Einteilung aller möglichen Prinzipien der Sittlichkeit aus dem angenommenen Grundbegriffe der Heteronomie«

$70_{4\text{-}7}$ | $441_{29\text{-}31}$ In dem Bewusstsein, mit der Autonomie des Willens Quelle und Gehalt des Moralprinzips erstmals richtig bestimmt zu haben, blickt Kant nun auf die bisherigen Versuche der Moralphilosophie, die alle nach seinem Dafürhalten in die Irre gegangen sind. Dies ist Kant zufolge auch nicht verwunderlich, weil nur im Wege einer Prüfung (Kritik) des Vernunftvermögens (hier des Vermögens praktischer Vernunft) das richtige Prinzip der Moral gefunden werden kann.

70_{8-15} | 441_{32}-442_{5} Die (vermeintlichen) Moralprinzipien, denen allen gemeinsam ist, dass sie nicht auf im Willen selbst gelegenen Gründen beruhen, lassen sich vollständig einteilen. Sie sind entweder *empirisch*, da sie sich auf Erfahrung (sinnliche Antriebe, Gefühle) stützen, oder *rational*, da sie sich von Begriffen der Vernunft herleiten.

Nach Auffassung Kants laufen die empirischen Prinzipien darauf hinaus, dass jeweils so zu handeln ist, dass die größte Zufriedenheit erreicht wird. Deshalb betrachtet er sie als Spielarten des »Prinzip[s] der Glückseligkeit«. Je nachdem, wonach sich die Zufriedenheit bemisst, lassen sich zwei Arten empirischer Prinzipien unterscheiden. Die eine Art rekurriert direkt auf Gefühle der Lust und Unlust (physische Gefühle), die andere auf moralische Gefühle.

Die rationalen Prinzipien beziehen sich auf den Vernunftbegriff der Vollkommenheit. Auch hier lassen sich wiederum zwei Arten von Prinzipien unterscheiden: Die Vollkommenheit kann zum einen das Ziel des Handelns sein, also etwas, das durch das Handeln bewirkt werden soll, oder sie kann sich auf die Vollkommenheit eines eigenständig existierenden Wesens (Gott) beziehen, dessen Wille dann als maßstäblich für das moralische Handeln angesehen wird.

Wir erhalten also insgesamt vier Arten von Prinzipien, zwei Arten empirischer Prinzipien und zwei Arten rationaler Prinzipien.

70_{16-23} | 442_{6-12} Kant wendet sich zunächst den empirischen Prinzipien zu und kritisiert an ihnen, dass sie sich auf Eigentümlichkeiten der Natur des Menschen oder Zufälligkeiten der Umstände menschlichen Handelns stützen. Deshalb können die daraus hergeleiteten Vorschriften auch nicht die *unbedingte praktische Notwendigkeit* moralischer Gesetze besitzen. Nur

Gesetze der Vernunft haben unbedingte praktische Notwendigkeit, weshalb moralische Gesetze auch grundsätzlich für alle vernünftigen Wesen gelten.

70_{23-35} | 442_{12-22} Die erste Art empirischer Prinzipien, »das Prinzip der *eigenen Glückseligkeit*«, hält Kant für besonders unbrauchbar oder schädlich.[28] Das Prinzip besagt, dass man jene Handlungen ausführen soll, die einem insgesamt die größte Lust verschaffen oder zum eigenen dauerhaften Wohlergehen beitragen. Dies schließt nach Meinung der Befürworter dieses Prinzips den Erwerb individueller und sozialer Tugenden (z.B. Selbstbeherrschung, Rücksichtnahme, Gerechtigkeit) und die Einhaltung der basalen Normen des Zusammenlebens ein (etwa, weil man dann nicht die negativen Reaktionen anderer befürchten muss oder weil nur so sichergestellt werden kann, dass sich auch die anderen an diese Normen halten). Kant hält dem entgegen, dass die Erfahrung zeigt, dass das Zusammengehen von Wohlverhalten (Handeln nach den anerkannten sittlichen Tugenden oder die Befolgung der anerkannten sittlichen Normen) und Wohlbefinden nicht garantiert ist. Eigenes Wohlverhalten kann zu empfindlichen Beeinträchtigungen des eigenen Wohlbefindens führen und fehlendes Wohlverhalten kann zur Steigerung des eigenen Wohlbefindens beitragen. Zudem besteht ein fundamentaler Unterschied zwischen Klugheit und Moral. Da das Prinzip das, was normalerweise als moralisches Verhalten gilt, der Klugheit unterordnet (es dient, instrumentell, der Beförderung des eigenen Wohlergehens), kann das Prinzip auch nicht eine moralisch gute Gesinnung oder ein moralisch richtiges Handeln befördern. Vor allem kritisiert Kant aber, dass dem Prinzip zufolge das moralisch richtige Handeln aus Triebfedern erfolgen soll (nämlich der Beförderung der eigenen Lust), die moralisch geradezu kontraproduktiv sein können. Denn da-

[28] »Verwerflich« muss nicht die Bedeutung von moralisch äußerst schlecht haben, die wir heute fast ausschließlich mit dem Wort verbinden, siehe Grimm, Deutsches Wörterbuch, Art. verwerflich, Bd. 25, Sp. 2228–2230.

durch wird die Tugend auf den gleichen Antrieb zurückgeführt wie das Laster. Demnach besteht der Unterschied zwischen Tugend und Laster nur darin, dass die Tugend (angeblich) wohlüberlegtes (oder kalkuliertes) Luststreben verkörpert, während das Laster aus unüberlegtem Luststreben hervorgeht. Dadurch wird die Sittlichkeit jeglicher Erhabenheit beraubt.

70_{35}–71_{12} | 442_{22}–443_{2} Das moralische Gefühl (bzw. der moralische Sinn) hat eine doppelte Funktion: Es soll zum einen erlauben wahrzunehmen, welche Handlungen moralisch richtig oder falsch sind. Es soll zum anderen zu moralisch richtigen Handlungen, etwa durch Mitgefühl, antreiben und von moralisch falschen Handlungen abhalten. Kant bestreitet, dass es überhaupt einen eigenen oder besonderen Sinn für Moral gibt. Er kritisiert, dass hier das moralische Urteil zu einem Wahrnehmen oder Fühlen herabgestuft wird und nicht länger mehr auf Erkennen oder Denken beruht. Ferner macht Kant geltend, dass Gefühle so vielgestaltig sind und mit so vielen Abstufungen verbunden sind, dass sie weder für den einzelnen Handelnden noch zwischen den Handelnden einen konstanten bzw. miteinander geteilten »Maßstab des Guten und Bösen« abgeben können.

Ein klarer Vorzug des Prinzips des moralischen Gefühls gegenüber dem Prinzip der eigenen Glückseligkeit besteht aber für Kant darin, dass das Prinzip das Sittliche als eine genuine Sphäre versteht und nicht einfach nur als eine Dimension der Suche des eigenen Vorteils und daher dem Sittlichen und seiner Würde (Würde im traditionellen Sinne verstanden) besser gerecht wird.

$70_{29\text{-}35}$ | $442_{32\text{-}37}$ (ANMERKUNG) Obwohl das Prinzip des moralischen Gefühls nicht den eigenen Vorteil oder das eigene Glück verfolgt, sondern dazu anhält, dem Wohl anderer Rechnung zu tragen, sieht Kant es dennoch als ein Prinzip der Glückseligkeit an, weil die handlungsmotivierenden Gefühle (wie die Anteilnahme am Wohlergehen anderer) zum eigenen Wohlbefinden beitragen, selbst wenn sie nicht deshalb gesucht oder verfolgt werden (was aber durchaus der Fall sein kann).

Der von Kant erwähnte Francis Hutcheson (1694–1746) war einer der Begründer der Schottischen Aufklärung und ein herausragender, von Kant geschätzter, Vertreter der Moral-Sense-Theorie.[29]

71_{13}-72_{4} | 443_{3-19} Nach der Behandlung der empirischen Prinzipien wendet sich Kant den rationalen Prinzipien zu. Das auf die Verwirklichung (Realität) größerer oder größtmöglicher Vollkommenheit des Handelnden zielende »ontologische« Prinzip der Vollkommenheit hat nach Kant den Nachteil, dass es kaum zur Orientierung des Handelns taugt. Denn es ist unklar, worin die Vollkommenheit genau besteht und wie sich unterschiedliche durch das Handeln zu bewirkende Realitäten nach den Gesichtspunkten größerer oder größtmöglicher Vollkommenheit miteinander vergleichen lassen. Auch besteht die Tendenz eines zirkulären Vorgehens dadurch, dass moralische Vorannahmen in den Begriff der Vollkommenheit hineingetragen werden. Entsprechend kann der Begriff dann nicht als unabhängiges Kriterium des moralisch Richtigen fungieren.

Trotz dieser mit dem ontologischen Begriff der Vollkommenheit verbundenen Schwächen und Probleme ist aber das sich darauf stützende Prinzip dem theologischen Prinzip der Vollkommenheit vorzuziehen, das moralische Gebote als dem Willen Gottes entspringende Gebote versteht. Denn entweder sind die Gebote Gottes deshalb moralisch richtig, weil Gott einen moralisch guten Willen besitzt. Dann aber ist etwas nicht deshalb moralisch richtig, weil Gott es befiehlt, sondern Gott befiehlt es, weil es moralisch richtig ist. Die Berufung auf den Willen Gottes wäre also zirkulär, weil die Erkenntnis des moralisch Richtigen schon vorausgesetzt werden müsste, um die moralische Autorität oder Maßstäblichkeit des Willens Gottes zu sichern. Oder aber

[29] Siehe Francis Hutcheson, *Inquiry into the Origins of Our Ideas of Beauty and Virtue* (1725), ed. Wolfgang Leidhold, rev. ed. Indianapolis 2008; ders., *Über den Ursprung unserer Ideen von Schönheit und Tugend*, übers. u. hrsg. von Wolfgang Leidhold, Hamburg 1986 (Philosophische Bibliothek 364); ders., *An Essay on the Nature and Conduct of the Passions and Affections with Illustrations of the Moral Sense* (1728), ed. Aaron Garett, Indianapolis 2003.

die Gebote Gottes wären willkürliche Normen und nur deshalb zu befolgen, weil Gott das mächtigste Wesen ist und in der Lage ist, die Nichtbefolgung seiner Normen zu bestrafen. (Es wäre dann ausschließlich eine Sache der Klugheit, die Gebote Gottes zu befolgen.) Das so verstandene Prinzip würde auf »furchtbaren Vorstellungen der Macht und des Racheifers« beruhen und ein Normensystem grundlegen, das eine Pervertierung der Moralität darstellte.

$72_{5\text{-}13}$ | $443_{20\text{-}27}$ Von den empirischen Prinzipien ist also das Prinzip des moralischen Gefühls vorzuziehen, von den rationalen Prinzipien das Prinzip der zu verwirklichenden Vollkommenheit. Im direkten Vergleich der beiden relativ vorzugswürdigen Prinzipien entscheidet sich Kant für das Prinzip der zu verwirklichenden Vollkommenheit. Denn obwohl der leitende Begriff unbestimmt ist und keine wirkliche Orientierung zu bieten vermag, so führt das Prinzip doch von der Sinnlichkeit weg hin zu Begriffen der reinen Vernunft und hält die Idee eines guten Willens für die nähere Bestimmung offen.

$72_{14\text{-}23}$ | $443_{28\text{-}36}$ Kant sieht keine Notwendigkeit, die jeweiligen Moraltheorien ausführlich zu widerlegen. Die Schwächen der Theorien liegen auf der Hand und dürften auch denen, die nicht umhinkönnen, sich zu einer von ihnen zu bekennen, bewusst sein. Wichtig ist dagegen, sich klarzumachen, dass jedes der betrachteten Prinzipien eine heteronome Willensbestimmung zur Grundlage des Sittlichen macht und deshalb gar kein gültiges Moralprinzip darstellen kann.

72_{24}–73_{19} | $444_{1\text{-}27}$ Wann immer nämlich das, was der Wille tun soll, von einem dem Willen äußeren Gegenstand abhängig ist, ist die Willensbestimmung heteronom, und die Regel oder Norm des Willens ist eine bedingte Regel oder Norm. Wenn oder weil man etwas erreichen will, soll man dieses oder jenes tun. Das bedingte Sollen ist aber etwas vom unbedingten, moralischen Sollen völlig Verschiedenes.

Kant fokussiert hier aber auf die Frage, warum der Wille überhaupt einen bestimmten äußeren Gegenstand erreichen will. Im Falle des Prinzips der eigenen Glückseligkeit liegt die Triebfeder, den Gegenstand erreichen zu wollen, in den Neigungen und in dem Zugewinn an Lust oder Wohlergehen, den die Erreichung des Ziels verspricht. Der bedingte Imperativ, dieses oder jenes zu tun, ist also von der Maxime abhängig, einen bestimmten Gegenstand erreichen zu wollen. Diese Maxime zu wählen, muss aber selbst wiederum durch einen übergreifenden Imperativ vorgeschrieben werden, der durch das Ziel umfassenden eigenen Wohlergehens oder eigener Glückseligkeit bedingt ist.

Eine vergleichbare Struktur gilt aber auch für Handlungsgegenstände oder -ziele im Horizont des Ziels größerer oder größtmöglicher eigener Vollkommenheit. Man soll dieses oder jenes tun, weil man vollkommener werden will. Doch dann stellt sich auch hier wiederum die Frage, worauf sich der Imperativ stützt, vollkommener werden wollen zu sollen. Die auf die Vernunft zurückgehende Vorstellung eines vom Willen verschiedenen Gegenstands des Handelns kann nur zu einer Regel der Willensbestimmung werden, wenn die Vorstellung sinnlich vermittelt wird. Das Wohlgefallen an dem Ziel eigener Vollkommenheit wird zur Triebfeder der Willensbestimmung. Diese steht dann aber ebenfalls im Horizont einer Handlungsbestimmung im Blick auf das eigene Wohlergehen.

Dieser Horizont ist also für die unmittelbare sinnliche Willensbestimmung durch Neigungen, für die sinnliche Willensbestimmung durch (moralische) Gefühle[30] und für die Bestimmung durch vernunftvermittelte Vorstellungen leitend. Er gründet in der sinnlichen Natur und den daraus erwachsenden Antrieben des Menschen. In dieser sinnlichen Natur liegt also jeweils das »Gesetz« der heteronomen Willensbestimmung. Was jeweils Neigungen weckt, Gefühle oder Wohlgefallen hervorruft, lässt sich aber nur der Erfahrung entnehmen, gilt also nicht a priori oder notwendig, sondern ist zufällig. Entsprechend sind die zufälligen heteronomen Bestimmungsgründe des Willens strikt vom apodiktischen Gesetz der Vernunft zu unterscheiden.

[30] Ich gehe davon aus, dass sich Kant hier mit Geschmack (73_9 | 442_{19}) auf moralische Gefühle bezieht.

$73_{20\text{-}27}$ | $444_{28\text{-}34}$ Ein schlechterdings guter Wille (im Unterschied zu einem bedingt guten Willen, der etwas nur in Abhängigkeit von einem vorausgesetzten Ziel will) kann also in seiner Willensbestimmung nicht von einem ihm äußerlichen Gegenstand abhängen. Vielmehr ist sein Prinzip ein kategorischer Imperativ, der vorschreibt, nur nach solchen Maximen zu handeln, die zu einer eigenen allgemeinen Gesetzgebung taugen. Ein schlechterdings guter Wille ist also allein durch die eigene innere Form des Wollens bestimmt, indem er dem eigenen Gesetz der Vernunft unabhängig von sinnlichen Triebfedern oder Interessen folgt (Autonomie).

73_{28}–74_{16} | 444_{35}–445_{15} Kant stellt klar, dass die Gültigkeit des kategorischen Imperativs und die Möglichkeit eines guten Willens bislang nicht gezeigt worden sind. Gezeigt wurde nur, worin das Moralprinzip besteht und dass es als Prinzip der Autonomie zu verstehen ist, falls es überhaupt moralisches Sollen gibt. Im zweiten Teil seiner Schrift hat Kant die Idee moralischen Sollens expliziert. Wie schon der erste Teil ist also auch der zweite Teil begriffsanalytisch verfahren. Um aber zu zeigen, dass die Idee moralischen Sollens kein bloßes Gedankending oder Hirngespinst darstellt, muss gezeigt werden, dass der kategorische Imperativ für uns tatsächlich Verbindlichkeit besitzt. Dazu muss die Ebene der Begriffsanalyse verlassen werden und die Möglichkeit, d.h. Verbindlichkeit oder nötigende Kraft, des kategorischen Imperativs als synthetisch-praktisches Urteil a priori aufgezeigt werden. Dies erfordert zumindest in Umrissen eine Kritik der reinen praktischen Vernunft, die die Möglichkeit erfahrungsunabhängiger synthetisch-praktischer Urteile aufzeigt. Dieser Aufgabe wendet sich Kant im dritten Teil seines Werkes zu.

IV. »DRITTER ABSCHNITT
Übergang von der Metaphysik der Sitten zur Kritik der reinen praktischen Vernunft«

Kant hat auf den dritten und letzten Teil seines Werkes in seinen vorangehenden Ausführungen immer wieder verwiesen. In diesem letzten Teil soll nun gezeigt werden, dass der Kategorische Imperativ für uns tatsächlich verbindlich ist, dass wir unter dem Anspruch unbedingt notwendigen Sollens stehen und diesem Anspruch in allem unserem Handeln genügen müssen. Die Erwartungen an den Schlussteil des Werkes sind also hoch.

Der Schlussteil des Werkes steht im Ruf, schwierig zu sein. Vor solchen Urteilen sollte man sich aber in Acht nehmen, denn sie führen leicht zu unnötiger Ängstlichkeit, dass man dem Text nicht gewachsen ist, und zu Verkrampfungen, die dem Verständnis des Textes nicht förderlich sind. Auch sollte man nicht übersehen, dass ein Interpret, der einen Text für »schwierig« erklärt oder gar »zum Schwierigsten, das Kant geschrieben hat«, die Leistung der eigenen Erklärung besonders herausstellt. Viele Interpreten zeigen sich überdies enttäuscht. Es gelinge Kant nicht, zu zeigen, was er zeigen will. Deshalb habe er auch die Argumentation in der *Kritik der praktischen Vernunft* zurückgenommen bzw. revidiert. Aber auch diese vermeintliche Revision wird von vielen Interpreten, vorsichtig formuliert, nicht geschätzt.

Nach meinem Dafürhalten ist der Schlussteil der *Grundlegung* nicht besonders schwierig. Gewisse Schwierigkeiten bestehen darin, den Gang der Argumentation richtig zu erfassen. Kant hat den Schlussteil in sechs kleine Kapitel unterteilt. Das erste Kapitel ([1.] »Der Begriff der Freiheit ist der Schlüssel zur Erklärung der Autonomie des Willens«) dient der Vorbereitung der Argumentation. Kant geht offenbar davon aus, dass er den eigentlichen Nachweis der Gültigkeit des Moralprinzips in den folgenden drei Kapiteln führt ([2.] »Freiheit muß als Eigenschaft des Willens aller vernünftigen Wesen vorausgesetzt werden«,

[3.] »Von dem Interesse, welches den Ideen der Sittlichkeit anhängt«, [4.] »Wie ist ein kategorischer Imperativ möglich?«). Man könnte aber meinen, dass die eigentliche Argumentation schon im ersten, spätestens aber im zweiten dieser drei Kapitel geleistet ist. Hier wird es darum gehen nachzuvollziehen, wie Kant genau die Schritte seiner Argumentation versteht, was er jeweils für geleistet hält und was noch nicht. Im fünften und längsten der sechs Kapitel ([5.] »Von der äußersten Grenze aller praktischen Philosophie«) reflektiert Kant auf die Reichweite und Grenzen der geleisteten Argumentation und der Möglichkeiten praktischer Philosophie insgesamt, wehrt Missverständnisse ab und zeigt den Ursprung bestimmter Fehleinschätzungen auf. Er bietet also die Umrisse einer (uns möglichen) Untersuchung des Vermögens reiner praktischer Vernunft, also einer »Kritik der reinen praktischen Vernunft«. Das sechste Kapitel bietet kurze Schlussbemerkungen ([6.] »Schlussanmerkung«).

Nach meiner Einschätzung bietet Kant eine sehr elaborierte und außerordentlich interessante Argumentation. Kant hat sie in der *Kritik der praktischen Vernunft* nicht verworfen. Auch ist nicht, zumindest nicht auf den ersten oder zweiten Blick, zu sehen, warum er die Argumentation hätte verwerfen sollen. In der *Kritik der praktischen Vernunft* ist klar die Freude über eine weiterführende und weitreichende Entdeckung zu erkennen: Es lässt sich (noch) mehr zeigen, als Kant in der *Grundlegung* zu zeigen für möglich hielt. Dies entwertet aber nicht schon die Relevanz dessen, was Kant in der *Grundlegung* zu zeigen versucht hat, und den Wert der zugrundeliegenden Argumentation.

1. »Der Begriff der Freiheit ist der Schlüssel zur Erklärung der Autonomie des Willens«

75_7–76_{21} | 446_7–447_{25} (ÜBERBLICK) Kant nimmt im Folgenden eine Umkehrung der bisherigen Blickrichtung vor: Bislang wurde, zugespitzt gesagt, die Autonomie als (eine Form von) Freiheit herausgestellt. Jetzt geht es Kant darum zu zeigen, dass

Freiheit als Autonomie zu verstehen ist. Da Autonomie, wie von Kant herausgestellt, das Prinzip der Moral ist, lässt sich die Verbindlichkeit des Moralprinzips für uns Menschen oder allgemein für ein vernünftiges Wesen sichern, wenn sich die Freiheit von uns Menschen oder allgemein von vernünftigen Wesen sichern lässt. Wenn wir einen (im Vollsinn) freien Willen besitzen, dann besteht für uns auch die unbedingte praktische Notwendigkeit, dem Moralprinzip zu folgen. Die Sicherung der Gültigkeit des Moralprinzips muss also über die Sicherung der Freiheit laufen. Dies herauszustellen ist die eigentliche Aufgabe des vorliegenden Kapitels.

Das Problem der »Sicherung der Freiheit« besteht aber darin, dass Freiheit, wie Kant in der *Kritik der reinen Vernunft* gezeigt hat, nicht bewiesen werden kann. Es gilt also die Freiheit zu sichern, obwohl Freiheit nicht bewiesen werden kann. Das ist genau die Problematik, die das etwas verwickelte, indirekte Vorgehen der weiteren Argumentation (in den Kapiteln 2–4) erforderlich macht. Zunächst geht es aber im vorliegenden Kapitel darum zu zeigen, dass das Argumentationsziel in der Sicherung der Freiheit besteht.

$75_{7\text{-}12}$ | $446_{7\text{-}12}$ Kant bezieht sich auf den Willen als Vermögen »lebender Wesen, sofern sie vernünftig sind«. Der Begriff eines »lebenden Wesens« ist für Kant eng mit dem Begriff des Willens verbunden. Denn die Fähigkeit, Vorstellungen zu empfangen oder zu entwickeln und sein Verhalten durch Vorstellungen zu bestimmen, gilt Kant als Kennzeichen des Lebens.[1] Zugleich gilt es zu beachten, dass Leben für Kant Bewusstsein voraussetzt, er also einen engeren und anderen Begriff des Lebens hat als wir heute. Kant schränkt hier aber weiter ein, indem er nur lebende Wesen betrachtet, »sofern sie vernünftig sind«. Mit dem Wil-

[1] Siehe *KpV* $11_{11\text{-}15}$ = V,$9_{19\text{-}22}$: »*Leben* ist das Vermögen eines Wesens, nach Gesetzen des Begehrungsvermögens zu handeln. Das *Begehrungsvermögen* ist das *Vermögen* desselben, *durch seine Vorstellungen Ursache von der Wirklichkeit der Gegenstände dieser Vorstellungen zu sein.*« Siehe auch *MSR* $15_{6\,f.}$ = VI,$211_{7\text{-}9}$: »Das Vermögen eines Wesens, seinen Vorstellungen gemäß zu handeln, heißt das *Leben.*«

len meint er somit ein »freies Begehrungsvermögen«, also, wie wir oben gesehen haben, das Vermögen, sich *aus Gründen* zum Handeln zu bestimmen. Lebende Wesen, sofern sie vernünftig sind, sind also Wesen, die *zumindest* das Vermögen praktischer Vernunft und möglicherweise, aber vorerst nicht in gesicherter Weise, auch das Vermögen reiner praktischer Vernunft besitzen.

Kant spricht vom Willen im Sinne eines freien Begehrungsvermögens oder praktischer Vernunft als einer »Art Kausalität«. Kant wählt die Formulierung so, dass sie sich auf zweierlei Weise verstehen lässt: als eine bestimmte Art der Kausalität und als eine Art Kausalität. Es kann sich um eine Art der (Natur-)Kausalität, »wie wir sie kennen«, handeln, nämlich eine Kausalität durch (auf sinnliche Antriebe zurückgehende) Vorstellungen oder durch (möglicherweise allein sinnlich vermittelte) Gründe. Es kann aber auch ein etwas heikler, da von möglichen Erfahrungsgegenständen losgelöster Gebrauch des Kausalitätsbegriffs gemeint sein. Dies ist die Verwendung, um die es Kant hier mit Blick auf die mögliche Freiheit des Willens letztlich geht.

Die Verwendung ist heikel, da, wie in der *Kritik der reinen Vernunft* gezeigt, die Kategorien, wie die von Ursache und Wirkung, für uns erst wirklich verstehbar und in der Anwendung kontrollierbar werden in ihrem Bezug auf Erfahrung, die sie zugleich ermöglichen. Einen (wirklich) freien Willen müssen wir uns aber unabhängig von der »Naturnotwendigkeit« naturgesetzlicher Ursache-Wirkungszusammenhänge vorstellen. Er kann deshalb auch kein möglicher Gegenstand von Erfahrung sein. Ein solcher Wille würde aus sich heraus (spontan) wirken, ohne in seiner Handlungsbestimmung durch ihm vorausliegende Ursachen (prä-)determiniert zu sein.

$75_{13\text{-}34}$ | 446_{13} – 447_{7} Die Bestimmung der »Art Kausalität« der eventuell vorhandenen Freiheit des Willens durch Abgrenzung von der Naturnotwendigkeit ist negativ und vermittelt deshalb auch keine Einsicht darin, wie die Kausalität eines mit Freiheit begabten Willens zu denken ist. Der Begriff der Kausalität enthält aber den Begriff eines gesetzmäßigen Zusammenhangs von Ursache und Wirkung. Entsprechend läuft die Annahme, dass der Wille nicht durch ihm fremde Ursachen prädeterminiert und nicht Teil eines naturgesetzlichen Zusammenhangs von Ursachen und Wirkungen ist, nicht auf eine Gesetz- oder Regellosigkeit der Kausalität der Freiheit des Willens hinaus. Vielmehr ist von einer praktischen Wirksamkeit des Willens nach eigenen, in ihm selbst gelegenen Gesetzen auszugehen. Denn grundlose Wirkungen wären keine Bestimmungen *des* Willens bzw. *durch* den Willen. Die (Art der Kausalität der) Freiheit des Willens muss deshalb als *Autonomie* gedacht werden. Entsprechend besteht für einen solchermaßen freien Willen die unbedingte praktische Notwendigkeit, stets dem Gesetz Rechnung zu tragen, das Teil dieses Willens ist. Ein freier Wille steht also notwendig unter sittlichen Gesetzen, und ein Wille unter sittlichen Gesetzen ist notwendig ein freier Wille.

76_{1-8} | 447_{8-14} Das Sittengesetz ergibt sich also analytisch aus dem Begriff der Freiheit des Willens, wie Kant zusammenfassend sagt. Umso überraschender ist die gleich sich anschließende Behauptung Kants, dass der Satz (das Urteil) »[E]in schlechterdings guter Wille ist derjenige, dessen Maxime jederzeit sich selbst, als allgemeines Gesetz betrachtet, in sich enthalten kann« ein synthetischer Satz ist. Denn der Satz scheint sich doch gerade aus dem Begriff der Freiheit des Willens entwickeln zu lassen. Kant vollzieht hier aber einen Perspektivwechsel. Es geht nicht mehr um die Beziehung zwischen Ideen, die man in hypothetischer Einstellung zu bilden oder denken versucht. Es geht nicht (länger) mehr um Urteile der Art »Wenn ich mir einen schlechterdings guten Willen denke, so muss ich ihn mir als einen solchen denken, dessen Maximen jederzeit (…)« oder »Wenn ich mir den Willen als frei denke, so würde ein schlechterdings guter Wille (…).« Vielmehr geht es jetzt um ein Urteil mit Gültigkeitsanspruch. Es wird letztlich von mit einem Willen begabten vernünftigen Wesen in der Weise geurteilt, dass diese tatsächlich unter dem Anspruch unbedingten Sollens stehen.

Wenn wir nur auf die einfachste Form eines Urteils, also auf ein so genanntes kategorisches Urteil der Form »S ist P« oder »Alle S sind P« (z. B. »Alle Körper sind schwer«) schauen, so stellt sich für synthetische Urteile die Frage, mit welcher Berechtigung der Subjektbegriff S unter den Prädikatbegriff P gebracht wird. Denn in einem synthetischen Urteil werden die Merkmale des Prädikatbegriffs im Subjektbegriff noch nicht bereits mitgedacht. Es besteht also das Erfordernis, über die Begriffe hinauszugehen und sich auf etwas Drittes zu beziehen, das die Verknüpfung ermöglicht oder rechtfertigt. Im Falle eines synthetischen Urteils a posteriori, also eines Erfahrungsurteils, ist dies Dritte die Erfahrung. Aber was ist das Dritte bei einem synthetischen Urteil a priori? Kant macht die Frage »Wie sind synthetische Urteile a priori möglich?« zur Leitfrage der *Kritik der reinen Vernunft*. Die Antwort lautet, grob gesagt, durch die Anschauungsformen von Raum und Zeit. Diese Antwort erlaubt es dann, zwischen gerechtfertigten und ungerechtfertigten synthetischen Urteilen a priori zu unterscheiden, solchen, die sich auf die Anschauungsformen von Raum und Zeit oder die Bedingungen möglicher Erfahrung beziehen, und solchen, die das nicht tun.

Im Zusammenhang mit hypothetischen Imperativen hatten wir gesehen, dass die Anwendung des für die Zielerreichung notwendigen Mittels in dem Wollen eines Zieles »mitgewollt« ist. Deshalb bezeichnet Kant hypothetische Imperative als analytisch-praktische Sätze. Bei einem kategorischen Imperativ geht es aber um die unbedingte (nicht durch vorausgesetzte Zwecke bedingte) Notwendigkeit eines Wollens, die sich für ein handlungsfähiges Subjekt bzw. ein Subjekt praktischer Urteile nicht »ohne Weiteres«, nicht ohne ein rechtfertigendes Drittes, ergibt. Zugleich kann das, was das handelnde Subjekt zu einem synthetisch-praktischen Urteil a priori nötigt, nicht etwas sein, das sich der Erfahrung oder der sinnlichen Antriebsstruktur entnehmen lässt. **$76_{11\text{-}21}$ | $447_{17\text{-}25}$** Kant sagt nun, auf die weitere Argumentation vorausweisend, dass der »*positive* Begriff der Freiheit«, also der Begriff von Freiheit als Autonomie und der im Willen gelegenen, von der Naturkausalität spezifisch unterschiedenen Gesetzmäßigkeit, das gesuchte Dritte »schafft«. Das ist eine bemerkenswerte Formulierung. Es ist nicht die Freiheit des Willens selbst, auch nicht einfach der Begriff der Freiheit. Vielmehr schafft, führt oder verweist der Begriff der Freiheit auf etwas anderes. Was dieses andere ist, kann noch nicht sofort gesagt werden, und die Sicherung (Deduktion) »des Begriffs der Freiheit aus der reinen praktischen Vernunft« kann noch nicht sofort geleistet werden. Vielmehr bedarf es dazu »noch einiger Vorbereitung«. So viel lässt sich aber hier schon erkennen. Die Argumentation wird sich weiterhin im Begrifflichen bzw. auf der Ebene von Begriffen bewegen. Für diese oder deren Verknüpfung soll aber eine nicht-kontingente Grundlage gefunden werden durch den Ausgang von etwas, von dem wir notwendigerweise oder »*a priori* eine Idee haben«.

Zu beachten und ernst zu nehmen ist auch die Rede von »einiger Vorbereitung«. Wir sollten nicht eine knappe, gleich abgeschlossene Argumentation erwarten.

2. »Freiheit muss als Eigenschaft des Willens aller vernünftigen Wesen vorausgesetzt werden«

76_{25}–77_{5} | 447_{28}–448_{4} Kant scheint am Anfang dieses Unterkapitels vor allem betonen zu wollen, dass die Argumentation für vernünftige Wesen insgesamt geführt werden muss und nicht ausgehend von irgendwelchen Besonderheiten der menschlichen Natur, die wir aufgrund von Erfahrung kennen. Für die geforderte Argumentation ist es unwichtig, ob es neben uns tatsächlich noch andere vernünftige Wesen gibt. Vielmehr gilt es, sich auf das zu konzentrieren, was sich allgemein für vernünftige Wesen oder, anders gesagt, für den Menschen *qua* vernünftiges Wesen zeigen lässt.

Diese Lesart des Anfangs des vorliegenden Unterkapitels ist durchaus berechtigt. Sie ist aber unvollständig und kann dazu führen, etwas Wichtiges zu übersehen. Denn nach dieser Lesart besteht der eigentliche Punkt in der Konzentration darauf, was für vernünftige Wesen, die einen Willen haben, gilt. In der Tat ist die Beantwortung dieser Frage das, worum es in diesem Unterkapitel geht. Und wir werden sehen, dass die Beantwortung *dieser* Frage Kant zufolge relativ einfach ist. Was aber nicht so einfach ist und was im Zentrum der Argumentation des dritten Teils der *Grundlegung* steht, ist der Ausgangspunkt: dass *wir* uns als vernünftige Wesen, die einen Willen haben, verstehen müssen. Wenn das Sittengesetz für uns Gültigkeit besitzt, dann nur insofern wir vernünftige Wesen sind, die einen Willen haben. Aber inwiefern und warum *müssen* wir uns als (solche) vernünftige Wesen verstehen? Das ist die entscheidende Frage.

Der hier relevante Begriff eines vernünftigen Wesens ist wesentlich schwächer als im Zusammenhang der Überlegungen zu der allgemeinen Gesetzgebung vernünftiger Wesen in einem möglichen Reich der Zwecke am Ende des zweiten Teils der *Grundlegung.* Dort wurde unter einem vernünftigen Wesen ein Wesen mit dem Vermögen reiner praktischer Vernunft verstanden. Ein solches Vermögen involviert eine allgemeine Gesetzgebung. Ein Wesen mit einem solchen Vermögen wäre selbstverständlich im relevanten Sinne frei. *Das* muss nicht mehr gezeigt werden. Zugleich würde es aber bedeutend schwieriger werden zu zeigen, dass *wir* solche Wesen sind. Stattdessen geht es hier um Wesen, die ein theoretisches Vernunftvermögen besitzen und das Vermögen praktischer Vernunft, also einen Willen (eine freie Willkür), der (die) einer Handlungsbestimmung aus Gründen fähig ist.

Dieser Ausgangspunkt macht es schwieriger zu zeigen, dass für ein solches Wesen das Sittengesetz gilt. Allerdings mag man sich fragen, ob bei einem solchen Ausgangspunkt nicht die Anwendung auf uns bedeutend leichter, um nicht zu sagen, gar kein Problem ist. Dass wir aus Gründen handeln, wissen wir aus Erfahrung. – Letzteres stimmt. Dass wir aber qua vernünftige Wesen aus Gründen handeln, können wir nicht aus Erfahrung wissen. Wir werden also genau schauen müssen, was es heißt, uns als vernünftige Wesen, die einen Willen haben, zu verstehen, und warum es ein Problem ist zu zeigen, dass wir uns als solche Wesen verstehen müssen.

Kant umreißt am Anfang dieses Unterkapitels das Argumentations- oder Begründungsprogramm relativ ungeschützt oder plakativ. Der Weg muss von der Freiheit zum Sittengesetz führen. Die Gültigkeit des Kategorischen Imperativs ist dadurch zu sichern, dass die Freiheit vernünftiger Wesen gesichert wird. Während Kant zunächst vorsichtig von »Freiheit zuschreiben« und von einem »hinreichenden Grund« spricht, Freiheit allen vernünftigen Wesen »beizulegen«, so spricht er wenig später davon, dass »Freiheit als Eigenschaft des Willens aller vernünftigen Wesen bewiesen werden« muss, und sagt, dass man Freiheit »als zur Tätigkeit vernünftiger und mit einem Willen begabter Wesen überhaupt gehörig beweisen« muss.

$77_{5\text{-}10}$ | $448_{4\text{-}9}$ Nun ist sich Kant natürlich darüber im Klaren, dass Freiheit nicht im strengen Sinne bewiesen werden kann. Darin besteht ja genau das Problem. Deshalb ist das, was er nun sagt, von entscheidender Bedeutung für die weitere Argumentation. Kant sagt nämlich, dass sich mit weniger als einem strengen, theoretischen Ansprüchen genügenden Beweis auskommen lässt. Um zu zeigen, dass ein Wesen unter dem Anspruch des Moralgesetzes steht, ist es nicht unbedingt erforderlich, zu beweisen, dass das Wesen tatsächlich frei *ist*. Es reicht zu zeigen, dass es sich für frei *halten* muss (dass es »nicht anders als *unter der Idee der Freiheit* handeln kann«). Denn dann muss es auch davon ausgehen, dass das Moralgesetz für es gilt und dass es strikt verpflichtet ist, dem Moralgesetz im Handeln stets Rechnung zu tragen. Die Notwendigkeit *anzunehmen*, dass man frei ist, reicht also dafür aus, dass das Moralgesetz eine nötigende Kraft für jedes Wesen besitzt, das diese Annahme machen muss.

Kants Argument lässt sich mit Hilfe einer Unterscheidung verdeutlichen, die der amerikanische Philosoph Alan Gewirth (1912–2004) in anderem Zusammenhang vorgenommen hat, die aber genau trifft, was Kant hier tut, nämlich mit Hilfe der Unterscheidung zwischen assertorischen und dialektischen Urteilen.[2] Ein *assertorisches Urteil* ist ein behauptendes Urteil, das mit einem objektiven Wahrheitsanspruch getroffen wird. Es hat die

[2] Alan Gewirth, *Reason and Morality*, Chicago 1978, 152, siehe auch 43–45.

Form »*p*«. Ein *dialektisches Urteil* wird von Gewirth so bezeichnet, weil es eine Meinung ausdrückt. Es hat die Form: »*X* ist der Meinung (glaubt, anerkennt), dass *p*.«

Nehmen wir als Beispiel das Urteil »Lust ist (in sich) gut«. Als assertorisches Urteil, das Kant kritisieren würde, besagt es, dass Lust wirklich oder objektiv (in sich) gut ist. Als dialektisches Urteil besagt es, dass ein Urteilender, *X*, Lust für gut hält. Das dialektische Urteil sagt vor allem etwas über den Urteilenden aus, das assertorische Urteil dagegen etwas über den Urteilsgegenstand. Deshalb kann das dialektische Urteil wahr sein (*X* ist tatsächlich der Meinung, dass Lust gut ist), selbst wenn das korrespondierende Urteil falsch ist oder wir uns nicht in der Lage sehen zu beurteilen, ob Lust tatsächlich gut ist.

Nun trifft Gewirth innerhalb der dialektischen Urteile noch einmal eine Unterscheidung, die für das Verständnis unseres Textes ebenfalls hilfreich ist. Er unterscheidet nämlich zwischen *dialektisch-kontingenten* und *dialektisch-notwendigen* Urteilen. Ein dialektisch-kontingentes Urteil ist ein Urteil, das ein Urteilender treffen oder auch nicht treffen oder wieder aufgeben oder revidieren kann. *X* hat zunächst Epikur gelesen und seitdem Lust für gut gehalten. Dann hat sie das Studium Kants aufgenommen und ihr Urteil revidiert. Ein dialektisch-notwendiges Urteil betrifft dagegen Annahmen, zu denen ein Urteilender in dem Sinne *logisch* genötigt ist, dass er es nicht konsistent oder nicht ohne Selbstwiderspruch verneinen oder bestreiten kann. Während also ein dialektisch-kontingentes Urteil die Form hat (a) *X* ist der Meinung (glaubt, anerkennt), dass *p*, hat ein dialektisch-notwendiges Urteil die Form (b) *X* ist logisch genötigt zu meinen (zu glauben, anzuerkennen), dass *p*.

Wenden wir uns nun mit Hilfe der Unterscheidungen wieder der Argumentation Kants zu. Wir können zunächst drei Urteile unterscheiden:

(1) *X* ist frei (oder: besitzt einen freien Willen).

(2) *X* nimmt an, dass er frei ist.

(3) *X* ist logisch genötigt anzunehmen, dass er frei ist.

Urteil (1) ist ein assertorisches Urteil. Im konkreten Fall kann nicht entschieden werden, ob ein handlungsfähiges Wesen tatsächlich frei ist. Es kann weder bewiesen werden, dass es Freiheit gibt, noch, dass es sie nicht gibt. Urteil (2) ist ein dialektisch-kontingentes Urteil, das für den vorliegenden Problemkontext nicht ausreicht. Urteil (3) ist ein dialektisch-notwendiges Urteil, und es ist für die vorliegende Argumentation hochrelevant.

Folgendes ist an dieser Stelle aber zu beachten. Kant sagt vorerst noch nicht, *wer* sich für frei halten muss (welche urteilenden Personen sich für frei halten müssen). Und er sagt auch noch nicht, *warum* diese urteilenden Personen sich für frei halten müssen. Was er zunächst sagt, ist, dass für jedes Wesen, das sich für frei halten muss, »alle Gesetze« gelten, »die mit der Freiheit unzertrennlich verbunden sind« (77_{5-8} | 448_{4-7}). Ein solches Wesen muss nämlich weitere notwendige Urteile treffen, wenn es darauf reflektiert, was es heißt, im Vollsinn frei zu sein bzw. sich im Vollsinn für frei halten zu müssen. Dies lässt sich wie folgt zeigen.

Dialektisch notwendige Urteile von *X*:

(3') »Ich bin frei (besitze einen freien Willen).«

(4) »Ich besitze das Vermögen reiner praktischer Vernunft.«

(5) »Ich bin aufgrund meines Vermögens reiner praktischer Vernunft einer allgemeinen Gesetzgebung fähig.«

(6) »Es besteht für mich die unbedingte praktische Notwendigkeit, dieser Gesetzgebung stets in meinem Handeln Rechnung zu tragen.«

Ist es ein Einwand gegen das hier rekonstruierte Argument Kants, dass (3') als dialektisch-notwendiges Urteil wahr sein kann (also *X* tatsächlich logisch genötigt ist anzunehmen, dass er einen freien Willen besitzt), das korrespondierende assertorische Urteil aber falsch sein könnte (X besitzt gar keinen freien Willen)? Vor dem Hintergrund der Ergebnisse der *Kritik der reinen Vernunft* ist das kein stichhaltiger Einwand. Denn aus der Perspektive von *X* kann das nur eine hypothetische und letztlich irrelevante Überlegung sein, denn *X* hat (was an dieser Stelle vorerst nur vorausgesetzt wird) zwingende Gründe, sich für frei zu halten. Theoretisch ist nämlich die Frage, ob das dem Urteil (3') korrespondierende assertorische Urteil (1) wahr oder falsch ist, nach den Ergebnissen der *Kritik der reinen Vernunft* unauflösbar offen. Es kann, wie schon gesagt, weder bewiesen werden, dass *X* frei ist, noch kann bewiesen werden, dass *X* nicht frei ist. In diese theoretische Offenheit tritt für *X* gewissermaßen die Notwendigkeit ein, sich für frei zu *halten*.

$77_{26\text{-}34}$ | $448_{28\text{-}35}$ (ANMERKUNG) Die Anmerkung gibt die (in meinen voranstehenden Ausführungen schon vorgestellte) Begründung für das Vorgehen Kants. Die Beschränkung auf das, wovon bestimmte Urteilende ausgehen müssen, umgeht das Problem und kann das Problem umgehen, dass Freiheit nicht in einem strengen, theoretischen Ansprüchen genügenden Sinn bewiesen werden kann. Denn die Konsequenzen für ein Wesen, das sich für frei halten muss, sind keine anderen als die Konsequenzen für ein Wesen, das erwiesenermaßen frei ist: Für beide gilt das Sittengesetz.

$77_{10\text{-}25}$ | $448_{9\text{-}22}$ (ÜBERBLICK) Für das weitere Verständnis der Argumentation Kants im dritten Teil der *Grundlegung* ist es wichtig, sich noch einmal in Erinnerung zu rufen, dass Kant ein Vorgehen in zwei Stufen wählt. Er beantwortet zunächst (im Rest des vorliegenden zweiten Unterkapitels), die Frage, *wer* die urteilenden Personen sind, für die ein Urteil wie (3') ein notwendiges Urteil ist, nämlich »jedes vernünftige Wesen, das einen Willen hat« und versucht zu zeigen, warum für solche Wesen ein Urteil wie (3') ein notwendiges Urteil ist oder, genauer gesagt, ein notwendiges Urteil wäre. Die Argumentation ist nämlich insofern indirekt, als nicht einfach von vernünftigen Wesen, die einen Willen haben, ausgegangen werden kann. Was Kant zeigen will, ist vielmehr, dass, wenn wir uns ein vernünftiges Wesen, das einen Willen hat, denken, wir davon ausgehen müssen, dass sich ein solches Wesen notwendigerweise für frei halten muss. Die zweite Stufe der Argumentation (in den Unterkapiteln 3 und 4) besteht dann in dem Nachweis, dass *wir* uns als vernünftige Wesen verstehen müssen, die einen Willen haben.

$77_{10\text{-}12}$ | $448_{9\text{-}11}$ Kant stellt [1.] zunächst die Behauptung auf, dass wir uns ein vernünftiges Wesen mit dem Vermögen praktischer Vernunft nicht anders denken können als so, dass es notwendigerweise annehmen muss, dass es in seinem Handeln wirklich frei ist und diese Annahme für all sein Handeln relevant ist. Wir müssen also annehmen, dass (3') für jedes vernünftige Wesen mit dem Vermögen praktischer Vernunft ein notwendiges Urteil ist. Zu zeigen, dass diese Behauptung berechtigt ist, ist das Ziel der nachfolgenden Argumentation. Sie erfolgt in drei Schritten [2.–4.].

$77_{13f.}$ | $448_{11\text{-}13}$ Es lässt sich zeigen, dass die Behauptung [1.] berechtigt ist. Denn [2.] wenn wir uns ein vernünftiges Wesen, das einen Willen hat, denken, dann denken wir uns ein Wesen mit dem Vermögen praktischer Vernunft, das also aus Gründen kausal wirksam oder zwecksetzend sein kann. Wenn wir uns nämlich ein *vernünftiges* Wesen denken, dann denken wir uns ein Wesen, das über ein aktives und ›kreatives‹ Erkenntnisvermögen verfügt, das Prinzipien zu Erkenntnissen aufsuchen kann und der Hervorbringung eigener Begriffe (Ideen, d. h. Vernunftbegriffe) fähig ist.[3] Und wenn wir uns ein solches Wesen als mit einem Willen begabt denken, dann denken wir uns ein Wesen, das aus Gründen handeln kann und insbesondere sich Handlungsziele setzen kann, die es realisieren will.

$77_{15\text{-}19}$ | $448_{13\text{-}16}$ [3.] Nach unserem Urteil muss ein solches vernünftiges, handlungsfähiges Wesen in seiner Perspektive davon ausgehen, dass es aus eigenen Gründen handelt und sein praktisches Vernunftvermögen eigener, genuin vernünftiger Handlungsgründe fähig ist. Denn als vernünftiges Wesen kann es nicht annehmen, dass es mit seiner Vernunft nur äußerlichen, vernunftfremden Antrieben oder Bestimmungsgründen dienstbar ist. Noch viel weniger kann es annehmen, dass seine

[3] Vgl. *KrV* B 355 / A 298 – B 359 / A 302 (»Von der Vernunft überhaupt«), siehe z. B. auch *KpV* 14_1–16_8 = V, 12_1–13_5).

Vernunft bzw. es als handlungsfähiges Wesen von fremden Antrieben einfach überwältigt wird. Denn dann träfe sie (die Vernunft) bzw. es (als vernünftiges Wesen) keine Handlungsentscheidungen. Die Vernunft des vernünftigen Wesens wäre nicht praktisch, das vernünftige Wesen könnte nicht als vernünftiges Wesen handeln. Als Subjekt des Handelns muss ein vernünftiges handlungsfähiges Wesen sich selbst aufgrund seines Vernunftvermögens als Urheber seiner Handlungsgründe sehen bzw. sich selbst die Fähigkeit zu praktischen Urteilen zuschreiben.

$77_{19\text{-}25}$ | $448_{17\text{-}22}$ [4.] Entsprechend muss sich ein vernünftiges Wesen ein praktisches Vernunftvermögen zuschreiben, das nach eigenen Prinzipien handlungsbestimmend ist und deshalb frei ist. Nur unter der Idee der Freiheit kann sich folglich ein vernünftiges Wesen einen eigenen Willen zuschreiben. Für jedes vernünftige Wesen, das einen Willen hat, gilt also, dass es sich notwendigerweise für frei halten muss. Denn dies zu bestreiten, hieße zu bestreiten, dass es ein vernünftiges Wesen ist, das einen Willen hat.

3. »Von dem Interesse, welches den Ideen der Sittlichkeit anhängt«

$78_{1\text{-}12}$ | 488_{25}-449_{6} Kant rekapituliert, dass gezeigt wurde (er bezieht sich damit auf den zweiten Teil der *Grundlegung*), dass das Moralgesetz in der Idee der Freiheit wurzelt, dass wir aber nicht in der Lage sind, die Wirklichkeit der Freiheit[4] zu beweisen (Bezug auf das vorausgegangene Unterkapitel). Dies ließ sich nicht einmal für uns selbst und unsere eigene Natur zeigen. Gezeigt werden konnte lediglich, dass, wenn wir die Idee eines vernünftigen mit einem Willen begabten Wesens bilden, wir davon ausgehen müssen, dass dieses (und somit ein jedes solches Wesen) sich für frei halten muss.

[4] »diese« in »diese aber konnten wir als etwas Wirkliches nicht …« bezieht sich auf »Freiheit« und nicht auf »Idee der Freiheit«, denn über die Idee verfügen wir sehr wohl.

$78_{13\text{-}18}$ | $449_{7\text{-}11}$ Mit diesen Ideen ist aber, wie gezeigt, die praktische Notwendigkeit verbunden, nur nach solchen Maximen zu handeln, die dem Moralgesetz entsprechen. Es ist nicht ganz klar, worauf sich Kant in dieser letzten Rekapitulation genau bezieht: auf das vorausgegangene Unterkapitel (dann wären mit den Ideen die Ideen vernünftiges Wesen, eigener Wille, Freiheit gemeint), auf den vorausgegangenen Teil des Werkes, auf eine Verbindung von beidem? Ich halte die letztere Antwort für die beste (an der Beantwortung der konkreten Interpretationsfrage hängt aber letztlich nichts). Kant spricht nämlich hier von *uns* als handelnden Menschen (»zu unserer eigenen Gesetzgebung«). Der entscheidende Punkt ist, dass, *wenn* wir uns als vernünftige Wesen mit einem eigenen Willen ansehen, wir uns durch das Moralgesetz verpflichtet sehen müssen. Die Frage ist aber, ob wir uns als vernünftige Wesen mit einem eigenen Willen ansehen müssen.

$78_{18\text{-}31}$ | $449_{11\text{-}23}$ Diese Frage wird von Kant auch sogleich aufgeworfen, und zwar aus der Perspektive der 1. Person (»ich«). Warum muss ich mich *qua* vernünftiges Wesen und damit jedes vernünftige Wesen für verpflichtet halten?

Die Ausweitung auf jedes vernünftige Wesen mag zunächst überraschen. Denn, wie im vorausgegangen Unterkapitel gezeigt, muss sich ein vernünftiges Wesen, das einen Willen hat, wenn es denn ein solches gibt, für frei halten und damit davon ausgehen, dass das Moralgesetz für es gilt. Wenn wir uns aber für ein vernünftiges Wesen halten müssen, dann ist die Idee eines vernünftigen Wesens nicht länger mehr eine kontingente Idee, die wir uns denken mögen oder auch nicht. Darin besteht genau das Problem, im Übergang von der (bloßen) Denkmöglichkeit zur Denknotwendigkeit. Die Annahme, dass es vernünftige Wesen mit einem eigenen Willen gibt, lässt sich nur über uns sichern, nur dadurch, dass wir hinreichende Gründe dafür haben, uns für vernünftige Wesen mit einem eigenen Willen zu halten. Was wir aber allein gesichert zu kennen scheinen, sind die auf unser Wohlergehen bezogenen Ansprüche unserer Klugheit. Durch ein darin wurzelndes Interesse lässt sich die Notwendigkeit, in allem

Handeln dem Gesetz der Vernunft zu folgen, natürlich nicht absichern. Aber können wir aus genuin vernünftigen Handlungsgründen dem Gesetz der Vernunft folgen wollen (an diesem »ein Interesse *nehmen*«)? Haben wir hinreichende Gründe dafür, uns ein notwendiges Wollen zuzuschreiben, das uns, die wir mit Sicherheit nicht selbstverständlich vernünftig handelnde Wesen wären, dann als unbedingter Sollensanspruch gegenübertritt und zur Nötigung wird? (Bei einem nicht selbstverständlich vernünftigen Wesen tritt den bedingten Sollensansprüchen, der »subjektiven Notwendigkeit«, das unbedingte Sollen, die objektive Notwendigkeit, gegenüber.)[5]

78_{32}-79_{15} | 449_{24}-450_{2} Wenn wir die Idee der Freiheit voraussetzen, dann müssen wir diese als Autonomie denken und setzen wir mit der Idee der Freiheit das in der Autonomie der Vernunft liegende Moralgesetz voraus. Dadurch wird zwar das Prinzip moralischen Sollens genauestens bestimmt, aber dadurch wird dessen Gültigkeit nicht erwiesen. Wir können so nicht zeigen, dass wir diesem Prinzip in allem Handeln folgen müssen und entsprechend nur nach Maximen handeln dürfen, die mit der Allgemeinheit des Moralgesetzes konform gehen, dass nur das, was tatsächlich unbedingt praktisch notwendig ist, unbedingt und unüberbietbar gut ist und dass die Möglichkeit zu einem solchen Handeln uns einen unbedingten Wert verleiht, dem gegenüber die unser Wohlergehen betreffenden Wertungen oder Interessen belanglos sind.

$79_{16\text{-}32}$ | $450_{3\text{-}17}$ Wir können zwischen Handlungsabsichten, in denen es uns um unser Wohlergehen geht, und einer durchgängigen Bereitschaft oder Gewilltheit unterscheiden, nur aus Gründen oder in Übereinstimmung mit Gründen zu handeln, durch die wir würdig werden, glücklich zu sein. Und wir können an einer solchen Würdigkeit unabhängig von den Interessen an unserer eigenen Glückseligkeit ein Interesse nehmen. Doch setzt dies schon die Anerkenntnis der unbedingten Gutheit

[5] Zur Unterscheidung zwischen subjektiver und objektiver Notwendigkeit siehe auch *KpV* $34_{11\text{-}19}$ = V, $26_{18\text{-}23}$.

des Moralgesetzes voraus, indem wir die Idee der Freiheit bilden und damit eine andere Dimension von Bestimmungsgründen des eigenen Wollens in den Blick nehmen. Es zeigt deshalb nicht, dass und warum wir uns trotz der auf unsere Sinnlichkeit zurückgehenden Interessen für frei halten und durch die in unser Freiheit liegenden Gesetze verpflichtet halten müssen. Es zeigt nicht, dass und warum die in unserer Freiheit liegende Gesetzgebung uns tatsächlich einen unbedingten Wert verleiht und es notwendig macht, die aus unserer Sinnlichkeit resultierenden Ansprüche und Interessen dem Moralgesetz vollständig unterzuordnen. Kurz gesagt, es beantwortet die Frage nicht, warum das moralische Gesetz für uns verbindlich ist. Dies ist eine andere Formulierung der Frage, wie ein kategorischer Imperativ möglich ist, warum er eine nötigende Kraft für uns besitzt. Die Wichtigkeit und Schwierigkeit der Beantwortung der Frage nach der Möglichkeit eines kategorischen Imperativs hatte Kant schon im zweiten Teil der *Grundlegung* herausgestellt ($42_{31\text{-}35}$ | $419_{12\text{-}15}$; $43_{22\text{-}26}$ | 419_{36}-420_{3}).

79_{33}-80_{11} | $450_{18\text{-}29}$ Solange wir uns auf der Ebene kontingenter Annahmen oder bloßer Denkmöglichkeiten bewegen, scheint unsere Argumentation unvermeidlich zirkulär bleiben zu müssen. Wir halten uns für frei (gehen also davon aus, dass wir in unserem Wollen nicht durch vorausliegende Ursachen prädeterminiert sind), um uns in unserem zielverfolgenden Handeln dem Sittengesetz unterworfen zu denken, und wir halten uns für dem Sittengesetz unterworfen, um uns für frei zu halten. (Kant selbst schließt in seiner Formulierung den Zirkel nicht, weil er letztlich zweimal das Gleiche sagt.)[6] Weil die Gesetzgebung des Willens und die Freiheit jeweils als Autonomie zu denken sind, besagen sie letztlich das Gleiche (wie zwei Brüche, die sich jeweils auf den gleichen Bruch herunterkürzen lassen). Mit der Erklärung des einen durch das andere verbleiben wir auf der Ebene analytischer Urteile. Wir betreiben Begriffsklärung,

[6] Eine korrekte Formulierung des Zirkels gibt Kant weiter unten *GMS* $83_{7\text{-}10}$ = IV, $453_{5\text{-}7}$.

durch die sich die Gültigkeit, die Realität, der vorausgesetzten Annahmen nicht sichern lässt.

80_{12}-83_{18} | 450_{30}-453_{15} (Überblick) Kants Lösung des Problems besteht nun darin zu zeigen, dass es nicht einfach nur eine kontingente Annahme ist, uns als vernünftige Wesen zu sehen, die einen Willen haben, sondern dass wir dafür hinreichende, von der beabsichtigten Begründung der Gültigkeit des Moralgesetzes unabhängige Gründe haben. Entsprechend *müssen* wir uns für frei halten und das Moralgesetz als für uns gültig anerkennen. Für seine Argumentation bedient sich Kant der (im Folgenden am Text weiter zu erläuternden) Unterscheidung zwischen Sinnenwelt und Verstandeswelt. Diese Unterscheidung müssen wir treffen und auf uns anwenden, sodass wir von zwei unterschiedlichen Standpunkten her auf uns zu blicken haben. Wir haben hinreichenden Grund anzunehmen, dass wir als handlungsfähige Wesen sowohl Teil der Verstandeswelt als auch Teil der Sinnenwelt sind.

$80_{12\text{-}16}$ | $450_{30\text{-}34}$ Einen Ausweg (eine »Auskunft«)[7] können wir noch zu nehmen versuchen. Dieser besteht darin, der Frage nachzugehen, ob wir nicht zwei unterschiedliche Standpunkte einnehmen, wenn wir (a) uns erfahrungsunabhängig (a priori) in den Bestimmungen oder Ursachen unseres Handelns als frei denken und wenn wir (b) uns als erfahrbar Handelnde mit den Wirkungen dieser Bestimmungen in oder an uns vorstellen, und zu untersuchen, ob uns die Unterscheidung dieser beiden Standpunkte nicht weiterbringt.

80_{17}-81_{9} | 450_{35}-451_{21} Selbst wer völlig ungelehrt ist, kann (wenn vielleicht auch nur ganz unbestimmt gefühlt) innewerden (bemerken)[8], dass wir von Dingen, die wir vermittels unserer Sinne wahrnehmen (im Unterschied zu Vorstellungen, die wir selbst hervorbringen), nur in der Weise Kenntnis haben können,

[7] Zu »Ausweg« oder »Zuflucht« als Bedeutungen von »Auskunft« vgl. Grimm, Deutsches Wörterbuch, Bd. 1, Sp. 898 f.

[8] Zu »Wahrnehmung« und »Beobachtung« als Bedeutungen von »Bemerkung« siehe Grimm, Deutsches Wörterbuch, Bd. 1, Sp. 1460.

wie sie uns erscheinen. Selbst bei genauester Beachtung der Bestandteile unserer Vorstellungen (ihrer »Deutlichkeit«)[9] können wir niemals erkennen, wie die Dinge an sich sind, unabhängig von der Weise, in der sie uns sinnlich affizieren. Wesen, die über andere Sinne verfügen als wir, (anderen »Weltbeschauern«) würden die Dinge anders erscheinen als uns. Wir müssen also zwischen der »Sinnenwelt«, der Welt, wie sie vermittels der Sinne zugänglich ist und in Abhängigkeit von Unterschieden in der sinnlichen Ausstattung variieren mag, und der »Verstandeswelt« unterscheiden. Letztere ist die der sinnlichen Wahrnehmung voraus- oder zugrundeliegende Wirklichkeit, um die wir nur vermittels unseres Verstandes/intellektuellen Vermögens wissen können. Sie variiert nicht in Abhängigkeit von den Sinnen.

81_{9-26} | 451_{21-36} Auch in Bezug auf uns selbst müssen wir die Unterscheidung zwischen Erscheinung und Ding an sich selbst anwenden. Dies betrifft nicht nur die Weise, wie wir uns äußerlich, vermittels unserer äußeren Sinne erscheinen. Es betrifft auch unsere geistig-seelische Innenseite, wie sie uns durch innere Empfindung vermittelt wird. Auch hier müssen wir unterscheiden, wie uns unser erfahrbares, sinnlich vermitteltes Ich erscheint und wie unser zugrundeliegendes Ich oder Selbst für sich genommen ist. Kant deutet aber bereits an, dass, was uns selbst anbelangt, die Unterscheidung zwischen Sinnenwelt und Verstandeswelt um einen entscheidenden Schritt weitergeführt werden kann. Sofern wir über ein unmittelbares, nicht sinnlich vermitteltes Bewusstsein einer geistigen Selbsttätigkeit verfügen, müssen wir uns (auch) der »*intellektuellen Welt*« zurechnen.

81_{27-35} | 451_{37}–452_{6} Bevor Kant dies weiterführt, hält er fest, dass sich die Unterscheidung zwischen Erscheinungen und Dingen an sich selbst dem Nachdenken erschließt und letztlich auch ungebildeten Menschen zugänglich ist. Diese nehmen gern

[9] Zu Kants Verständnis der »Deutlichkeit« von Vorstellungen siehe z. B. *Anthr.* 23_{4-19} = VII, 137_{22}–138_{10} (»Von der Deutlichkeit und Undeutlichkeit im Bewußtsein seiner Vorstellungen«) und *Logik* IX, 34_{7-37} (mit hilfreichen Beispielen).

eine unsichtbare und wirkende Hinterwelt hinter den sichtbaren Dingen an, versuchen sich diese allerdings selbst wiederum sinnlich vorzustellen. Dadurch werden aber die Eigenart der der Sinnenwelt zugrundeliegenden Verstandeswelt und der eigentliche Punkt der Unterscheidung verfehlt.

$82_{1\text{-}17}$ | $452_{7\text{-}22}$ Wir sind uns als Menschen bewusst, dass wir über *Vernunft* verfügen, also über ein Vermögen reiner geistiger Selbsttätigkeit (Spontaneität). Zwar ist der *Verstand* auch ein aktives geistiges Vermögen, das es von der Passivität sinnlicher Eindrücke zu unterscheiden gilt. Doch bleibt der Verstand auf die Sinnlichkeit bezogen. Seine Aktivität ist darauf beschränkt, die sinnlichen Eindrücke unter Regeln zu bringen und sie so als Gegenstände des einheitlichen Bewusstseins von uns als Subjekten der Erkenntnis zu konstituieren. Im Unterschied dazu vermag die Vernunft völlig unabhängig von unserer Sinnlichkeit Begriffe (»Ideen«) zu bilden (z. B. die Ideen Gottes oder der Freiheit), die Reichweite unseres Erkenntnisvermögens zu untersuchen, zwischen Sinnen- und Verstandeswelt zu unterscheiden und aufzuzeigen, dass das Erkenntnisvermögen des Verstandes auf mögliche Gegenstände der Erfahrung und damit das, was uns unsere Sinne vermitteln können, beschränkt bleibt.

Kant rekapituliert in diesem Abschnitt knapp Grundeinsichten der *Kritik der reinen Vernunft*. Es kommt hier aber nicht darauf an, die Details unserer Verstandestätigkeit zu verstehen, sondern unser Vernunftvermögen in den Blick zu nehmen. Die Ideen unserer Vernunft erfüllen zwar bestimmte, hier nicht näher zu behandelnde Funktionen, sie verbürgen als solche aber nicht schon die Realität ihrer Inhalte und somit auch keine Erkenntnis der Wirklichkeit. Dadurch dass wir etwa die Ideen von Gott oder von Freiheit zu bilden vermögen, ist die Existenz Gottes oder von Freiheit nicht schon sichergestellt. Der entscheidende Punkt ist hier, dass wir uns der Existenz unseres (theoretischen) Vernunftvermögens bewusst sind.

$82_{18\text{-}27}$ | $452_{23\text{-}30}$ Ein vernünftiges Wesen, also ein mit Vernunft begabtes Sinnenwesen, muss sich von Seiten seiner Vernunft, deren es sich bewusst ist, als Intelligenz verstehen und als Intelligenz als (aktiver) Teil der Verstandeswelt. Von Seiten seiner unteren Erkenntniskräfte und Antriebe und als Gegenstand der Erfahrung muss es sich als Teil der Sinnenwelt sehen. Ein vernünftiges Wesen muss sich also von zwei Standpunkten her betrachten. Als Teil der Sinnenwelt und als Gegenstand der Erfahrung muss es sich in seinen Handlungen als den Naturgesetzen unterworfen und durch jeweils vorausliegende, in der Reihe der Kausalketten fremde Ursachen bestimmt oder prädeterminiert erachten (Heteronomie, Fremdbestimmung). Als Intelligenz und Teil der Verstandeswelt muss es davon ausgehen, dass es sich selbst aus in seiner Vernunft liegenden Gründen zum Handeln bestimmt.

82_{28} - 83_4 | 452 - 453 Entsprechend haben wir Menschen hinreichende Gründe dafür, uns als vernünftige Wesen mit einem eigenen Willen zu betrachten. Als solche müssen wir uns für frei halten. Denn als Intelligenz und Teil der Verstandeswelt müssen wir unseren Willen als unabhängig von den naturgesetzlichen Ursache-Wirkungs-Zusammenhängen betrachten, die für die Sinnenwelt gelten. Freiheit ist aber, wie gezeigt, als Autonomie zu verstehen, sodass vernünftige Wesen das Sittengesetz als ebenso notwendiges Gesetz für ihr Handeln denken müssen, wie die Naturgesetze als Gesetze in der Welt der Erscheinungen gelten.

83_{5-18} | 453 Es ist also nicht wie befürchtet der Fall, dass die Begründung der Verbindlichkeit des Moralgesetzes auf einem verborgenen Zirkel vom Moralgesetz auf die Freiheit und dann von der Freiheit auf das Moralgesetz beruht. Wir setzen die Freiheit nicht einfach nur voraus, um uns für verpflichtet zu halten. Vielmehr haben wir einen unabhängigen Grund dafür, uns für frei zu halten, weil wir im Bewusstsein unserer Vernunft uns als Teil der Verstandeswelt verstehen und deshalb unseren Willen von der Vernunft her verstehen müssen. Deshalb müssen wir das Gesetz der Vernunft als für unseren Willen maßgebend erachten. Zugleich sind wir uns aber bewusst, dass wir nicht rein vernünftige Wesen sind und außer den vernünftigen

Bestimmungsgründen auch Antriebe und Bestimmungsgründe des Handelns kennen, die aus unserer Sinnlichkeit erwachsen und oftmals den vernünftigen Bestimmungsgründen entgegenstehen. Entsprechend tritt uns die praktische Notwendigkeit des Sittengesetzes als unbedingter Sollensanspruch entgegen.

4. »Wie ist ein kategorischer Imperativ möglich?«

83_{20}–84_{17} | 453_{17}–454_{5} (ÜBERBLICK) Kant knüpft nun an die bisherige Argumentation an, um abschließend die Frage zu beantworten, warum der kategorische Imperativ für uns gültig ist bzw. woher er für uns seine nötigende Kraft bezieht. Für das Verständnis dieses Nachweises ist es wichtig, *zwei* Unterscheidungen zu beachten: erstens, die Unterscheidung zwischen den Perspektiven auf ein vernünftiges Wesen als Teil der Verstandeswelt und als Erfahrungsgegenstand (und *insofern* als Teil der Sinnenwelt); zweitens, die Unterscheidung zwischen Vernunft und Sinnlichkeit in den Bestimmungsgründen der Handlungsentscheidungen eines Wesens, das sich als vernünftiges Sinnenwesen verstehen muss. Kant führt diese beiden Unterscheidungen nicht explizit ein, verwendet sie aber. Im Laufe seiner Argumentation wechselt Kant in die Perspektive der ersten Person (»ich«) (84_{11} | 453_{35}). Dies zeigt, dass es Kant, wenn er zunächst von einem oder dem vernünftigen Wesen spricht, immer schon *um uns* als vernünftige Wesen geht. Da es das Verständnis erleichtert, werde ich dies von vornherein berücksichtigen.

83_{20-29} | 453_{17-25} Zunächst steht die erste Unterscheidung im Vordergrund. Als vernünftige Wesen müssen wir die Bestimmungsgründe unseres Willens von unserer Vernunft her verstehen und unsere Vernunft als Ursache unserer Handlungsbestimmungen sehen. Da wir als vernünftige Wesen aber keine Einsicht in die Funktionsweise unserer Freiheit haben können, können wir auch nicht wissen, wie sich unser erfahrbares Handeln als Wirkung der Bestimmungen unserer Vernunft verstehen lässt. Von Seite der Erfahrung her, also auf der Ebene der

Erscheinungen, steht nur eine naturgesetzliche Erklärung unseres Handelns, als Wirkung unserer »Begierden und Neigungen«, zur Verfügung.

83_{29}–84_{7} | $453_{25\text{-}31}$ Der Blick wechselt nun aber auf die Doppelnatur von uns als vernünftige Wesen. Würden die Bestimmungsgründe unseres Handelns nur unserer vernünftigen Natur entstammen, so würde unser Handeln selbstverständlich und durchgängig dem Gesetz unserer reinen praktischen Vernunft entsprechen. Würden die Bestimmungsgründe unseres Handelns nur unserer sinnlichen Natur entstammen, so würden sie allein dem Prinzip der eigenen Glückseligkeit folgen.

Indem Kant vom »Naturgesetz der Begierden und Neigungen« spricht, scheint er die vorausgegangene, durch die Sinne vermittelte Außerperspektive auf uns als Erfahrungsgegenstände lediglich fortzusetzen. Die Rede vom »Prinzip (...) der Glückseligkeit« zeigt aber, dass mit den Handlungsgründen die Innenperspektive von uns Handelnden in unserem Handeln im Vordergrund steht. Dabei verbindet sich die Kenntnis von uns als Sinnenwesen mit dem unmittelbaren Bewusstsein unserer Vernunft und den Annahmen, die wir aufgrund dieses Bewusstseins in Bezug auf unseren Willen machen müssen. Ein Handeln aus Gründen impliziert eine Beteiligung der Vernunft. Diese Beteiligung wäre aber, wenn die Gründe unseres Handelns allein auf unsere Neigungen zurückgingen, darauf beschränkt, die Interessen der Neigungen zu ordnen und zu moderieren. Dies hat Kant in den beiden ersten Teilen des Werkes immer wieder betont. Trotz der Moderation durch unsere Vernunft würden sich unsere Interessen an der Gratifikation einer unmittelbaren Bedürfnisbefriedigung immer wieder gegen unser Interesse an unserem längerfristigen Wohlergehen durchsetzen.

Hinter der hypothetischen Erwägung der Alternativen einer ausschließlichen Bestimmung unseres Willens durch unsere Vernunft und einer ausschließlichen Bestimmung durch in unserer Sinnlichkeit wurzelnde Gründe steht aber die von Kant hier nicht ausdrücklich formulierte, aber vorausgesetzte Einsicht, dass es sich bei uns anders verhält. Unser Wille, verstanden als das Entscheidungszentrum unseres Handelns, kann sowohl vom Prinzip der Sittlichkeit (dies wurde im vorausgegangenen Unterkapitel gezeigt) als auch vom Prinzip der Glückseligkeit bestimmt werden. Aber auch wenn wir in unseren Handlungsentscheidungen unseren Bedürfnissen und Neigungen folgen, werden wir von diesen nicht einfach überwältigt. Vielmehr treffen wir auch diese Handlungsentscheidungen ungezwungen und in diesem Sinne frei. Es besteht also für uns eine Konkurrenz ganz unterschiedlicher Bestimmungsgründe des Handelns. Daher stellt sich die Frage, welche Bestimmungsgründe für uns maßgeblich sein müssen.

$84_{7\text{-}17}$ | 453_{31}–454_5 Um die Beantwortung dieser Frage geht es im letzten und entscheidenden Teil des hier betrachteten Absatzes. Die Richtung der Antwort weist eine Analogie.[10] Ähnlich wie der gesetzmäßige Zusammenhang unserer sinnlich vermittelten Erfahrungswirklichkeit auf die Regeln unseres Verstandes zurückgeht, bildet auch im Praktischen die Verstandeswelt die Grundlage, den Maßstab und das Gesetz für die möglichen Bestimmungsgründe unseres Willens. Die Einflüsse der Sinnlichkeit und die der Sinnlichkeit entlehnten Gründe einerseits und die Bestimmung des Willens durch das Gesetz der Vernunft andererseits stehen nicht auf der gleichen Stufe. Sie stehen sich, wenn man so will, nicht auf Augenhöhe gegenüber. Indem wir uns nämlich in unserem Willen als dem Zwang der Sinnlichkeit entzogen denken müssen, müssen wir unseren Willen ganz von Seiten der Verstandeswelt her denken. Wenn wir uns in unseren Willensentscheidungen durch Gründe bestimmen, die unserer Sinnlichkeit entlehnt sind, dann stellen wir unseren Willen gewissermaßen in den Dienst der Sinnlichkeit. Wir könnten aber nicht so entscheiden, wenn wir nicht über ein von der Sinnlichkeit unabhängiges Entscheidungsvermögen verfügten.

[10] Dass Kant hier mit einer Analogie arbeitet, ergibt sich zunächst aus sachlichen Gründen aus dem Gesamtzusammenhang der Argumentation. Die interpretative Annahme findet dann im folgenden Absatz auch eine Bestätigung im Text.

Insofern (und in dem hier relevanten Sinne) ist die Verstandeswelt der Grund der Möglichkeit von Handlungsentscheidungen, die auf unsere sinnliche Natur zurückgehen. Da wir uns als vernünftige Wesen verstehen müssen, müssen wir davon ausgehen, dass unserem Willen das Gesetz der Vernunft unmittelbar eingeschrieben ist und für diesen maßgeblich ist. Entsprechend besteht für uns die Notwendigkeit, Bestimmungen unseres Willens zu widerstehen, die dem Gesetz der Vernunft widerstreiten, und dieses Gesetz als uns in all unserem Handeln verpflichtenden Imperativ anzuerkennen.

$84_{18\text{-}33}$ | $454_{6\text{-}19}$ Kant wertet nun die vorausgegangene Argumentation aus, wobei er sich ausdrücklich nur auf das unmittelbar Vorausgegangene bezieht. Kant setzt die Grundlage der Argumentation voraus, nämlich dass wir uns (1.) als vernünftige Wesen, d.h. als vernunftbegabte Sinnenwesen verstehen müssen. Als vernünftige Wesen müssen wir uns (2.) für frei halten, d.h. unseren Willen unserer Vernunft zurechnen, und (3.) die vernünftige Bestimmbarkeit unseres Willens als maßgeblich auch mit Blick auf mögliche Bestimmungsgründe ansehen, die aus unserer Sinnlichkeit erwachsen. Unser Wille steht deshalb (4.) unter dem Gesetz der Vernunft, das uns (5.), da wir als vernünftige Wesen, deren Wille von »sinnliche[n] Begierde[n] affiziert[..]« (nicht bestimmt!) wird, nicht selbstverständlich vernünftig handeln, als unbedingter Anspruch, kategorischer Imperativ, gegenübertritt. Der kategorische Imperativ ist nicht einfach nur eine bloße Denkmöglichkeit. Vielmehr haben wir hinreichende Gründe, uns für vernünftige Wesen zu halten. Als solche müssen wir weitere Urteile treffen, die für uns notwendige Urteile sind. Insbesondere müssen wir uns für frei und das Gesetz unserer Vernunft gegenüber den aus unserer Sinnlichkeit erwachsenden Ansprüchen für maßgeblich halten. Deshalb stellt das »*kategorische* Sollen einen synthetischen Satz [Urteil] *a priori*« vor. Das unmittelbare Bewusstsein unserer Vernunft macht es notwendig, unseren Willen der Vernunft und entsprechend das unser Handeln bestimmende Entscheidungsvermögen der Verstandeswelt zuzurechnen und deren Gesetze für maßgeblich gegenüber den aus unserer Sinnlichkeit erwachsenden Ansprüchen zu halten. Dies ist »ungefähr so« (jetzt stellt Kant ausdrücklich heraus, dass es um eine Analogie geht), wie die Begriffe des Verstandes eine gesetzliche Form für die auf der Sinnlichkeit beruhenden Anschauungen bereitstellen und erfahrungsunabhängige Regeln (»synthetische Sätze *a priori*«) bereitstellen, die Erfahrungserkenntnis (»alle Erkenntnis der Natur«) allererst ermöglichen.

84_{34}–85_{29} | 454_{20}–455_{9} Der Nachweis der Gültigkeit (Deduktion) des kategorischen Imperativs ist geleistet. Im letzten Absatz des vorliegenden (vierten) Unterkapitels versucht Kant noch so etwas wie eine Plausibilitätskontrolle. Zwar war das hier gebotene Begründungsargument komplex. Was aber gezeigt wurde, ist auch dem moralischen Alltagsverstand zugänglich. Selbst ein ausgeprägter Halunke[11] kann den unbedingten Wert eines Handelns aus einer augenscheinlich moralischen Gesinnung, die sich über gegenläufige sinnliche Antriebe hinwegsetzt oder diesen widersteht, erkennen. Eigentlich würde er auch so handeln können wollen und von den Neigungen frei sein, die ihn immer wieder ganz anders handeln lassen. Damit erkennt er aber ganz andere Bestimmungsgründe des Handelns und eine ganz andere Wertigkeit von Bestimmungsgründern des Handelns jenseits der sinnlich erfahrbaren Handlungsantriebe an. Er nimmt einen Standpunkt jenseits der Welt der Erfahrung ein und erkennt die Möglichkeit einer Handlungsbestimmung (eines »guten Willens«) unabhängig von sinnlichen Bestimmungsgründen, die seinem »bösen Willen«, der gegenläufigen Bestimmungsgründen folgt, als Maßstab dienen kann und muss. Die Pointe der von Kant entwickelten impliziten Urteile des »Bösewichts« besteht darin, dass dieser zumindest ahnt, dass seine Auffassung, dass er gar nicht anders kann, als den sinnlichen

[11] Wir sind vielleicht geneigt, uns unter dem »ärgsten Bösewicht« einen Schwerstverbrecher vorzustellen. »Bösewicht« hat aber im Verständnis Kants wohl eine schwächere Bedeutung. Siehe den Artikel »Bösewicht« in Grimm, Deutsches Wörterbuch, Bd. 2, Sp. 256f.

Antrieben zu folgen, sich nicht halten lässt. Er kennt das Gesetz seiner Vernunft und »übertritt« es. Der moralische Anspruch ist also kein fremder oder unvermittelter Anspruch, sondern das Gesetz des eigenen Wollens, das ihm als nicht selbstverständlich vernünftig handelndes Wesen als unbedingtes Sollen gegenübertritt.

Es sei an dieser Stelle noch kurz darauf hingewiesen, dass sich hier schon eine Argumentationsfigur andeutet, die später in der *Kritik der praktischen Vernunft* eine entscheidende Rolle spielen wird, nämlich der Rekurs auf die Bekanntschaft mit den Ansprüchen unbedingten Sollens, die aus unserer Vernunft resultieren.

5. »Von der äußersten Grenze aller praktischen Philosophie«

Kant verfolgt nun noch zwei Anliegen: Erstens vergewissert er sich, dass die notwendige Annahme von Freiheit (und damit die Gültigkeit des kategorischen Imperativs) mit den Grundlagen der Erfahrungserkenntnis vereinbar ist. Die Annahme der Freiheit widerspricht nicht den Gesetzen der Natur. Zum anderen stellt er heraus, dass die mit der Freiheit angenommene Wirkmächtigkeit reiner Vernunft eine Annahme ist, die allein auf der Ebene des Praktischen angesiedelt ist und auf diese beschränkt bleibt. Wir haben keinerlei Möglichkeit, davon ausgehend theoretische Einsichten in die Funktionsweise der praktischen Vernunft bzw. von Freiheit zu gewinnen. Auch wenn auf der Ebene des Praktischen die Annahme eines reinen Vernunftgebrauchs notwendig ist, verletzt dies die positiven wie negativen Ergebnisse der *Kritik der reinen Vernunft* nicht, also weder die aufgewiesenen Grundlagen aller Erfahrungserkenntnis noch den Nachweis der prinzipiellen Unmöglichkeit einer vernunftgeleiteten Erkenntnis von Gegenständen jenseits der Erfahrung.

$86_{2\text{-}20}$ | $455_{11\text{-}27}$ Um (in einer ausgedehnten, über mehre Absätze hinweg entfalteten Argumentation) zu zeigen, dass Freiheit und die Gesetze der Natur nicht unvereinbar sind, beleuchtet Kant in diesem Absatz zunächst das Gesetz der Freiheit und die Gesetze der Natur. Der Anspruch unbedingten Sollens, dem wir Menschen uns gegenübersehen, verrät, dass wir Menschen uns als frei und entsprechend dem Sittengesetz unterworfen denken. Dieser Anspruch wird nicht dadurch hinfällig, dass, soweit die Erfahrung zeigt, den Forderungen des Sittengesetzes nicht entsprochen wird. Freiheit und die mit ihr verbundenen Gesetze sind schließlich kein Erfahrungsgegenstand.

Auch die grundlegenden Gesetze der Natur, nach denen etwa gilt, dass alles, was geschieht, notwendigerweise durch vorausliegende Ursachen prädeterminiert ist, sind kein Erfahrungsgegenstand. Denn, dass etwas notwendig ist, kann nicht der Erfahrung entnommen werden. Vielmehr verweisen die grundlegenden Gesetze der Natur bzw. der Welt unserer Erfahrung von Gegenständen auf Leistungen unseres Verstandes. Diese Gesetze haben aber eine ganz andere Beglaubigung als die der Idee der Freiheit entlehnten Gesetze. Denn durch die Gesetze des Verstandes wird Erfahrung allererst möglich und die Gesetze des Verstandes werden, im Unterschied zu den Gesetzen der Freiheit, durch Erfahrung bestätigt.

86_{21}–87_{3} | 455_{28}–456_{6} Wir scheinen also mit unserer Vernunft in einen Widerspruch zu geraten. Denn die angenommene Freiheit des Willens scheint sich nicht mit der Naturnotwendigkeit zu vertragen, in die unser Handeln eingebunden ist. Vor die Alternative gestellt, zwischen Naturnotwendigkeit und Freiheit zu wählen, findet unsere Vernunft, sofern sie auf theoretische (spekulative) Erkenntnis[12] (also auf die Erkenntnis von Gegen-

[12] »Spekulativ« wird hier von Kant im Sinne von »theoretisch« verwendet und von »praktisch« unterschieden (vgl. z. B. auch *KpV* 162_{4-30} = V, 120_{11-31}). Das lateinische Verb »speculari« und das griechische Verb »theorein« stimmen miteinander in den Bedeutungen »beobachten, betrachten« überein. »Spekulativ« kann aber auch im Sinne von »spekulierend« verstanden werden und meint dann eine besondere Weise des theoretischen Vernunftgebrauchs, nämlich das (vergebliche) Bemühen um Erkenntnisse jenseits möglicher Gegenstände der Erfahrung (vgl. z. B. *KrV* B 662 f. / A 634 f.). Vermutlich spricht Kant im Text von »spekulativer Absicht« (und nicht von »theoretischer Absicht«), weil die

ständen) ausgerichtet ist, den Weg der Naturnotwendigkeit viel besser ausgebaut und mit Blick auf die Verwendbarkeit der Erkenntnisse auch nützlicher als den Weg der Freiheit. Kant verweist hier auf Ergebnisse aus der *Kritik der reinen Vernunft*. Naturnotwendigkeit ergibt sich aus den Grundsätzen des reinen Verstandes, durch die allein, mit Bezug auf mögliche Anschauung, Erfahrung bzw. Erkenntnis der Natur möglich wird. Mit einem Begriff wie Freiheit gebrauchen wir mit unserer Vernunft dagegen Verstandesbegriffe oder Verstandesgrundsätze losgelöst von ihrem Bezug auf mögliche Anschauung. Bei einem solchen Gebrauch geraten wir mit unserer Vernunft aber, wie in der *Kritik der reinen Vernunft* gezeigt, in Trugschlüsse und Scheinwidersprüche (in eine »Dialektik«).[13] Es lässt sich lediglich zeigen, dass der Begriff der Freiheit denkmöglich, also nicht in sich widersprüchlich ist. Das ist aber im Vergleich zu den notwendigen Bedingungen möglicher Erfahrung sehr wenig. Der Weg der Freiheit gleicht also eher einem Trampelpfad.[14] Gleichwohl

theoretische Vernunft mit dem Begriff der Freiheit den Bereich möglicher Erfahrung verlässt. Dieser Bereich steht aber beim »Weg der Naturnotwendigkeit« klar im Vordergrund.

[13] Kant versteht unter »Dialektik« allgemein eine »Logik des Scheins« (*KrV* B 85 f. / A 61). Für die in der *Kritik der reinen Vernunft* vorgenommene Prüfung der Reichweite des Vernunftvermögens ist aber ein spezieller Schein von Bedeutung: die im Text erwähnten Trugschlüsse und Scheinwidersprüche, in welche die Vernunft gerät, wenn sie die Begriffe oder Grundsätze des reinen Verstandes, die Erfahrungserkenntnis ermöglichen und nur auf mögliche Gegenstände der Anschauung anwendbar sind, losgelöst von ihrem Bezug auf mögliche Anschauung verwendet (siehe *KrV* B 87 f. / A 62–64, siehe auch *KrV* B 349–366 / A 293–309). – Diese Bedeutung von »Dialektik« ist von den (im Verständnis von Alan Gewirth) Meinungen oder Annahmen darstellenden »dialektischen Urteilen« zu unterscheiden, mit deren Hilfe oben Kants Argumentation im 2. Unterkapitel verdeutlicht wurde.

[14] Ein »Fußsteig« ist ein Weg, der nur zu Fuß genommen werden kann, siehe Adelung, Wörterbuch der Hochdeutschen Mundart, Bd. 2, Sp. 372.

können wir uns in praktischer Absicht, also wenn es um die Bestimmung unseres Willens bzw. unserer Handlungsentscheidungen geht, durch keine Überlegung oder Erwägung davon abbringen lassen, diesen Weg zu gehen, d. h. Freiheit anzunehmen, weil eben nur unter dieser Voraussetzung Vernunft unser Handeln bestimmen kann. Wir müssen also mit unserer Vernunft annehmen, dass kein wirklicher Widerspruch zwischen Freiheit und Naturnotwendigkeit von Handlungen besteht und dass sowohl am Begriff einer durchgängig gesetzmäßig bestimmten Natur als auch am Begriff der Freiheit festzuhalten ist.

87_{4-9} | 456_{7-11} Dass es sich tatsächlich nur um einen vermeintlichen Widerspruch handelt, muss allerdings gezeigt werden. Wäre nämlich Freiheit ein in sich widersprüchlicher Begriff oder wäre Freiheit mit der Naturnotwendigkeit nicht vereinbar, so würde Freiheit eine aus logischen oder theoretischen Gründen unhaltbare Idee darstellen.

87_{10-34} | 456_{12-33} Freiheit und Naturnotwendigkeit sind aber dann miteinander unvereinbar, wenn wir uns allein als Gegenstände unserer Erfahrung betrachten. Denn dann müssen wir davon ausgehen, dass unsere Handlungen kausal (prä)determiniert sind und können uns als Gegenstände der Erfahrung nicht zugleich für frei halten. Deshalb ist es eine wichtige Aufgabe der spekulativen Philosophie zu zeigen, dass wir uns, wenn wir uns für frei halten, nicht als Gegenstände der Erfahrung betrachten, sondern uns von einem anderen Standpunkt her betrachten. Kant bestimmt an dieser Stelle den Unterschied zwischen den Standpunkten nicht, sondern hebt dies für den übernächsten Absatz auf. Aber er hat den Unterschied zwischen Ding an sich und Gegenstand der Erscheinung zuvor schon benannt.

Durch diesen Unterschied wird die Vereinbarkeit von Freiheit und Naturnotwendigkeit denkmöglich. Unsere Handlungen, die sich uns in unserer Erfahrung als zwangsläufig darstellen, könnten in Wirklichkeit frei sein. Kant geht hier aber einen erheblichen Schritt weiter: Freiheit und Naturwendigkeit sind nicht nur als miteinander vereinbar, sondern im selben Subjekt (also in uns) »*als notwendig vereinigt*« zu *denken*. Weil wir die Idee der

Freiheit mit unserer Vernunft unvermeidlich entwickeln und auf unseren Willen anwenden müssen, wird es zu einer Aufgabe der spekulativen Philosophie, die Möglichkeit einer notwendigen Vereinigung von Freiheit und Naturwendigkeit herauszustellen und damit der praktischen Philosophie den Weg zu ebnen.

Ließe die spekulative Philosophie dagegen die Aufgabe, dieses Theoriestück zu bearbeiten, wie einen herrenlosen Besitz (»bonum vacans«) liegen, könnte der Fatalist, der annimmt, dass alles, was geschieht, notwendigerweise geschieht, seine Thesen mit guten Gründen etablieren und die Grundlage der Moral als haltlos herausstellen.

88_{1-8} | 456_{34}-457_{3} Die Aufgabe zu zeigen, dass sich eine notwendige Vereinigung von Freiheit und Naturnotwendigkeit im selben handelnden Subjekt denken lässt, berührt noch nicht die Grenze der praktischen Philosophie. Denn es ist eine Aufgabe der spekulativen Philosophie, die dieser von der praktischen Philosophie lediglich zugewiesen wird. Es gilt den vermeintlichen Widerspruch zwischen Freiheit und Naturnotwendigkeit zu beseitigen, um der praktischen Philosophie einen unangefochtenen, sicheren Grund zu verschaffen.

88_{9-32} | 457_{4-24} Kant rekapituliert noch einmal das Begründungsargument, wobei er auf den Unterschied zwischen dem Bewusstsein von uns als Intelligenzen und als Gegenstände sinnlich vermittelter und beeinflusster Erfahrung fokussiert.

Wir Menschen, auch wenn wir keine Philosophen sind, halten uns begründet für frei, weil wir uns eines aktiven Vernunftvermögens bewusst sind, das von der Passivität sinnlicher Einflüsse verschieden ist. Aufgrund dieses Vermögens müssen wir uns jeweils als Intelligenz ansehen, d. h. als denkende oder vernünftige Subjekte oder Wesen (vgl. *KrV* B155; *KpV* 168_{26-28} | V, 125_{16-18}) oder, wie Kant am Ende des vorliegenden Absatzes sagt, als eines »Vernunftgebrauch[s]« fähig, der »unabhängig (…) von sinnlichen Eindrücken« ist. Damit verstehen wir uns als Teil einer ganz anderen Ordnung der Dinge und unseren Willen einem ganz anderen Gesetz unterworfen, als wenn wir uns als Gegenstände unserer Erfahrung als unter sinnlichen Einflüssen und den Kausalgesetzen der Natur unterworfene Phänomene (Erscheinungen) verstehen. Dies sind also zwei unterschiedliche Standpunkte, die wir beide einnehmen müssen und mit denen jeweils eine unterschiedliche Ordnung der Dinge verbunden ist.

Diese Standpunkte sind nicht widersprüchlich, sondern aufeinander bezogen und notwendig miteinander verbunden, weil wir uns im einen Fall als »*Ding in der Erscheinung*«, im anderen Fall »*als Ding* oder Wesen *an sich selbst*« sehen. Erneut ist es wichtig, sich klarzumachen, dass die Alternative nicht auf die Unterscheidung zwischen rein vernünftigen Wesen und Sinnenwesen hinausläuft. Sofern wir uns als Erfahrungsgegenstände betrachten, müssen wir unsere Handlungen als durch unseren Charakter und die jeweils vorhandenen Einflüsse vollständig determiniert verstehen. Sofern wir uns als vernünftige Wesen betrachten, müssen wir davon ausgehen, dass wir uns in unseren Handlungen stets durch die Spontaneität und Kausalität unserer Vernunft bestimmen können, dies aber nicht unvermeidlich tun. Als Dinge an sich selbst sind wir vernunftbegabte, aber, wie immer das zu verstehen ist, sinnlich beeinflussbare, also nicht rein vernünftige Wesen (siehe weiter unten Kants Rede vom »sinnlich-affizierten vernünftigen Wesen«, $92_{9\,\text{f.}}$ | $460_{8\,\text{f.}}$).

$89_{1\text{-}20}$ | 457_{25} - 458_{5} Das wird in diesem Absatz bestätigt, in dem Kant herausstellt, dass wir uns als Menschen einen durch das Gesetz reiner praktischer Vernunft bestimmbaren Willen als Teil unseres eigentlichen Selbst zuschreiben müssen und entsprechend uns dafür verantwortlich halten müssen, wenn wir sinnlichen Bestimmungsgründen den Vorrang vor dem Gebot unserer Vernunft geben.

Kant knüpft an das zuvor Herausgestellte an, nämlich dass wir als Menschen Gründe haben, uns als Intelligenzen zu verstehen. Deshalb müssen wir uns als Menschen (Kant formuliert es im Singular: muss der Mensch sich) einen Willen zuschreiben, der in seinen Bestimmungsgründen unabhängig von Begierden und Neigungen ist und Handlungsbestimmungen durch sich für möglich und notwendig hält, die den Gründen und Zielsetzungen, die in unserer Sinnlichkeit wurzeln, zuwiderlaufen.

Als Intelligenzen müssen wir also unserem Willen eine Kausalität zuschreiben, die ganz anders geartet ist und ganz anderen Prinzipien folgt als die naturgesetzliche Kausalität. Von diesen »Prinzipen einer intelligiblen Welt« im Unterschied zu den Prinzipien der erfahrbaren Natur ist uns aber nur zugänglich, dass sie in den Gesetzen reiner praktischer Vernunft bestehen.

Da wir zwischen uns als Erfahrungsgegenständen, also so, wie wir uns erscheinen, und uns als Dingen an sich selbst unterscheiden müssen, die Dinge an sich selbst die Grundlage der Erscheinungen bieten, müssen wir uns in unserem »eigentlichen Selbst« als Intelligenzen und unseren durch reine praktische Vernunft bestimmbaren Willen als Teil unseres eigentlichen Selbst verstehen. Daher verpflichtet uns das Gesetz unserer Vernunft in unserem Willen unmittelbar und unbedingt (kategorisch), ohne Einschränkungen, die aus unserer Sinnlichkeit erwachsen könnten.

Die aus unserer Sinnlichkeit erwachsenden Antriebe gehen nicht auf unseren Willen zurück und dieser wird auch nicht von diesen Antrieben überwältigt. Gleichwohl können wir uns dafür entscheiden, in unseren Handlungsbestimmungen den Gründen, die in unserer Sinnlichkeit wurzeln, den Vorzug vor dem Gesetz unserer Vernunft zu geben. Nicht für unsere sinnlichen Antriebe, wohl aber für solche Handlungsentscheidungen müssen wir uns dann für verantwortlich halten.

89_{21}–90_{18} | $458_{6\text{-}35}$ Mit dem vorliegenden Absatz wendet sich Kant nun dem zweiten (und titelgebenden) Anliegen des 5. Unterkapitels zu, nämlich die Grenzen unseres praktischen Vernunftvermögens auszumessen, zu zeigen, was innerhalb dieser Grenzen liegt und wann diese Grenzen überschritten würden.

Kant stellt heraus, dass wir durch die Auflösung des vermeintlichen Widerspruchs zwischen Freiheit und Naturnotwendigkeit und den Nachweis, dass wir uns in unserem eigentlichen Selbst als Intelligenzen verstehen müssen, nicht die Kompetenzen oder Grenzen unseres praktischen Vernunftvermögens überschreiten. Denn die involvierten inhaltlichen Bestimmungen verbleiben ganz im Bereich des begrifflichen Denkens.

Ausgangspunkt der Entwicklung des »Begriff[s] einer Verstandeswelt« bzw. des Hineindenkens »in eine Verstandeswelt« ist ja, dass wir uns unseren Willen nicht als durch sinnliche Antriebe bestimmt denken (können). Unter dieser verneinenden (negativen) Voraussetzung müssen wir unseren Willen als durch unsere Vernunft bestimmbar und unsere Vernunft als mögliche Ursache unserer Handlungsbestimmungen und die Allgemeingültigkeit des Gesetzes der Vernunft als Maßstab für die Bestimmungsgründe unseres Handelns, unserer Maximen, verstehen ($89_{23\text{-}32}$ | $458_{8\text{-}16}$).

Wir können uns aber solchermaßen nur als Intelligenzen verstehen, wenn wir den Begriff einer Verstandeswelt entwickeln. Die von der Welt der Erscheinungen bzw. der Erfahrungsgegenstände verschieden zu denkende Verstandeswelt ist ein notwendiger Standpunkt, den wir einnehmen müssen, um uns ein genuin praktisches Vernunftvermögen zusprechen zu können. Der Standpunkt führt auf die Idee einer von der naturgesetzlich (durch den »Naturmechanismus«) bestimmten Welt der Erfahrung verschiedenen »intelligiblen Welt« als das Gesamt aller vernünftigen Wesen. Im Unterschied zu der Bestimmung durch fremde Ursachen (Heteronomie, Fremdbestimmung), denen Gegenstände der Erfahrung unterworfen sind, ist die Freiheit vernünftiger Wesen (als Dinge an sich) als Autonomie, als Selbstbestimmung ihrer Vernunft zu verstehen. Von dieser begreifen wir aber nur die gesetzmäßige Form, die Bindung unser Maximen an die Allgemeingültigkeit des Gesetzes der Vernunft (89_{35}-90_{18} | $458_{19\text{-}35}$).

Indem wir uns solchermaßen als Teil einer Verstandeswelt verstehen, bewegen wir uns innerhalb unseres Vernunftvermögens. Dieses würden wir aber überscheiten, wenn wir die Verstandeswelt zum Gegenstand einer intellektuellen Anschauung oder wie auch immer gearteter theoretischer Erkenntnisse machen wollten ($89_{22\text{f.}}$ | $458_{7\text{f.}}$). Auch können wir nicht ein erfahrungsunabhängiges Objekt heranziehen, das als Ursache der Bestimmung unseres Willens fungieren könnte ($89_{32\text{-}35}$ | $458_{16\text{-}18}$).

90$_{19-22}$ | 458$_{36}$–459$_{2}$ Mit jedem Versuch, erklären zu wollen, wie reine Vernunft praktisch sein kann, also wie Freiheit funktioniert, würden wir die Grenzen unserer Vernunft überschreiten.
90$_{23}$–91$_{21}$ | 459$_{3-31}$ Denn wir können nur erklären, was sich auf Gesetze unserer Erfahrungswirklichkeit zurückführen lässt. Freiheit ist aber kein Erfahrungsgegenstand, sondern ein bloßer Vernunftbegriff. Daher kann es in der Erfahrung auch keinerlei Beispiele oder Vergleichspunkte für Freiheit geben. Wir müssen uns aber für frei halten, wenn wir annehmen (müssen),[15] dass wir einen vernünftig bestimmbaren Willen haben und entsprechend nicht auf ein durch sinnliche Antriebe (prä)determiniertes Begehrungsvermögen beschränkt sind. Auch wenn wir die Funktionsweise von Freiheit nicht erklären können, können wir doch die Einwände derer zurückweisen, die vorgeben, zeigen zu können, dass Freiheit unmöglich ist. Denn diese verstehen den Menschen allein als Gegenstand der Erfahrung und verweisen auf den Widerspruch, auf der Ebene naturgesetzlicher Ursache-Wirkungs-Zusammenhänge Ursachen anzunehmen, die von diesem Zusammenhang ausgenommen sind. Sie übersehen, dass den Erscheinungen die Dinge an sich selbst zugrunde liegen. Diese sind uns zwar unbekannt (verborgen). Wir haben aber keinen Grund anzunehmen, dass sie den Gesetzmäßigkeiten unterworfen sind, die für mögliche Erfahrungsgegenstände konstitutiv sind. Insofern besteht kein Widerspruch, uns als Intelligenzen für frei zu halten und uns als Gegenstände der Erfahrung den Naturgesetzen unterworfen zu sehen.
91$_{22}$–92$_{8}$ | 459$_{32}$–460$_{7}$ Unser Unvermögen, die Funktionsweise von Freiheit zu erklären, fällt mit unserem Unvermögen zusammen, einen potenziellen, wirksamen (unser Begehrungsvermögen bestimmenden) Handlungsgrund (ein Interesse) für die Befolgung moralischer Gesetze zu benennen und zu verstehen, wie ein solcher Handlungsgrund unser Begehrungsvermögen

[15] Kant formuliert an dieser Stelle schwächer im Sinne eines bloßen Meinens oder Annehmens (»sich eines Willens […] bewusst zu sein glaubt«), nicht einer notwendigen Annahme.

bestimmen kann. Zwar mag uns ein eigentümliches, »moralisches« Gefühl anzeigen, dass wir an moralischen Gesetzen tatsächlich ein Interesse nehmen können. Dieses Gefühl ist aber nicht, wie von Vertretern von Theorien eines »moral sense« angenommen wird, der Beurteilungsmaßstab des sittlich Richtigen und auch nicht der Grund sittlichen Handelns. Das moralische Gefühl ist vielmehr als die subjektive Wirkung der Bestimmung unseres Willens durch die objektiven Gründe unserer Vernunft anzusehen. Es kann deshalb nur anzeigen, dass wir am moralischen Gesetz ein Interesse nehmen können, nicht aber erklären, wie wir das können.

$91_{24\text{-}36}$ u. $92_{35f.}$ | $459_{34\text{-}36}$ u. $460_{27\text{-}37}$ (ANMERKUNG) Zum zweiten Mal in der *Grundlegung* erläutert Kant den Begriff des (handlungsbezogenen) Interesses in einer längeren Anmerkung. War der Ausgangspunkt der ersten Anmerkung der Hinweis, dass nur vernünftige Sinnenwesen (im Unterschied zu einem rein vernünftigen Wesen) Interessen haben können, führt Kant an dieser Stelle den Begriff des Interesses als Indikator des Vermögens praktischer Vernunft, d. h. einer Handlungsbestimmung aus Gründen an, im Unterschied zur Triebbestimmtheit vernunftloser Wesen, die lediglich ein unfreies Begehrungsvermögen besitzen.

Ein (handlungsbezogenes) Interesse ist im Verständnis Kants ein potenzieller, wirksamer Handlungsgrund. Durch diesen wird, wie Kant hier sagt, »Vernunft praktisch, d. i. eine den Willen bestimmende Ursache«.

Der von Kant in der ersten Anmerkung getroffenen Unterscheidung zwischen einem *praktischen Interesse* und einem *pathologischen Interesse* entspricht hier die Unterscheidung zwischen einem *unmittelbaren Interesse* und einem *mittelbaren Interesse* der Vernunft an der Handlung. Im ersten Fall, in dem das Gesetz der Vernunft, die Allgemeingültigkeit der Maxime, der hinreichende Grund des Handelns ist, ist die Vernunft die direkte Ursache des Handelns. Da alle sinnlichen Einflüsse von der Bestimmung zum Handeln ausgeschlossen sind, ist allein ein solches unmittelbares Interesse ein »reines Vernunftinteresse«. Im zweiten Fall liegt der durch die Vernunft vermittelte Grund des Handelns in einem begehrten Objekt oder in einem Gefühl. Diese Vermittlung kann nicht ohne Bezug auf Erfahrung geschehen. Entsprechend ist das mittelbare Interesse der Vernunft »kein reines Vernunftinteresse«.

Neben (handlungsbezogenen) Interessen erwähnt Kant am Ende der Anmerkung noch das »logische Interesse der Vernunft«, das darin besteht, »ihre Einsichten« zu befördern. Das logische Interesse ist das Interesse an Erkenntnis bzw. an der Klärung der Reichweite von Erkenntnis.[16] Kant behandelt in der *Kritik der reinen Vernunft* an verschiedenen Stellen das »spekulative Interesse« der Vernunft, das als Oberbegriff nicht-handlungsbezogener Interessen (z. B. »formaler«, »architektonischer«) fungiert. So stellt er in der *Kritik der reinen Vernunft* die Einteilung in das spekulative und das praktische Interesse der Vernunft als vollständig heraus (siehe *KrV* B832 f. / A804 f.): »Alles Interesse meiner Vernunft (das spekulative sowohl, als das praktische) vereinigt sich in folgenden drei Fragen: 1. *Was kann ich wissen?* 2. *Was soll ich tun?* 3. *Was darf ich hoffen?*« Die erste Frage sei »bloß spekulativ«, die zweite »bloß praktisch«, die dritte, die den Sinn hat: »wenn ich nun tue, was ich soll, was darf ich alsdann hoffen?« (*KrV* B834 / A805), sei »praktisch und theoretisch zugleich«. Die Beantwortung der Frage, was ich wissen kann, die Vermessung der Reichweite theoretischer Erkenntnis, aber auch die verschiedenen Formen des Vernunftgebrauchs bzw. des Gebrauchs ihrer Ideen und die erforderliche Disziplin in diesem Gebrauch würden also dem logischen oder spekulativen Interesse der Vernunft entspringen. Da sich darin vorgängige Absichten des Vernunftgebrauchs aussprechen, ist, wie Kant betont, das logische oder spekulative Interesse der Vernunft niemals ein unmittelbares Interesse. Offenbar will Kant mit dem kontrastierenden Verweis auf das »logische Interesse der Vernunft« die besondere Eigenart des unmittelbaren Interesses reiner *praktischer* Vernunft hervorheben, die zugleich jede Erklärungsmöglichkeit ihrer Kausalität ausschließt.

[16] Vgl. *Logik* IX, 40_{23}f.

92_9 – 93_2 | 460_8 – 461_6 Um unser Begehrungsvermögen zu bestimmen, muss das Gesetz der Vernunft bei uns gefühlsmäßig ankommen, sich gewissermaßen in unsere Sinnlichkeit hinein übersetzen. Wir können aber nicht verstehen, wie unsere Vernunft als solche die Ursache einer sinnlich erfahrbarbaren Wirkung sein kann. Denn wir können Kausalität nicht erfahrungsunabhängig, sondern nur zwischen Gegenständen der Erfahrung erfassen. Die Vernunft und ihr Gesetz sind aber keine Erfahrungsgegenstände. Wir wissen nur, dass die Gültigkeit des Moralgesetzes nicht von einem vorausliegenden Interesse an etwas abhängen kann. Denn dies würde eine sinnliche Vermittlung des interessierenden Gegenstandes durch Neigungen bedeuten, daher nicht zu genuin vernünftigen Handlungsgründen führen können, sondern eine heteronome (vernunftfremde, in unserer Sinnlichkeit wurzelnde) Handlungsbestimmung darstellen. Vielmehr interessiert das Sittengesetz unmittelbar, weil es für uns gilt. Und es gilt für uns, weil wir uns in unserem eigentlichen Selbst als Intelligenzen verstehen müssen, deren Wille durch reine praktische Vernunft bestimmbar ist. Deshalb ist das Gesetz der Vernunft für unseren Willen maßgeblich. Und wir müssen uns in unserem eigentlichen Selbst als Intelligenzen verstehen, weil wir uns nicht allein als Erscheinungen bzw. Gegenstände der Erfahrung verstehen können, sondern uns mittels unserer Vernunft auch und maßgeblich als Dinge oder Sachen an sich selbst verstehen müssen, die den Erscheinungen zugrunde liegen und als solche nicht den Naturgesetzen unterworfen sind.

$93_{3\text{-}35}$ | $461_{7\text{-}35}$ Kant rekapituliert noch einmal zusammenfassend das Begründungsargument, also die Antwort auf die Frage, warum wir den kategorischen Imperativ als für uns gültig ansehen müssen, indem er herausstellt, was gezeigt werden kann und was nicht. Kurz gesagt: Wir müssen den kategorischen Imperativ als für uns gültig anerkennen, weil wir uns für frei halten müssen. Wir können aber nicht einsehen, wie (unsere) Freiheit funktioniert.

Etwas ausführlicher gesagt: Wenn wir uns für frei halten müssen, dann müssen wir uns das Vermögen reiner praktischer Vernunft zuschreiben und diese als Ursprung eines Gesetzes nach Maßgabe ihrer selbst verstehen, das für uns verbindlich ist und uns als notwendiger Anspruch gegenübertritt, dem wir folgen können und (unbedingt) folgen sollen.

Dass wir uns für frei halten *können*, Freiheit also in dem Sinne möglich ist, dass sie mit den naturgesetzlichen Ursache-Wirkungs-Zusammenhängen der Erfahrungswelt grundsätzlich kompatibel ist, hat die »spekulative Philosophie« gezeigt (ist ein Ergebnis der *Kritik der reinen Vernunft* und wurde im vorliegenden Unterkapitel kurz umrissen). Dass wir uns für frei halten *müssen*, wurde ebenfalls gezeigt. Wir müssen uns als vernünftige Wesen einen Willen zuschreiben, der unmittelbar durch unsere Vernunft kausal bestimmt werden kann.

Wie aber das Gesetz unserer Vernunft ohne Bezugnahme auf einen vorausgesetzten Gegenstand oder auf ein vorausgesetztes Interesse unmittelbar handlungsbestimmend sein kann, d. h. »*wie reine Vernunft praktisch sein könne*«, das zu verstehen und zu erklären, ist uns aus prinzipiellen Gründen gänzlich unmöglich.

93_{36}–94_{24} | $461_{36}462_{21}$ Zu verstehen oder zu erklären »wie reine Vernunft praktisch sein« kann, wäre gleichbedeutend damit herauszufinden, wie Freiheit im Sinne eines aus sich heraus kausal wirksamen Willens möglich ist. Die Philosophie gerät hier an die Grenze ihrer Verstehensmöglichkeiten, da sie keinen Grund namhaft machen kann, durch den oder aus dem sich die Freiheit verstehen ließe. Jenseits dieser Grenze gibt es aber keine Verstehensmöglichkeit, da es in philosophischen Fragen kein anderes als ein philosophisches oder vernünftiges Verstehen geben kann.

Die Idee einer intelligiblen Welt ist ein wichtiger Grenzbegriff, den wir mit gutem Grund durch Ausschluss bilden können und müssen. Wir können die intelligible Welt aber nicht positiv erkennen und deshalb auch keine Kenntnis von ihr haben. Wenn wir dies nicht beachten, fangen wir an, mit unserer Vernunft »in der Welt der Intelligenzen herum[zu]schwärmen«, indem wir Grundsätze der Vernunft auf »Dinge« anzuwenden versuchen, auf die sie nicht anwendbar sind. »Schwärmen« kann »sich hin und her bewegen«, aber auch ein »Begeistertsein von oder für etwas« meinen. Beides dürfte hier für die Bedeutung von »herumschwärmen« zutreffen. Kant hat an dieser Stelle wohl vor allem das haltlose Durchstreifen und vermeintliche Erkunden im Blick, doch dürfte auch die Begeisterung für bestimmte Scheininhalte mitschwingen.[17]

Es stellt sich die Frage, worauf Kant sich mit der »*Idee*, (…) die ihren guten Grund hat« bezieht, ob auf die »intelligible Welt«, wie ich hier in der Rede von der Idee der intelligiblen Welt als Grenzbegriff unterstellt zu haben scheine, oder auf »Welt der Intelligenzen«. Die richtige Antwort ist: auf beides.[18] Denn wir beziehen uns im hier relevanten Sinne auf die intelligible Welt, bilden die Idee einer intelligiblen Welt, dadurch dass wir Anlass haben, uns als Intelligenzen zu verstehen, und das heißt, wie wir gesehen haben, als Wesen, die sich unabhängig von sinnlichen Antrieben zum Handeln bestimmen können. Insofern haben wir Anlass, einen doppelten Ausschluss vorzunehmen. Wir erschöpfen uns, erstens, nicht darin, sinnlich vermittelte Gegenstände der Erfahrung zu sein, sondern müssen uns als »etwas« begreifen, das uns, so wie wir uns erscheinen, zugrunde liegt. Wir haben, zweitens, Anlass – und das stellt Kant an dieser Stelle heraus – anzunehmen, dass sich die möglichen Bestimmungsgründe unseres Handelns nicht in unserer Sinnlichkeit erschöpfen. Entsprechend muss da eine Möglichkeit der Bestimmung unabhängig von unserer Sinnlichkeit und jenseits unserer Sinn-

[17] Siehe auch die folgenden beiden Bestimmungen Kants von »Schwärmerei«: »Wenn *Schwärmerei* in der allgemeinsten Bedeutung eine nach Grundsätzen unternommene Überschreitung der Grenzen der menschlichen Vernunft ist (…).« (*KpV* $116_{16\text{-}18}$ = V, $85_{34\text{-}36}$) »(…) *Schwärmerei*, welche *ein Wahn ist, über alle Grenzen der Sinnlichkeit hinaus etwas sehen*, d. i. nach Grundsätzen träumen (mit Vernunft rasen) *zu wollen*, (…).« (*KU* $148_{10\text{-}13}$ = V, $275_{7\text{-}9}$).

[18] Dies wird auch im folgenden Absatz bestätigt, wenn Kant von der »Idee einer reinen Verstandeswelt, als eines Ganzen aller Intelligenzen« (*GMS* $94_{34\text{f.}}$ = IV, 462_{30}), spricht.

lichkeit bestehen. Das, was als Möglichkeit der Handlungsbestimmung noch bleibt, das »Mehrere« neben den »Bewegursachen aus dem Felde der Sinnlichkeit«, ist die reine praktische Vernunft. Von dieser kennen wir aber nur die Form der Handlungsbestimmung. Sie kann aber nicht selbst zum Gegenstand der Erkenntnis, der Einsicht in ihre Beschaffenheit und Funktionsweise, werden.

Kant spricht von der »reinen Vernunft, die dieses Ideal denkt«. Ein »Ideal« ist im Verständnis Kants eine als (vollkommen) verwirklicht gedachte Idee. Welche Idee denkt sich die reine Vernunft (denken wir uns in unserem reinen Vernunftgebrauch) aber Kant zufolge als verwirklicht? Die unmittelbare Antwort ist, dass, wie Kant im vorliegenden dritten Teil der *Grundlegung* gezeigt hat, die Idee reiner praktischer Vernunft für uns nicht länger mehr eine bloße Idee sein kann. Vielmehr müssen wir davon ausgehen, dass wir tatsächlich die Möglichkeit haben, uns in unserem Willen nach dem Gesetz reiner praktischer Vernunft zu bestimmen. Die davon abgeleitete Antwort ist, dass dadurch auch die Idee einer »Welt der Intelligenzen« eine normativ relevante Realität erhält, ohne dass uns das eine Einsicht in die Beschaffenheit der Intelligenzen ermöglichen könnte, die diese Welt bilden.

Wie schon gesagt, kann unser Vermögen reiner praktischer Vernunft, von dem wir ausgehen müssen, nicht zum Gegenstand der Erkenntnis, der Einsicht in ihre Beschaffenheit und Funktionsweise, werden. Kant betont hier die Unmöglichkeit der Einsicht in die Funktionsweise reiner praktischer Vernunft. Wir können zwar das Gesetz der Handlungsbestimmung durch reine praktische Vernunft einsehen, wir können aber nicht einsehen, wie reine praktische Vernunft den Willen bestimmt. Denn wir können keine Triebfeder, also keinen subjektiven Bestimmungsgrund, und damit, wie gezeigt, kein (vorausliegendes) handlungsbezogenes Interesse einer solchen Handlungsbestimmung ausmachen. Zu sagen, dass ein ganz anders gelagerter Bestimmungsgrund oder eine ganz anders gelagerte Interessensnahme anzunehmen ist, vermag nichts zu erklären.

94_{25}–95_{7} | 462_{22}–463_{2} Die aufgezeigte äußerste oder oberste Grenze moralischer Nachforschung genau zu bestimmen, ist äußerst wichtig. Denn würde die Grenze zu eng gezogen, so käme nicht in den Blick, dass die moralischen Bestimmungsgründe nicht in sinnlichen Antrieben oder Neigungen zu suchen sind, sondern im Gesetz reiner praktischer Vernunft. Würden sie zu weit gezogen, würde sich die Vernunft Einsichten anmaßen, die ihr prinzipiell verschlossen sind, und sich in lauter »Hirngespinsten verliere[n]«.

Von solcher Anmaßung nimmt Kant die »Idee einer reinen Verstandeswelt, als eines Ganzen aller Intelligenzen« bzw. das »herrliche Ideal eines allgemeinen Reichs der *Zwecke an sich selbst* (vernünftiger Wesen)« aus. Kant meint damit die Vorstellung, dass alle vernünftigen Wesen das Gesetz der Vernunft befolgen und sich wechselseitig als unbedingt notwendige Zwecke achten. Dies schließt ein, dass sie, sofern das für ein Wesen als Sinnenwesen relevant ist, auch auf das Wohlergehen der anderen bedacht sind. Die Idee eines »Ganzen aller Intelligenzen« schließt auch die Idee Gottes ein, der als Oberhaupt des Reiches der Zwecke eine dem moralischen Handeln der Glieder dieses Reiches angemessene Glückseligkeit gewährleisten kann. Insofern kann diese Idee einen vernünftigen Glauben befördern,[19] der nicht der Spekulation entspringt, sondern mit der Vorstellung und Befolgung des Moralgesetzes verbunden ist.

Nach dieser Interpretation spielt Kant hier auf den Abschnitt »Vom Ideal des höchsten Guts, als einem Bestimmungsgrunde des letzten Zwecks der reinen Vernunft« aus der Methodenlehre der *Kritik der reinen Vernunft* (B832–847/A804–820, siehe bes. B836–839/A808–811) an und damit auf Überlegungen, die er in der *Kritik der praktischen Vernunft* weiterentwickeln wird.

Inwiefern kann das »herrliche Ideal eines allgemeinen Reichs der *Zwecke an sich selbst*« in uns »ein lebhaftes Interesse an dem moralischen Gesetz« bewirken? Die einfache und unproblema-

[19] »zum Behuf« meint hier »zur Beförderung«, vgl. Adelung, Wörterbuch der Hochdeutschen Mundart, Bd. 1, Sp. 817.

tische Antwort auf diese Frage lautet: insofern als es uns das in unserem eigentlichen Selbst gelegene Gesetz der Vernunft als umfassend verwirklicht denken lässt. Eine schwierigere und problematischere Antwort bezieht die Implikationen des vernünftigen Glaubens, vor allem den Glauben an eine dem moralischen Handeln angemessene Glückseligkeit, mit ein. Die Schwierigkeit besteht darin, dies so zu denken, dass die Aussicht auf Glückseligkeit nicht die moralischen Bestimmungsgründe des Handelns antastet oder verkehrt.

Da Kant sich im Schlusssatz des 5. Unterkapitels mit Andeutungen begnügt, sei hier die Thematik (und Problematik) des »vernünftigen Glaubens« aber nicht näher vertieft.

6. »Schlussanmerkung«

95_9–96_{10} | 463 Kant schließt sein Werk mit einer Schlussbemerkung ab, in der er darauf hinweist, dass es eine Eigenart der Vernunft ist, auf abschließende Erkenntnisse abzuzielen. Entsprechend versucht die Vernunft, das Unbedingte zum Bedingten aufzusuchen und das Bedingte vom Unbedingten her abschließend zu verstehen. Dies führt zu den Ideen von etwas absolut Notwendigem, zur Idee »der absolute[n] Notwendigkeit irgendeiner obersten Ursache *der Welt*« und zur Idee der unbedingten Notwendigkeit von Handlungen, die in einem unbedingten Gesetz der Freiheit wurzelt.

Diese Ideen stellen einerseits Denknotwendigkeiten dar. Das Denken vermag als solches allerdings weder die Realität des Gedachten zu sichern noch eine Erkenntnis in die Wirkweise einer obersten Ursache der Welt noch einer unbedingten Ursache der Handlungsbestimmung vermitteln. Denn unsere Kausalerkenntnis ist auf die Bedingungen möglicher Erfahrung beschränkt, in der wir eine Ursache nur als Wirkung einer vorausgegangen Ursache verstehen können.

Es ist von herausragender Bedeutung, dass die strikte Verbindlichkeit des Moralprinzips für uns als vernünftige Wesen aufgezeigt werden konnte. Dass nicht gezeigt werden kann, *wie* das Gesetz unserer anzunehmenden Freiheit (das anzunehmende Vermögen reiner praktischer Vernunft) als unbedingt notwendiger (kategorischer) Imperativ ohne ein vermittelndes (die Handlungsbestimmung bedingendes) Interesse bestimmen kann, spricht nicht gegen den Nachweis. Es zeigt nur die Grenzen unseres Vernunftvermögens. Wir begreifen zwar nicht die Funktionsweise einer unbedingt notwendigen Handlungsbestimmung. Aber wir können einsehen, warum wir dies nicht begreifen können. Mehr lässt sich von einer Philosophie, die die äußersten Grenzen des Erkennbaren ausmisst, nicht verlangen.

Stichwortverzeichnis

Hochgestellte Ziffern nach einer Seitenangabe verweisen auf Fußnoten.